国家骨干院校重点建设专业校企合作教材

道路建筑材料实训指导书

[与《道路建筑材料》配套使用]

人民交通出版社

目　　录

实训一　　土的含水率试验……………………………………………………………… 1
实训二　　界限含水率试验……………………………………………………………… 3
实训三　　土的击实试验………………………………………………………………… 7
实训四　　砂浆稠度试验………………………………………………………………… 12
实训五　　细集料表观密度试验………………………………………………………… 13
实训六　　细集料堆积密度试验………………………………………………………… 16
实训七　　细集料筛分试验……………………………………………………………… 19
实训八　　细集料含泥量试验…………………………………………………………… 22
实训九　　粗集料压碎值试验…………………………………………………………… 24
实训十　　粗集料针片状颗粒含量试验………………………………………………… 27
实训十一　水泥标准稠度用水量、凝结时间、体积安定性试验……………………… 29
实训十二　水泥胶砂强度试验…………………………………………………………… 35
实训十三　水泥混凝土拌和物稠度试验………………………………………………… 41
实训十四　水泥混凝土立方体抗压强度试验…………………………………………… 43
实训十五　石灰有效氧化钙和氧化镁含量测定………………………………………… 46
实训十六　水泥或石灰稳定材料中水泥或石灰剂量测定方法………………………… 49
实训十七　无机结合料稳定材料无侧限抗压强度试验方法…………………………… 53
实训十八　沥青针入度试验……………………………………………………………… 56
实训十九　沥青软化点试验……………………………………………………………… 59
实训二十　沥青延度试验………………………………………………………………… 62
实训二十一　沥青混合料试件制作方法………………………………………………… 65
实训二十二　压实沥青混合料密度试验………………………………………………… 69
实训二十三　沥青混合料马歇尔稳定度试验…………………………………………… 75
实训二十四　沥青混合料车辙试验……………………………………………………… 79
实训二十五　水泥混凝土抗弯拉强度试验……………………………………………… 83
参考文献…………………………………………………………………………………… 86

实训一　土的含水率试验

烘 干 法(T 0103—1993)

1. 目的和适用范围

本试验方法适用于测定黏质土、粉质土、砂类土、砂砾石、有机质土和冻土土类的含水率。

2. 仪器设备

(1)烘箱:可采用电热烘箱或温度能保持 105~110℃ 的其他能源烘箱。

(2)天平:称量 200g,感量 0.01g;称量 1000g,感量 0.1g。

(3)其他:干燥器,称量盒[为简化计算手续,可将盒质量(3~6个月)调整为恒质量值]等。

3. 试验步骤

(1)取具有代表性试样,细粒土 15~30g,砂类土、有机质土为 50g,砂砾石为 1~2kg,放入称量盒内,立即盖好盒盖,称质量。称量时,可在天平一端放上与该称量盒等质量的砝码,移动天平游码,平衡后称量结果减去称量盒质量即为湿土质量。

(2)揭开盒盖,将试样和盒放入烘箱内,在温度 105~110℃ 恒温下烘干。烘干时间对细粒土不得少于 8h,对砂类土不得少于 6h。对含有机质超过 5% 的土或含石膏的土,应将温度控制在 60~70℃ 的恒温下,干燥 12~15h 为好。

(3)将烘干后的试样和盒取出,放入干燥器内冷却(一般只需 0.5~1h 即可)。冷却后盖好盒盖,称质量,准确至 0.01g。

4. 结果整理

按式(1-1)计算含水率 w:

$$w = \frac{m - m_s}{m_s} \times 100\% \tag{1-1}$$

式中:w——含水率(%),计算至 0.1;

　　m——湿土质量(g);

　　m_s——干土质量(g)。

含水率测定试验记录表见表 1-1。

含水率测定试验记录表　　表1-1

工程名称：							合　同　段：				
承包单位：							编　　　号：				
监理单位：							试验单位：				
试验日期：							报告日期：				

试样桩号	结构部位	盒号	盒质量（g）	盒+湿试样质量(g)	盒+干试样质量(g)	水分质量(g)	干试样质量(g)	含水率(%)	平均含水率(%)	备注
K67+400	基层	1	255	2260	2130	130	1875	6.9	6.6	右侧
		2	575	3040	2895	145	2320	6.3		
	垫层	3	845	3620	3415	205	2570	8.0	8.2	右侧
		4	295	2045	1910	135	1615	8.4		
	土基	5	245	2085	1910	175	1665	10.5	10.4	右侧
		6	215	3725	3400	325	3185	10.2		
说明	以上试验来样均为现场取样									

试验负责人：　　　　　　试验人：　　　　　　复核人：

实训二　界限含水率试验

液限和塑限联合测定法(T 0118—2007)

1. 目的和适用范围

(1)本试验的目的是联合测定土的液限和塑限,用于划分土类、计算天然稠度和塑性指数,供公路工程设计和施工使用。

(2)本试验适用于粒径不大于0.5mm、有机质含量不大于试样总质量5%的土。

2. 仪器设备

(1)圆锥仪:锥质量为100g或76g,锥角为30°,读数显示形式宜采用光电式、数码式、游标式、百分表式。

(2)盛土杯:直径50mm,深度40~50mm。

(3)天平:称量200g,感量0.01g。

(4)其他:筛(孔径0.5mm)、调土刀、调土皿、称量盒、研钵(附带橡皮头的研杵或橡皮板、木棒)、干燥器、吸管、凡士林等。

液限塑限联合测定仪有数码式、光电式、游标式和百分表式四种。本试验将这四种仪器一并列出,可根据具体情况选用。

3. 试验步骤

(1)取有代表性的天然含水率或风干土样进行试验。如土中含大于0.5mm的土粒或杂物时,应将风干土样用带橡皮头的研杵研碎或用木棒在橡皮板上压碎,过0.5mm的筛。取0.5mm筛下的代表性土样200g,分开放入三个盛土皿中,加不同数量的蒸馏水,土样的含水率分别控制在液限(a点)、略大于塑限(c点)和二者的中间状态(b点)。用调土刀调匀,盖上湿布,放置18h以上。测定a点的锥入深度,对于100g锥应为20mm±0.2mm,对于76g锥应为17mm。测定c点的锥入深度,对于100g锥应控制在5mm以下,对于76g锥应控制在2m以下。对于砂类土,用100g锥测定c点的锥入深度可大于5mm,用76g锥测定c点的锥入深度可大于2mm。

(2)将制备的土样充分搅拌均匀,分层装入盛土杯,用力压密,使空气逸出。对于较干的土样,应先充分搓揉,用调土刀反复压实。试杯装满后,刮成与杯边齐平。

(3)当用游标式或百分表式液限塑限联合测定仪试验时,调平仪器,提起锥杆(此时游标或百分表读数为零)、锥头上涂少许凡士林。

(4)将装好土样的试杯放在联合测定仪的升降座上,转动升降旋钮,待锥尖与土样表面刚好接触时停止升降,扭动锥下降旋钮,同时开动秒表,经5s时,松开旋钮,锥体停止下落,此时游标读数即为锥入深度h_1。

(5)改变锥尖与土接触位置(锥尖两次锥入位置距离不小于1cm),重复本试验(3)和(4)步骤,得锥入深度h_2。h_1、h_2允许平行误差为0.5mm,否则,应重做。取h_1、h_2平均值作为该点

的锥入深度 h。

(6)去掉锥尖入土处的凡士林,取 10g 以上的土样两个,分别装入称量盒内,称质量(准确至 0.01g),测定其含水率 w_1、w_2(计算到 0.1%)。计算含水率平均值 w。

(7)重复本试验(2)~(6)步骤,对其他两个含水率土样进行试验,测其锥入深度和含水率。

(8)用光电式或数码式液限塑限联合测定仪测定时,接通电源,调平机身,打开开关,提上锥体(此时刻度或数码显示应为零)。将装好土样的试杯放在升降座上,转动升降旋钮,试杯徐徐上升,土样表面和锥尖刚好接触,指示灯亮,停止转动旋钮,锥体立刻自行下沉,5s 时,自动停止下落,读数窗上或数码管上显示锥入深度。试验完毕,按动复位按钮,锥体复位,读数显示为零。试样制备好坏对液限塑限联合测定的精度具有头等重要意义。制备试样应均匀、密实。一般制备三个试样。一个要求含水率接近液限(入土深度 20mm ± 0.2mm),一个要求含水率接近塑限,一个居中。否则,就不容易控制曲线的走向。对于联合测定精度最有影响的是靠近塑限的那个试样。可以先将试样充分搓揉,再将土块紧密地压入容器,刮平,待测。当含水率等于塑限时,对控制曲线走向最有利,但此时试样很难制备,必须充分搓揉,使土的断面上无孔隙存在。为便于操作,根据实际经验含水率可略放宽,以入土深度不大于 4~5mm 为限。

4. 结果整理

(1)在双对数坐标上,以含水率 w 为横坐标,锥入深度 h 为纵坐标,点绘 a、b、c 三点含水率的 $h-w$ 图(图 2-1),连此三点,应呈一条直线。如三点不在同一直线上,要通过 a 点与 b、c 两点连成两条直线,根据液限(a 点含水率)在 $h_P - w_L$ 图(图 2-2)上查得 h_P,以此 h_P 再在 $h-w$ 的 ab 及 ac 两直线上求出相应的两个含水率。当两个含水率的差值小于 2% 时,以该两点含水率的平均值与 a 点连成一直线。当两个含水率的差值不小于 2% 时,应重做试验。

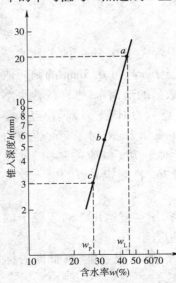

图 2-1 锥入深度与含水率($h-w$)关系

(2)液限的确定方法。

①若采用 76g 锥做液限试验,则在 $h-w$ 图上,查得纵坐标入土深度 $h = 17$mm 所对应的横坐标的含水率 w,即为该土样的液限 w_L。

②若采用 100g 锥做液限试验,则在 $h-w$ 图上,查得纵坐标入土深度 $h = 20$mm 所对应的横坐标的含水率 w,即为该土样的液限 w_L。

(3)塑限的确定方法。

①根据本试验"(2)液限的确定方法①"求出的液限,通过 76g 锥入土深度 h 与含水率 w 的关系曲线,查得锥入土深度为 2mm 所对应的含水率即为该土样的塑限 w_P。

②根据本试验"(2)液限的确定方法②"求出的液限,通过液限 w_L 与塑限时入土深度 h_P 的关系曲线,查得 h_P,再求出入土深度为 h_P 时所对应的含水率,即为该土样的塑限 w_P。查 $h_P - w_L$ 关系图时,须先通过简易鉴别法及筛分法[见《公路土工试验规程》(JTG E40—2007)中 T 0115—1993 筛分法]把砂类土与细粒土区别开来,再按这两种土分别采用相应的 $h_P - w_L$ 关系曲线;对于细粒土,用双曲线确定 h_P 值;对于砂类土,则用多项式曲线确定 h_P 值。

若根据本试验"(2)液限的确定方法②"求出的液限,当 a 点的锥入深度在 20mm ± 0.2mm

范围内时,应在 ad 线上查得入土深度为 20mm 处相对应的含水率,此为液限 w_L。再用此液限在图 2-2 上找出与之相对应的塑限入土深度 h'_P,然后到 $h-w$ 关系曲线图 ad 直线上查得 h'_P 相对应的含水率,此为塑限 w_P。

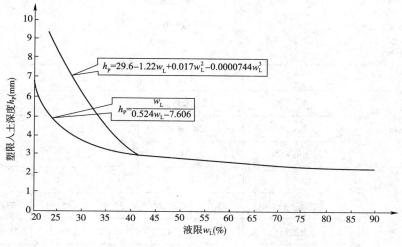

图 2-2　$h_P - w_L$ 关系曲线

液塑限试验记录表见表 2-1。

液塑限试验记录表

表 2-1

样品编号：　　　　　　　　　　　　　　　拟 用 途：

试验日期：　　　　　　　　　　　　　　　样品来源：

试验规程：　　　　　　　　　　　　　　　试验依据：

试验设备及编号：

	试验次数	1		2		3	
入土深度(mm)	h_1	20.00		9.10		5.20	
	h_2	20.20		9.20		5.10	
	$(h_1+h_2)/2$	20.10		9.15		5.15	
含水率(%)	盒号	1	2	3	4	1	2
	盒质量(g)	33.7	35.66	35.81	35.03	35.2	34.75
	盒+湿土质量(g)	94.04	94.29	96.91	89.5	85.89	84.93
	盒+干土质量(g)	80.44	81.08	84.59	78.58	76.68	75.88
	水分质量(g)	13.6	13.21	12.32	10.92	9.21	9.05
	干土质量(g)	46.74	45.42	48.78	43.55	41.48	41.13
	含水率(%)	29.1	29.1	25.3	25.1	22.2	22.0
	平均含水率(%)	29.1		25.2		22.1	

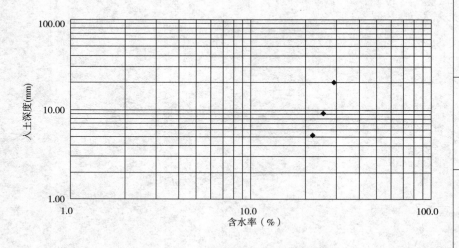

液限 $w_L(\%)=29.1$

塑限 $w_P(\%)=23.5$

塑性指数 $I_P=5.5$

评定及说明	1. 试验依据《公路土工试验规程》（JTG E40—2007）进行； 2. 经试验确定该土为低液限粉土。 备注：黏土～粉土过渡区的土可以按相邻土层的类别考虑细分。

试验负责人：　　　　　　　试验人：　　　　　　　复核人：

实训三 土的击实试验

击实试验(T 0131—2007)

1. 目的和适用范围

本试验方法适用于细粒土。

本试验分轻型击实和重型击实。轻型击实试验适用于粒径不大于20mm的土。重型击实试验适用于粒径不大于40mm的土。

当土中最大颗粒粒径不大于40mm,并且大于或等于40mm颗粒粒径的质量含量大于5%时,则应使用大尺寸试筒进行击实试验,或按式(3-2)进行最大干密度修校。大尺寸试筒要求其最小尺寸大于土样中最大颗粒粒径的5倍以上,并且击实试验分层厚度应大于土样中最大颗粒粒径的3倍以上单位体积击实功能控制在2677.2~2687.0kJ/m³范围内。

当细粒土中的粗粒土纵质量大于40%或粒径大于0.005mm颗粒的含量大于土总质量的70%(即$d_{30} \leq 0.005$mm)时,还应做粗粒土最大干密度试验,其结果与重型击实试验结果比较,最大干密度取两种试验结果的最大值。

2. 仪器设备

(1)标准击实仪(图3-1),击实筒(图3-2),击锤和导杆(图3-3)。击实试验方法和相应设备的主要参数应符合表3-1的规定。

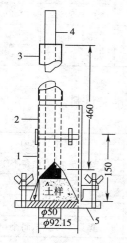

图3-1 击实仪(尺寸单位:mm)
1-击实筒;2-护筒;3-导杆;4-击锤;5-底板

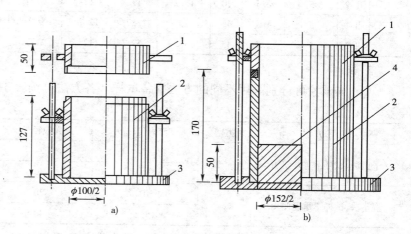

图3-2 击实筒(尺寸单位:mm)
a)小击实筒;b)大击实筒
1-套筒;2-击实筒;3-底板;4-垫板

(2)烘箱及干燥器。

(3)天平:感量0.01g。

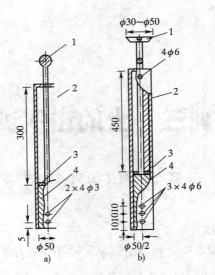

图 3-3 击锤和导杆(尺寸单位:mm)
a)2.5kg 击锤(落高 30cm);b)4.5kg 击锤(落高 45cm)
1-提手;2-导筒;3-硬橡皮垫;4-击锤

(4)台秤:称量 10kg,感量 5g。
(5)圆孔筛:孔径 40mm、20mm 和 5mm 各一个。
(6)拌和工具:400mm×600mm、深 70mm 的金属盘,土铲。
(7)其他:喷水设备、碾土器、盛土盘、量筒、推土器、铝盒、修土刀、平直尺等。

击实试验方法种类 表3-1

试验方法	类别	锥底直径(cm)	锥质量(kg)	落高(cm)	试筒尺寸		试样尺寸		层数	每层击数	击实功(kJ/m³)	最大粒径(mm)
					内径(cm)	高(cm)	高度(cm)	体积(cm³)				
轻型	I-1	5	2.5	30	10	12.7	12.7	997	3	27	598.2	20
	I-2	5	2.5	30	15.2	17	12	2177	3	59	598.2	40
重型	II-1	5	4.5	45	10	12.7	12.7	997	5	27	2687.0	20
	II-2	5	4.5	45	15.2	17	12	2177	3	98	2677.2	40

3. 试样
(1)本试验可分别采用不同的方法准备试样。各方法可按表 3-2 准备试料。

试料用量 表3-2

使用方法	类别	试筒内径(cm)	最大粒径(mm)	试料用量(kg)
干土法,试样不重复使用	b	10	20	至少5个试样,每个3
		15.2	40	至少5个试样,每个6
湿土法,试样不重复使用	c	10	20	至少5个试样,每个3
		15.2	40	至少5个试样,每个6

(2)干土法(土不重复使用)。按四分法至少准备 5 个试样,分别加入不同水分(按 2%~3% 含水率递增),拌匀后焖料一夜备用。
(3)湿土法(土不重复使用)。对于高含水率土,可省略过筛步骤,用手拣出大于 40mm 的粗石子即可。保持天然含水率的第一个土样,可立即用于击实试验。其余几个试样,将土分成小土块,分别风干,含水率按 2%~3% 递减。

4. 试验步骤

(1)根据工程要求,按表3-1规定选择轻型或重型试验方法。根据土的性质(含易击碎风化石数量多少、含水率高低),按表3-2规定选用干土法(土样不重复使用)或湿土法。

(2)将击实筒放在坚硬的地面上,在筒壁上抹一薄层凡士林,并在筒底(小试筒)或垫块(大试筒)上放置蜡纸或塑料薄膜。取制备好的土样分3~5次倒入筒内。小筒按三层法时,每次约800~900g(其量应使击实后的试样等于或略高于筒高的1/3);按五层法时,每次约400~500g(其量应使击实后的试样等于或略高于筒高的1/5)。对于大试筒,先将垫块放入筒内底板上,按三层法,每层需试样1700g左右。整平表面,并稍加压紧,然后按规定的击数进行第一层土的击实,击实时击锤应自由垂直落下,锥迹必须均匀分布于土样面,第一层击实完后,将试样层面"拉毛"然后再装入套筒,重复上述方法进行其余各层土的击实。小试筒击实后,试样不应高出筒顶面5mm;大试筒击实后,试样不应高出筒顶面6mm。

(3)用修土刀沿套筒内壁削刮,使试样与套筒脱离后,扭动并取下套筒,齐筒顶细心削平试样,拆除底板,擦净筒外壁,称量,准确至1g。

(4)用推土器推出筒内试样,从试样中心处取样测定其含水率,计算至0.1%。测定含水率用试样的数量按表3-3规定取样(取出有代表性的土样)。两个试样含水率的精确度应符合本试验"(3)精密度和允许误差"的规定。

测定含水率用试样的数量 表3-3

最大粒径(mm)	试样质量(g)	个 数
<5	15~20	2
约5	约50	1
约20	约250	1
约40	约500	1

(5)对于干土法(土不重复使用)和湿土法(土不重复使用),将试样搓散,然后按本试验"3.试样(3)"方法进行洒水、拌和,每次约增加2%~3%的含水率,其中有两个大于和两个小于最佳含水率,所需加水量按式(3-1)计算:

$$m_w = \frac{m_i}{1+0.01w_i} \times 0.01(w-w_i) \tag{3-1}$$

式中:m_w——所需的加水量(g);

m_i——含水率w_i时土样的质量(g);

w_i——土样原有含水率(%);

w——要求达到的含水率(%)。

按上述步骤进行其他含水率试样的击实试验。

5. 计算

(1)按式(3-2)计算击实后各点的干密度:

$$\rho_d = \frac{\rho}{1+0.01w} \tag{3-2}$$

式中:ρ_d——干密度(g/cm³),计算至0.01;

ρ——湿密度(g/cm³);

w——含水率(%)。

(2)以干密度为纵坐标,含水率为横坐标,绘制干密度与含水率的关系曲线如图3-4,曲线上峰值点的纵、横坐标分别为最大干密度和最佳含水率。如曲线不能绘出明显的峰值点,应进行补点或重做。

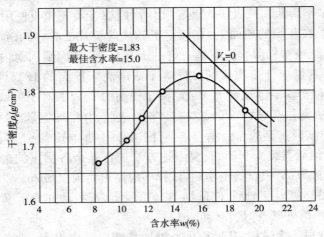

图 3-4 含水率与干密度的关系曲线

(3)精密度和允许误差

本试验含水率需进行两次平行测定,取其算术平均值,允许平行误差值应符合表 3-4 规定。

含水率测定的允许平行差值　　　　表 3-4

含水率(%)	允许平行差值(%)	含水率(%)	允许平行差值(%)	含水率(%)	允许平行差值(%)
5 以下	0.3	40 以下	≤1	40 以上	≤1

6. 报告

(1)土的鉴别分类和代号。

(2)土的最佳含水率(%)。

(3)土的最大干密度(g/cm^3)。

击实试验记录表见表 3-5。

击实试验记录表

表 3-5

工程名称：				合同段：			
承包单位：				编　号：			
监理单位：				试验单位：			
试验日期：				报告日期：			

试样编号及说明：			砂砾垫层		>38mm 颗粒含量 0%		
筒容积:2177(cm³)		击实锤质量:4500(g)			层数:3层	每层击数:98次	
试验次数	1	2	3	4	5	6	7	8
筒+湿试样质量(g)	10389	10472	10760	10642	10510			
筒质量(g)	5520	5520	5520	5520	5520			
湿试样质量(g)	4899	5132	5200	5122	4990			
湿密度(g/cm³)	2.25	2.36	2.39	2.35	2.29			
盒号	1	2	3	4	5			
盒+湿试样质量(g)	1098	1104	1871	1390	1356			
盒+干试样质量(g)	1069	1069	1794	1327	1279			
盒质量(g)	274	264	231	249	224			
水质量(g)	29	35	77	63	77			
干试样质量(g)	795	805	1563	1078	1055			
含水率(%)	3.6	4.3	4.9	5.8	7.3			
平均含水率(%)								
干密度(g/cm³)	2.17	2.26	2.28	2.22	2.14			

试样原始含水率：　～　(%)

最佳含水率:4.7(%)

最大干密度:2.28(g/cm³)

校正后最大干密度：　～　(g/cm³)

取样地点：

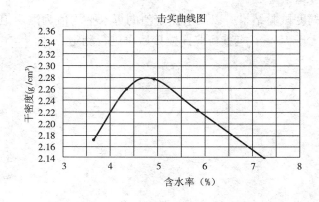

击实曲线图

说明	1.试验依据《公路土工试验规程》(JTG E40—2007)进行； 2.经试验确定该土方路基填料最佳含水率为 4.7%，最大干密度为 2.28g/cm³

试验负责人：	试验人：	复核人：

实训四　砂浆稠度试验

1. 目的

砂浆稠度试验主要是用于确定配合比或施工过程中控制砂浆稠度,从而达到控制用水量目的。

2. 仪器设备

(1)砂浆稠度测定仪:由试锥、容器和支座三部分组成。试锥由钢材或铜材制成,锥高145mm,锥底直径75mm,试锥连同滑杆质量300g;盛砂浆容器由钢板制成,筒高180mm,锥底内径150mm;支座分底座、支架及稠度显示三部分,由铸铁、钢及其他金属制成。

(2)钢制捣棒:直径10mm、长350mm,端部磨圆。

(3)秒表。

3. 试验步骤

(1)将试锥、容器表面用湿布擦净,用少量润滑油轻擦滑杆,保证滑杆自由滑动。

(2)将砂浆拌和物一次装入容器,使砂浆低于容器口约10mm,用捣棒自容器中心向边缘插捣25次,轻击容器5~6下,使砂浆表面平整,立即将容器置于稠于测定仪的底座上。

(3)把试锥调至尖端与砂浆表面接触,拧紧制动螺钉,使齿条侧杆下端刚接触滑杆上端,并将指针对准零点上。

(4)拧开制动螺钉,同时以秒表计时,待10s立即固定螺钉,将齿条侧杆下端接触滑杆上端,从刻度盘读出下沉深度(精确至1mm),即为砂浆稠度值;圆锥容器内的砂浆,只允许测定一次稠度,重复测定时,应重新取样。

4. 结果

稠度试验结果应以两次测定值的算术平均值为测定值,计算精确至1mm。两次测试值之差如大于10mm,应重新取样搅拌后再进行测定。

实训五 细集料表观密度试验

细集料的表观密度试验（容量瓶法）（T 0328—2005）

1. 目的与适用范围

用容量瓶法测定细集料（天然砂、机制砂、石屑）在23℃时对水的表观相对密度和表观密度。本方法适用于含有少量大于2.36mm部分的细集料。

2. 仪具与材料

（1）天平：称量1kg，感量不大于1g。

（2）容量瓶：500mL。

（3）烘箱：能控温在105℃±5℃。

（4）烧杯：500mL。

（5）洁净水。

（6）其他：干燥器、浅盘、铝制料勺、温度计等。

3. 试验准备

将缩分至650g左右的试样在温度为105℃±5℃的烘箱中烘干至恒重，并在干燥器内冷却至室温，分成两份备用。

4. 试验步骤

（1）称取烘干的试样约300g（m_0），装入盛有半瓶洁净水的容量瓶中。

（2）摇转容量瓶，使试样在已保温至23℃±1.7℃的水中充分搅动以排除气泡，塞紧瓶塞，在恒温条件下静置24h左右，然后用滴管添水，使水面与瓶颈刻度线平齐，再塞紧瓶塞，擦干瓶外水分，称其总质量（m_2）。

（3）倒出瓶中的水和试样，将瓶的内外表面洗净，再向瓶内注入同样温度的洁净水（温差不超过2℃）至瓶颈刻度线，就、塞紧瓶塞，擦干瓶外水分，称其总质量（m_1）。

5. 计算

（1）细集料的表观相对密度V_a按式(5-1)计算值小数点后3位。

$$\gamma_a = \frac{m_0}{m_0 + m_1 + m_2} \tag{5-1}$$

式中：γ_a——细集料的表观相对密度，无量纲；

m_0——试样的烘干质量（g）；

m_1——水及容量瓶总质量（g）；

m_2——试样、水及容量瓶总质量（g）。

（2）表观密度ρ_a按式(5-2)计算，精确至小数点后3位。

$$\rho_a = \gamma_a \times \rho_T \quad \text{或} \quad \rho_a = (\gamma_a - \alpha_T) \times \rho_W \tag{5-2}$$

式中：ρ_a——细集料的表观密度（g/cm³）；

ρ_W——水在4℃时的密度(g/cm³);

α_T——试验时水温对水密度影响的修正系数;

ρ_T——试验温度 T 时水的密度(g/cm³)。

6. 报告

以两次平行试验结果的算术平均值作为测定值,如两次结果之差值大于0.01g/cm³时,应重新取样进行试验。

细集料(砂)指标试验记录表见表5-1。

细集料(砂)指标试验记录表

表 5-1

工程名称：　　　　　　　　　　　　　　　　合同段：
承包单位：　　　　　　　　　　　　　　　　编　　号：
监理单位：　　　　　　　　　　　　　　　　试验单位：
试验日期：　　　　　　　　　　　　　　　　报告日期：

堆积密度			表观密度(视比重)		
试验次数	1	2	试验次数	1	2
筒体积(mL)			试样质量(g)	300	300
筒质量(g)			瓶+水+试样质量(g)	1223.6	1333.8
筒+湿试样质量(g)			瓶+水质量(g)	1036.2	1146.5
含水率(%)			试样体积(mL)	112.6	112.7
试样质量(g)			水密度(g/cm^3)	1.00	1.00
湿密度(g/cm^3)			表观密度(g/cm^3)	2.664	2.662
干密度(g/cm^3)			平均表观密度(g/cm^3)	2.663	
平均干密度(g/cm^3)					
紧装密度			云母含量试验		
试验次数	1	2	试验次数	1	2
筒体积(L)			试样质量(g)		
筒质量(g)			云母质量(g)		
筒+湿试样质量(g)			云母含量(%)		
含水率(%)			平均值(%)		
试样质量(g)			含泥量试验		
湿密度(g/cm^3)			试验次数	1	2
平均湿密度(g/cm^3)			洗前试样质量(g)		
干密度(g/cm^3)			洗后试样质量(g)		
平均干密度(g/cm^3)			含泥量(%)		
			平均值(%)		
三氧化硫(SO$_3$)含量			有机质含量(比色法)		
试验次数	1	2	24h 比色结果		
试样质量(g)			试验规程		
坩埚质量(g)			说明		
坩埚+灰化物质量(g)					
三氧化硫含量(%)					
平均值(%)					

试验负责人：　　　　　　　　　试验人：　　　　　　　　　复核人：

实训六　细集料堆积密度试验

细集料堆积密度试验（T 0331—1994）

1. 目的与适用范围

测定砂自然状态下的堆积密度。

2. 仪具与材料

（1）台秤：称量5kg，感量5g。

（2）容积筒：金属制，圆筒形，内径108mm，净高109mm，筒壁厚2mm，筒底厚5mm，容积约为1L。

（3）标准漏斗。

（4）烘箱：能控温在105℃±5℃。

（5）其他：小勺、直尺、浅盘等。

3. 试验准备

（1）试样制备：用浅盘装来样约5kg，在温度为105℃±5℃的烘箱中烘干至恒重，取出并冷却至室温，分成大致相等的两份备用。

（2）容量筒容积的校正方法：以温度为20℃±5℃的洁净水装满容量筒，用玻璃板沿筒口滑移，使其紧贴水面，玻璃板与水面之间不得有空隙。擦干筒外壁水分，然后称量，用式（6-1）计算筒的容积V。

$$V = m_2' - m_1' \tag{6-1}$$

式中：V——容量筒的容积（mL）；

m_1'——容量筒和玻璃板总质量（g）；

m_2'——容量筒、玻璃板和水总质量（g）。

4. 试验步骤

（1）将试样装入漏斗中，打开底部的活动门，将砂流入容量筒中，也可直接用小勺向容量筒中装试样，但漏斗出料口或料勺距容量筒口均应为50mm左右，试样装满并超出容量筒筒口后，用直尺将多余的试样沿筒口中心线向两个相反的方向刮平，称取质量（m_1）。

（2）紧装密度：取试样1份，分两层装入容量筒。装完一层后，在筒底垫放一根直径为10mm的钢筋，将筒按住，左右交替颠击地面各25下，然后装入第二层。

第二层装满后用同样方法颠实（但筒底所垫钢筋的方向应与第一层放置方向垂直）。两层装完并颠实后，添加试样超出容量筒筒口，然后用直尺将多余的试样沿筒口中心线向两个相反方向刮平，称其质量（m_2）。

5. 计算

（1）堆积密度及紧装密度按式（6-2）和式（6-3）计算，精确至0.001。

$$\rho = \frac{m_1 - m_0}{V} \tag{6-2}$$

$$\rho' = \frac{m_2 - m_0}{V} \tag{6-3}$$

式中：ρ——砂的堆积密度（g/cm^3）；

　　　ρ'——砂的紧装密度（g/cm^3）；

　　　m_1——容量筒和堆积砂的总质量（g）；

　　　m_2——容量筒和紧装砂的总质量（g）；

　　　V——容量筒容积（mL）。

（2）砂的空隙率按式（6-4）计算，精确至 0.1%。

$$n = (1 - \frac{\rho}{\rho_a}) \times 100\% \tag{6-4}$$

式中：n——砂的空隙率（%）；

　　　ρ——砂的堆积或紧装密度（g/cm^3）；

　　　ρ_a——砂的表观密度（g/cm^3）。

6. 报告

以两次试验结果的算术平均值作为测定值。

细集料（砂）指标试验记录表见表 6-1。

细集料(砂)指标试验记录表　　　　　表6-1

工程名称：　　　　　　　　　　　　　　合　同　段：
承包单位：　　　　　　　　　　　　　　编　　　号：
监理单位：　　　　　　　　　　　　　　试验单位：
试验日期：　　　　　　　　　　　　　　报告日期：

堆积密度			表观密度(视比重)		
试验次数	1	2	试验次数	1	2
筒体积(mL)	985	985	试样质量(g)		
筒质量(g)	570	570	瓶+水+试样质量(g)		
筒+湿试样质量(g)	2245	2250	瓶+水质量(g)		
含水率(%)			试样体积(mL)		
试样质量(g)	1675	1680	水密度(g/cm³)		
湿密度(g/cm³)			表观密度(g/cm³)		
干密度(g/cm³)	1.70	1.71	平均表观密度(g/cm³)		
平均干密度(g/cm³)	1.70		云母含量试验		
紧装密度			试验次数	1	2
试验次数	1	2	试样质量(g)		
筒体积(L)			云母质量(g)		
筒质量(g)			云母含量(%)		
筒+湿试样质量(g)			平均值(%)		
含水率(%)			含泥量试验		
试样质量(g)			试验次数	1	2
湿密度(g/cm³)			洗前试样质量(g)		
平均湿密度(g/cm³)			洗后试样质量(g)		
干密度(g/cm³)			含泥量(%)		
平均干密度(g/cm³)			平均值(%)		
三氧化硫(SO_3)含量			有机质含量(比色法)		
试验次数	1	2	24h比色结果		
试样质量(g)			试验规程		
坩埚质量(g)			说明		
坩埚+灰化物质量(g)					
三氧化硫含量(%)					
平均值(%)					

试验负责人：　　　　　　　　　试验人：　　　　　　　　　复核人：

实训七 细集料筛分试验

细集料筛分试验（T 0327—2005）

1. 目的与适用范围

测定细集料（天然砂、人工砂、石屑）的颗粒级配及粗细程度。对水泥混凝土用细集料可采用干筛法，如果需要也可采用水洗法筛分；对沥青混合料及基层用细集料必须用水洗法筛分。

2. 仪具与材料

（1）标准筛。
（2）天平：称量1000g，感量不大于0.5g。
（3）摇筛机。
（4）烘箱：能控制在105℃±5℃。
（5）其他：浅盘和硬、软毛刷等。

3. 试验准备

根据样品中最大粒径的大小，选用适宜的标准筛，通常为9.5mm筛（水泥混凝土用天然砂）或4.75mm筛（沥青路面及基层用天然砂、石屑、机制砂等），筛除其中的超粒径材料。然后将样品在潮湿状态下充分拌匀，用分料器法或四分法缩分至每份不少于550g的试样两份，在105℃±5℃的烘箱中烘干至恒重，冷却至室温后备用。

4. 试验步骤

（1）干筛法试验步骤

①准确称取烘干试样约500g（m_1），准确至0.5g，置于套筛的最上面一只，即4.75mm筛上，将套筛装入摇筛机，摇筛约10min，然后取出套筛，再按筛孔大小顺序，从最大的筛号开始，在清洁的浅盘上逐个进行手筛，直到每分钟的筛出量不超过筛上剩余量的0.1%时为止，将筛出通过的颗粒并入下一号筛，和下一号筛中的试样一起过筛，依此顺序进行至各号筛全部筛完为止。

②称量各筛筛余试样的质量，精确至0.5g。所有各筛的分计筛余量和底盘中剩余量的总量与筛分前的试验总量，相差不得超过后者的1%。

（2）水洗法试验步骤

①准确称取烘干试样约500g（m_1），准确至0.5g。
②将试样置一洁净容器中，加入足够数量的洁净水，将集料全部淹没。
③用搅棒充分搅动集料，将集料表面洗涤干净，即细分悬浮在水中，但不得有集料从水中溅出。
④用1.18mm筛及0.075mm筛组成套筛。仔细将容器中混有细分的悬浮液徐徐倒出，经过套筛流入另一容器中，但不得将集料倒出。

⑤重复"(3)水洗法试验步骤②~④",直至倒出的水洁净且小于 0.075mm 的颗粒全部倒出。

⑥将容器中的集料倒入搪瓷盘中,用少量水冲洗,使容器上黏附的集料颗粒全部进入搪瓷盘中。将筛子反扣过来,用少量的水将筛上的集料冲入搪瓷盘中。操作过程中不得有集料散失。

⑦将搪瓷盘连同集料一起置 105℃ ±5℃烘箱中烘干至恒重,称取干燥集料试样的总质量(m_2),准确至 0.1%。m_1 与 m_2 之差即为通过 0.075mm 筛部分。

⑧将全部要求筛孔组成套筛(但不需 0.075mm 筛),将已经洗去小于 0.075mm 部分的干燥集料置于套筛上(通常为 4.75mm),将套筛装入摇筛机,摇筛约 10min,然后取出套筛,再按筛孔大小顺序,从最大的筛号开始,在清洁的浅盘上逐个进行手筛,直至每分钟的筛出量不超过筛上剩余量的 0.1% 时为止,将筛出通过的颗粒并入下一号筛,和下一号筛中的试样一起过筛,这样顺序进行,直至各号筛全部筛完为止。

⑨称量各号筛筛余试样的质量,精确至 0.5g。所有各筛的分计筛余量和底盘中剩余量的总质量与筛分前后试样总质量 m_2 的差值不得超过后者的 1%。

5.计算

(1)计算分计筛余百分率。

各号筛的分计筛余百分率为各号筛上的筛余量除以试样总量(m_1)的百分率,精确至 0.1%。对沥青路面细集料而言,0.15mm 筛下部分即为 0.075mm 的分计筛余,由"(3)水洗法试验步骤①"测得的 m_1 与 m_2 之差即为小于 0.075mm 的筛底部分。

(2)计算累计筛余百分率。

各号筛的累计筛余百分率为该号筛及大于该号筛的各号筛的分计筛余百分率之和,准确至 0.1%。

(3)计算质量通过百分率。

各号筛的质量通过百分率等于 100 减去该号筛的累计筛余百分率,准确至 0.1%。

(4)根据各筛的累计筛余百分率或通过百分率,绘制级配曲线。

(5)天然砂的细度模数按式(7-1)计算,精确至 0.01。

$$M_x = \frac{(A_{0.15} + A_{0.3} + A_{0.6} + A_{1.18} + A_{2.36}) - 5A_{4.75}}{100 - A_{4.75}} \tag{7-1}$$

式中: M_x——砂的细度模数;
$A_{0.15}$、$A_{0.3}$、…、$A_{4.75}$——0.15mm、0.3mm、…、4.75mm 各筛上的累计筛余百分率(%)。

(6)应进行两次平行试验,以试验结果的算术平均值作为测定值。如两次试验所得的细度模数之差大于 0.2,则应重新进行试验。

砂筛分试验记录表见表 7-1。

砂筛分试验记录表

表 7-1

工程名称：　　　　　　　　　　　　　　　　合 同 段：
承包单位：　　　　　　　　　　　　　　　　编　　号：
监理单位：　　　　　　　　　　　　　　　　试验单位：
试验日期：　　　　　　　　　　　　　　　　报告日期：

试样质量 (g)	筛孔尺寸 (mm)	分计筛余质量(g)		分计筛余(%)		累计筛余(%)		通过率 (%)	规范 通过率(%)
		Ⅰ	Ⅱ	Ⅰ	Ⅱ	Ⅰ	Ⅱ		
第一次	9.5	0	0	0	0	0	0	100.0	100～100
	4.75	48.5	50.0	9.7	10.0	9.7	10.0	90.2	90～100
500.0	2.36	69.0	72.0	13.8	14.4	23.5	24.4	76.1	75～100
第二次	1.18	40.0	39.5	8.0	7.9	31.5	32.3	68.1	50～90
	0.63	88.5	90.5	17.7	18.1	49.3	50.4	50.2	30～59
500.0	0.3	170.0	170.5	34.0	34.1	83.2	84.4	16.1	8～30
平均值	0.15	61.0	58.5	12.2	11.7	95.4	96.2	4.2	0～10
500.0	筛底	23.0	19.0	4.6	3.8	100.0	100.0		
细度模数		$M_{X\text{Ⅰ}}=2.60$				$M_{X\text{Ⅱ}}=2.64$		平均值 $M_X=2.62$	

砂类	粗砂	中砂	细砂
细度模数	3.7～3.1	3.0～2.3	2.2～1.6

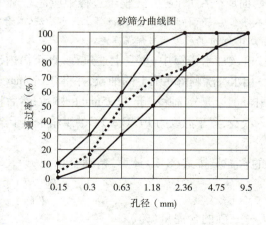

砂筛分曲线图

注:细度模数主要反映砂粒的粗细程度,不完全反映颗粒的级配情况,混凝土配制时应同时考虑砂的细度模数和级配情况。级配范围表中除 5mm、0.63mm、0.16mm 筛孔外,其余各筛孔累计筛余允许超出分界线,但其总量不得大于5%

评定说明	此样经筛分属于中砂,处于Ⅱ区,级配符合要求

试验负责人：　　　　　　　　试验人：　　　　　　　　复核人：

实训八 细集料含泥量试验

细集料含泥量试验(筛洗法 T 0333—2000)

1. 目的与适用范围

(1)本方法仅用于测定天然砂中粒径小于 0.075mm 的尘屑、淤泥和黏土的含量。

(2)本方法不适用于人工砂、石屑等矿粉成分较多的细集料。

2. 仪具与材料

(1)天平:称量 1kg,感量不大于 1g。

(2)烘箱:能控制在 105℃±5℃。

(3)标准筛:孔径 0.075mm 及 1.18mm 的方孔筛。

(4)其他:筒、浅盘等。

3. 试验准备

将试样用四分法缩分至每份约 1000g,置于温度为 105℃±5℃的烘箱中烘干至恒重,冷却至室温后,称取约 400g(m_0)的试样两份备用。

4. 试验步骤

(1)取烘干的试样一份置于筒中,并注入洁净的水,使水面高出砂面约 200mm,充分拌和均匀后,浸泡 24h,然后用手在水中淘洗试样,使尘屑、淤泥和黏土与砂粒分离,并使之悬浮水中,缓缓地将浑浊液倒入 1.18mm 至 0.075mm 的套筛上,滤去小于 0.075mm 的颗粒。试验前筛子的两面应先用水湿润,在整个过程中应注意避免砂粒丢失。

注:不得直接将试样放在 0.075mm 筛上用水冲洗,或者将试样放在 0.075mm 筛上后在水中淘洗,以避免误将小于 0.075mm 的砂颗粒当作泥冲走。

(2)再次加水于筒中,重复上述过程,直至筒内砂样洗出的水清澈为止。

(3)用水冲洗剩留在筛上的细粒,并将 0.075mm 筛放在水中(使水面略高出筛中砂粒的上表面)来回摇动,以充分洗除小于 0.075mm 的颗粒;然后将两筛上筛余的颗粒和筒中已经洗净的试样一并装入浅盘,置于温度为 105℃±5℃的烘箱中烘干至恒重,冷却至室温后,称取试样的质量(m_1)。

5. 计算

砂的含泥量按式(8-1)计算,精确至 0.1%。

$$Q_n = \frac{m_0 - m_1}{m_0} \times 100\% \tag{8-1}$$

式中:Q_n——砂的含泥量(%);

m_0——试验前的烘干试样质量(g);

m_1——试验后的烘干试样质量(g)。

以两个试样试验结果的算术平均值作为测定值。两次结果的差值超过 0.5% 时,应重新进行取样。

细集料(砂)指标试验记录表见表 8-1。

细集料(砂)指标试验记录表　　　　　　　　　　　表 8-1

工程名称：　　　　　　　　　　　　　　　　　合　同　段：
承包单位：　　　　　　　　　　　　　　　　　编　　　号：
监理单位：　　　　　　　　　　　　　　　　　试 验 单 位：
试验日期：　　　　　　　　　　　　　　　　　报 告 日 期：

堆积密度			表观密度（视比重）		
试验次数	1	2	试验次数	1	2
筒体积(mL)			试样质量(g)		
筒质量(g)			瓶＋水＋试样质量(g)		
筒＋湿试样质量(g)			瓶＋水质量(g)		
含水率(%)			试样体积(mL)		
试样质量(g)			水密度(g/cm^3)		
湿密度(g/cm^3)			表观密度(g/cm^3)		
干密度(g/cm^3)			平均表观密度(g/cm^3)		
平均干密度(g/cm^3)			云母含量试验		
紧装密度			试验次数	1	2
试验次数	1	2	试样质量(g)		
筒体积(L)			云母质量(g)		
筒质量(g)			云母含量(%)		
筒＋湿试样质量(g)			平均值(%)		
含水率(%)			含泥量试验		
试样质量(g)			试验次数	1	2
湿密度(g/cm^3)			洗前试样质量(g)	400	400
平均湿密度(g/cm^3)			洗后试样质量(g)	391.9	392.1
干密度(g/cm^3)			含泥量(%)	2.03	1.97
平均干密度(g/cm^3)			平均值(%)	2.00	
三氧化硫(SO_3)含量			有机质含量（比色法）		
试验次数	1	2	24h 比色结果		
试样质量(g)			试验规程		
坩埚质量(g)			说明	此试样含泥量符合《公路桥涵施工技术规范》(JTG/T F50—2011)中对混凝土的要求，即 0.1%≤C30 含泥量<5.0%	
坩埚＋灰化物质量(g)					
三氧化硫含量(%)					
平均值(%)					

试验负责人：　　　　　　　　　试验人：　　　　　　　　　复核人：

实训九 粗集料压碎值试验

粗集料压碎值试验(T 0316—2005)

1. 目的与适用范围

集料压碎值用于衡量石料在逐渐增加的荷载下抵抗压碎的能力，是衡量石料力学性质的指标，以评定其在公路工程中的适用性。

2. 仪具与材料

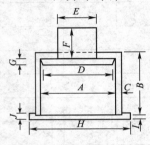

图9-1 压碎指标值测定仪
(尺寸单位:mm)

(1)石料压碎值试验仪：由内径150mm、两端开口的钢制圆形是同、压柱和底板组成，其形状见图9-1。试筒内壁、压柱的底面及底板的上表面等，与石料接触的表面都应进行热处理，使表面硬化，达到维氏硬度65°并保持光滑状态。

(2)金属棒：直径10mm，长450~600mm，一端加工成半球形。

(3)天平：称量2~3kg，感量不大于1g。

(4)标准筛：筛孔尺寸13.2mm、9.5mm、2.36mm方孔筛各一个。

(5)压力机：500kN，应能在10min内达到400kN。

(6)金属筒：圆柱形，内径112.0mm，高179.4mm，容积1767cm³。

3. 试验准备

(1)采用风干石料用13.2mm和9.5mm标准筛过筛，取9.5~13.2mm的试样3组各3000g，供试验用。如过于潮湿需加热烘干时，烘箱温度不得超过100℃，烘干时间不超过4h。试验前，石料应冷却至室温。

(2)每次试验的石料数量应满足按下述方法夯击后，石料在试筒内的深度为100mm。在金属筒中确定石料数量的方法如下。

将试样分3次(每次数量大体相同)均匀装入试模中，每次均将试样表面整平，用金属棒的半球面端从石料表面上均匀捣实25次。最后用金属棒作为直刮刀将表面仔细整平。称取量筒中试样质量(m_0)。以相同质量的试样进行压碎值平行试验。

4. 试验步骤

(1)将试筒安放在底板上。

(2)将要求质量的试样分3次(每次数量大体相同)均匀装入试模中，每次均将试样表面整平，用金属棒的半球面端从石料表面上均匀捣实25次。最后用金属棒作为直刮刀将表面仔细整平。

(3)将装有试样的试模放到压力机上，同时假牙头放入试筒内石料面上，注意使压头摆平，勿楔挤试模侧壁。

(4)开动压力机，均匀地施加荷载，在10min左右的时间内达到总荷载400kN，稳压5s，然后卸载。

(5)将试模从压力机上取下,取出试样。

(6)用2.36mm标准筛筛分经压碎的全部试样,可分几次筛分,均需筛到在1min内无明显的筛出物为止。

(7)称取通过2.36mm筛孔的全部细料质量(m_1),准确至1g。

5. 计算

石料压碎值按式(9-1)计算,精确至0.1%。

$$Q'_a = \frac{m_1}{m_0} \times 100\% \tag{9-1}$$

式中:Q'_a——石料的压碎值(%);

m_0——试验前试样质量(g);

m_1——试验后通过2.36mm筛孔的细料质量(g)。

6. 报告

以3个试样平行试验结果的算术平均值作为压碎值的测定值。

碎(砾)石强度试验记录表见表9-1。

碎(砾)石强度试验记录表　　　　表 9-1

工程名称：　　　　　　　　　　　　　　　合　同　段：
承包单位：　　　　　　　　　　　　　　　编　　　号：
监理单位：　　　　　　　　　　　　　　　试验单位：
试验日期：　　　　　　　　　　　　　　　报告日期：

碎石压碎值试验

试验次数	试样质量（g）	2.36mm筛孔筛余量（g）	小于2.36筛余量（g）	压碎值（%）	平均压碎值（%）	规范规定值（%）	规定使用范围
1	2809	2384	425	15.1	18.7	≤26	
2	2809	2275	534	19.0			
3	2809	2192	617	22.0			

说明	该级配碎石的压碎值满足《公路路面基层施工技术规范》(JTJ 034—2000)的高速公路基层用压碎值的要求

碎(砾)石磨耗(洛杉矶法)试验

试验次数	试样质量（g）	洗净后筛余量（g）	通过物质量（g）	磨耗值(%)	平均磨耗值（%）	规范规定值（%）	规定使用范围
1							
2							
3							

说明	

等级评定	

试验负责人：　　　　　　　　　试验人：　　　　　　　　　复核人：

实训十 粗集料针片状颗粒含量试验

水泥混凝土用粗集料针片状颗粒含量试验（规准仪法）（T 0311—2005）

1. 目的与适用范围

（1）本方法适用于测定水泥混凝土使用的 4.75mm 以上的粗集料的针状与片状颗粒含量，以百分率计。

（2）本方法测定的针片状颗粒，是指使用专用规准仪测定的颗粒的最小厚度（或直径）个、方向与最大长度（或宽度）方向的尺寸之比小于一定比例的颗粒。

（3）本方法测定的粗集料中针片状颗粒的含量，可用于评价集料的形状及其在工程中的适用性。

2. 仪具与材料

（1）水泥混凝土集料针状规准仪和片状规准仪见图 10-1 和图 10-2，片状规准仪的钢板基板厚度 3mm，尺寸应符合表 10-1 的要求。

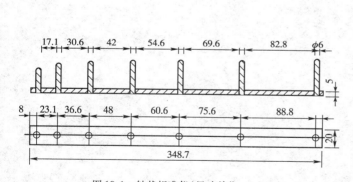

图 10-1 针状规准仪（尺寸单位：mm）

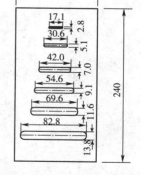

图 10-2 片状规准仪（尺寸单位：mm）

水泥混凝土集料针片状颗粒试验的粒级划分及其相应的规准仪孔宽或间距 表 10-1

粒级（方孔筛）(mm)	4.75~9.5	9.5~16.0	16.0~19.0	19.0~26.5	26.5~31.5	31.5~37.5
针状规准仪上相应的立柱之间的间距宽（mm）	17.1	30.6	42.0	54.6	69.6	82.8
片状规准仪上相对应的孔宽（mm）	2.8	5.1	7.0	9.1	11.6	13.8

（2）天平或台秤：感量不大于称量值的 0.1%。

（3）标准筛：孔径分别为 4.75mm、9.5mm、16mm、19mm、26.5mm、31.5mm、37.5mm，试验时根据需要选用。

3. 试验准备

将来样在室内风干至表面干燥，并用四分法或分料器法缩分至满足表 10-2 规定的质量，称量（m_0），然后筛分成表 10-2 所规定的粒级备用。

针片状颗粒试验所需的试样最小质量 表10-2

公称最大粒径(mm)	9.5	16	19	26.5	31.5	37.5
试样最小质量(kg)	0.3	1	2	3	5	10

4. 试验步骤

(1)目测挑出接近立方体形状的规则颗粒,将目测有可能属于针片状颗粒的集料按表10-2所规定的粒级用规准仪逐粒对试样进行针状颗粒鉴定,挑出颗粒长度大于针状规准仪上相应间距而不能通过者,为针状颗粒。

(2)将通过针状规准仪上相应间距的非针状颗粒逐粒对试样进行片状颗粒鉴定,挑出厚度小于片状规准仪上相应孔宽能通过者,为片状颗粒。

(3)称量由各粒级挑出的针状颗粒和片状颗粒的质量,其中质量为 m_1。

5. 计算

碎石或砾石中针片状颗粒含量按式(10-1)计算,精确至0.1%。

$$Q_e = \frac{m_1}{m_0} \times 100\% \qquad (10-1)$$

式中:Q_e——试样的针片状颗粒含量(%);

m_1——试样中所含针状颗粒与片状颗粒的总质量(g);

m_0——试样总质量(g)。

实训十一　水泥标准稠度用水量、凝结时间、体积安定性试验

水泥标准稠度用水量、凝结时间、体积安定性试验（T 0505—2005）

1. 目的、适用范围与引用标准

本方法规定了水泥标准稠度用水量、凝结时间和体积安定性的测试方法。

本方法适用于硅酸盐水泥、普通硅酸盐水泥、矿渣硅酸盐水泥、粉煤灰硅酸盐水泥、火山灰硅酸盐水泥、复合硅酸盐水泥、道路硅酸盐水泥及指定采用本方法的其他品种水泥。

2. 仪器设备

（1）水泥净浆搅拌机：符合《水泥净浆搅拌机》（JC/T 729—2005）的要求。

（2）标准法维卡仪：如图11-1所示，标准稠度测定用试杆[图11-1c)]有效长度50mm±1mm、由直径为ϕ10mm±0.05mm的圆柱形耐腐蚀金属制成。测定凝结时间时取下试杆，用试针[图11-1d)、e)]代替试杆。试杆由钢制成，其有效长度初凝针为50mm±1mm、终凝针为30mm±1mm、直径为ϕ1.13mm±0.05mm的圆柱体。滑动部分的总质量为300g±1g。与试杆、试针连接的滑动杆表面应光滑，能靠重力自由下落，不得有紧涩和旷动现象。

盛装水泥净浆的试模[图11-1a)]应由耐腐蚀的、有足够硬度的金属制成。试模深40mm±0.2mm、顶内径ϕ65mm±0.5mm、底内径ϕ75mm±0.5mm的截面圆锥体，每个试模应配备一个边长或直径约100mm、厚度4~5mm的平板玻璃或金属底板。

（3）代用法维卡仪：符合《水泥净浆标准稠度与凝结时间测定仪》（JC/T 727—2005）的要求。

（4）沸煮箱：有效容积约为410mm×240mm×310mm，算板结构应不影响试验结果。算板与加热器之间的距离大于50mm。箱的内层由不易锈蚀的金属材料制成，能在30min±5min 内将箱内的试验用水由室温升至沸腾，并可保持沸腾状态3h以上，整个试验过程中不需要补充水量。

（5）雷氏夹膨胀仪：由铜制材料制成，其结构如图11-2，受力示意如图11-3。当一根指针根部先悬挂在一根金属丝或尼龙丝上，另一根指针的根部再挂上300g质量的砝码时，两根指针的针尖距离增加应在17.5mm±2.5mm范围内，即$2x=17.5mm±2.5mm$，当去掉砝码后针尖的距离能恢复至挂砝码前的状态。

（6）量水器：精度0.5mL。

（7）湿气养护箱：应能使温度控制在20℃±1℃，相对湿度大于90%。

（8）天平：量程1kg，感量1g。

（9）雷氏夹膨胀值测定仪：如图11-4所示，标尺最小刻度0.5mm。

（10）秒表：分度值1s。

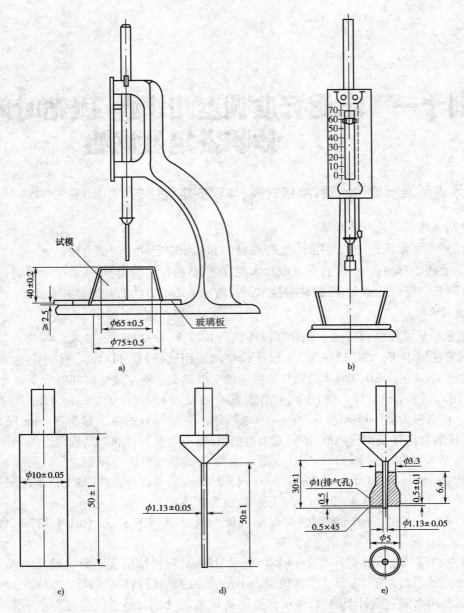

图 11-1 测定水泥标准稠度和凝结时间用的维卡仪(尺寸单位:mm)
a)初凝时间测定用立式试模侧视图;b)终凝时间测定用反转试模前视图;c)标准稠度试杆;d)初凝用试针;e)终凝用试针

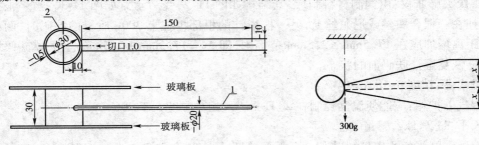

图 11-2 雷氏夹示意图(尺寸单位:mm)
1-指针;2-环模

图 11-3 雷氏夹受力示意图

3. 试样及用水

（1）水泥试样应充分拌匀，通过0.9mm方孔筛并记录筛余物情况，但要防止过筛时混进其他水泥。

（2）试验用水必须是洁净的淡水，如有争议时可用蒸馏水。

4. 实验室温度及相对湿度

（1）实验室的温度为20℃±2℃，相对湿度大于50%。

（2）水泥试样、拌和水、仪器和用具的湿度应与实验室内室温保持一致。

5. 标准稠度用水量测定（标准法）

（1）试验前必备条件

①维卡仪的金属棒能够自由滑动。

②调整至试杆接触玻璃板时指针对准零点。

③水泥净浆搅拌机运行正常。

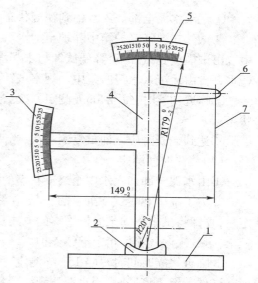

图11-4 雷氏膨胀值测定仪（尺寸单位：mm）
1-底座；2-模子座；3-测弹性标尺；4-立柱；5-测膨胀值标尺；6-悬臂；7-悬丝

（2）水泥净浆拌制

用水泥净浆搅拌机搅拌，搅拌锅和搅拌叶片先用湿布擦过，将拌和水倒入搅拌锅中，然后5~10s内小心将称好的500g水泥加入水中，防止水和水泥溅出；拌和时，先将锅放在搅拌机的锅座上，升至搅拌机，低速搅拌120s，停15s，同时将叶片和锅壁上的水泥浆刮入锅中间，接着高速搅拌120s停机。

（3）标准稠度用水量测定步骤

①拌和结束后，应立即取适量水泥净浆一次性将其装入已放在玻璃板上的试模中，使浆体超过水泥上端，用宽约25mm的直边刀轻轻拍打超出试模的浆体5次，以排除浆体中的孔隙，然后在试模表面约1/3处，略倾斜与试模分别向外轻轻锯掉多余净浆，再从试模边沿轻抹顶部一次，使净浆表面光滑。在锯掉多余净浆和抹平的操作过程中，注意不要压实净浆。

②抹平后迅速将试模和底板移到维卡仪上，并将其中心定在试杆上，降低试杆直到与水泥净浆表面接触，拧紧螺钉1~2s后，突然放松，使试杆垂直自由地沉入水泥净浆中。在试杆停止沉入或释放试杆30s时，记录试杆到底板的距离，升起试杆后，应立即擦净。

③整个操作应在搅拌后1.5min内完成。以试杆沉入净浆并距底板6mm±1mm的水泥净浆为标准稠度净浆。其拌和水量为该水泥的标准稠度用水量（P），按水泥质量的百分比计。

④当试杆距底板小于5mm时，应适当减水，重复水泥浆的拌制和上述过程；若距离大于7mm时，则应适当加水，并重复水泥浆的拌制和上述过程。

6. 凝结时间测定

（1）测定前的准备工作

调整凝结时间测定仪的试针接触底板，使指针对准零点。

（2）试件的制备

以标准稠度用水量按"（2）水泥净浆拌制"制成标准稠度净浆一次装满试模，振动数次刮平，立即放入湿气养护箱中。

（3）初凝时间测定

①记录水泥全部加入水中到初凝状态的时间作为初凝时间,以分钟(min)为单位。

②试件在湿气养护箱中养护至加水后 30min 时进行第一次测定。测定时,从湿气养护箱中取出试模放到试针下,降低试针与水泥净浆表面接触。拧紧螺钉 1～2s 后,突然放松,使试杆垂直自由地沉入水泥净浆中。观察试针停止沉入或释放试针 30s 时的指针读数。

③临近初凝时,每隔 5min 测定一次。当试针沉至距底板 4mm±1mm 时,为水泥达到初凝状态。

④达到初凝时应立即重复测一次,当两次结论相同时才能定为达到初凝状态。

(4)终凝时间测定

①由水泥全部加入水中至终凝状态的时间作为终凝时间,以分钟(min)为单位。

②为了准确观察试件沉入的状况,在终凝针上安装了一个环形附件。在完成初凝时间测定后,立即将试模连同浆体以平移的方式从底板下翻转 180°,直径大端向上、小端向下放在底板上,再放入湿气养护箱中继续养护。

③临近终凝时间时每隔 15min 测定一次,当试针沉入试件 0.5mm 时,即环形附件开始不能在试件上留下痕迹时,为水泥达到终凝状态。

④达到终凝状态时,需要在试体另外两个不同点测试,结论相同时才能确定到达终凝状态。

(5)测定时的注意事项

在最初测定的操作时应轻轻扶持金属柱,使其徐徐下降,以防止试针撞弯,但结果以自由下落为准;在整个测试过程中试针沉入的位置至少要距试模内壁 10mm。每次测定不能让试针落入原针孔,每次测试完毕应将试针擦净并将试模放回湿气养护箱内,整个测试过程要防止试模振动。

7. 安定性测定(标准法)

(1)测定前的准备工作

每个试样需要两个试件,每个雷氏夹需配备两个边长或直径约质量约 80mm,厚度 4～5mm 的玻璃板。凡与水泥净浆接触的玻璃板和雷氏夹表面都要稍稍涂上一层油。

(2)雷氏夹试件的制备方法

将预先准备好的雷氏夹放在已稍擦油的玻璃板上,并立刻将已制好的标准稠度净浆装满雷氏夹。装浆时一只手轻扶持雷氏夹,另一只手用宽约 25mm 的直边刀在浆体表面轻轻插捣 3 次,然后抹平,盖上稍涂油的玻璃板,接着立刻将雷氏夹移至湿气养护箱中养护 24h±2h。

(3)沸煮

①调整好沸煮箱内的水位,使之在整个沸煮过程中都能没过试件,不需中途添补试验用水,同时保证在 30min±5min 内水能沸腾。

②脱去玻璃板取下试件,先测量雷氏夹指针尖端间的距离 A,精确到 0.5mm,接着将试件放入水中算板上,指针朝上,试件之间互不交叉,然后在 30min±5min 内加热水至沸腾,并恒沸 3h±5min。

(4)结果判别

沸煮结束后,即放掉箱中的热水,打开箱盖,待箱体冷却至室温,取出试件进行判别。测量雷氏夹指针尖端间的距离 C,精确到 0.5mm,当两个试件煮后增加距离 $(C-A)$ 的平均值不大于 5.0mm 时,即认为该水泥安定性合格;当两个试件的 $(C-A)$ 的值相差超过 4.0mm 时,应用同一样品立即重做一次试验。再如此,则认为该水泥为安定性不合格。

8. 试验报告

试验报告应包括以下内容：

(1) 要求检测的项目名称；
(2) 试样编号；
(3) 试验日期及时间；
(4) 仪器设备的名称、型号及编号；
(5) 环境温度和湿度；
(6) 执行标准；
(7) 使用检测方法；
(8) 水泥试样的标准稠度用水量、凝结时间、安定性；
(9) 要说明的其他问题。

水泥试验记录表(一)见表11-1。

水泥试验记录表（一）

表11-1

样品编号		试验环境	温度:20℃ 湿度:62%
水泥品种	普通硅酸盐	强度等级	42.5
样品来源	外委	试验日期	
试验规程	《水泥混凝土耐磨性试验方法》（JTG E30—2005）	评定标准	《通用硅酸盐水泥》（GB 175—2007）
试验设备及编号			

一、细度试验

试样质量（g）	筛余物质量 R_s(g)	筛余百分数测值 F(%)	修正系数 C	修正后筛余百分数 F_C(%)	筛余百分数测值 F'_C(%)
25	0.38	1.5			1.6
25	0.4	1.6			

二、标准稠度用水量

拌和用水量(mL)	标准稠度用水量(%)
134.5	26.9

三、凝结时间试验

起始时间	初凝状态时间	初凝时间(min)	终凝状态时间	终凝时间(min)
9:20	12:50	210	13:45	265

四、安定性试验

沸煮前针尖间距 A(mm)	沸煮后针尖间距 C(mm)	$C-A$ 测值(mm)	$C-A$ 测定值(mm)
12.0	12.5	0.5	0.5
11.5	12.0	0.5	

评定及说明	此样经检测所测各项指标均符合《通用硅酸盐水泥》（GB 175—2007）中对普通硅酸盐42.5级水泥的要求

试验负责人：　　　　　　　　试验人：　　　　　　　　复核人：

实训十二　水泥胶砂强度试验

水泥胶砂强度检测方法（ISO法）（T 0506—2005）

1. 目的与适用范围

本方法规定了水泥胶砂强度检验基准方法的仪器、材料、胶砂组成、试验条件、操作步骤和结果计算。其抗压强度测定结果与《水泥试验方法——强度的测定》（ISO 679：1989）结果等同。同时也列入可代用的标准砂和振实台，当代用后结果有异议时以基准方法为准。

本方法适用于硅酸盐水泥、普通硅酸盐水泥、矿渣硅酸盐水泥、粉煤灰硅酸盐水泥、复合硅酸盐水泥、道路硅酸盐水泥以及石灰石硅酸盐水泥的抗折与抗压强度的检验。采用其他水泥时必须研究本方法的适用性。

本方法引用标准如下：
《水泥的试验方法——强度的测定》（ISO 679—1989）
《金属丝编织网试验筛》（GB/T 6003.3—1997）
《水泥胶砂强度检验方法（ISO法）》（GB/T 17671—1999）
《行星式水泥胶砂搅拌机》（JC/T 681—2005）
《水泥胶砂试体成型振实台》（JC/T 682—2005）
《40mm×40mm水泥抗压夹具》（JC/T 683—2005）
《水泥胶砂振动台》（JC/T 723—2005）
《水泥胶砂电动抗折试验机》（JC/T 724—2005）
《水泥胶砂试模》（JC/T 726—2005）

2. 仪器设备

（1）胶砂搅拌机

胶砂搅拌机属行星式，其搅拌锅和搅拌叶片作相反方向的转动。叶片和锅由耐磨的金属材料制成，叶片与锅底、锅壁之间的间隙为叶片与锅壁最近的距离。制造质量应符合《行星式水泥胶砂搅拌机》（JC/T 681—2005）的规定。

（2）振实台

振实台（图12-1）应符合《水泥胶砂试体成型振实台》（JC/T 682—2005）的规定。由装有两个对称偏心轮的电动机产生振动，使用时固定于混凝土基座上。基座高度约400mm，混凝土体积约为0.25m³，重约600kg。为防止外部振动影响振实效果，可在整个混凝土基座下放一层厚约5mm天然橡胶弹性衬垫。

将仪器用地脚螺钉固定在基座上，安装后设备成水平状态，仪器底座与基座之间要铺一层砂浆以保证它们的完全接触。

（3）试模及下料漏斗

①试模为可装卸的三联模，由隔板、端板、底座等部分组成，制造质量应符合《水泥胶砂试

模》(JC/T 726—2005)的规定。可同时成型三条截面为40mm×40mm×160mm的菱形试件。

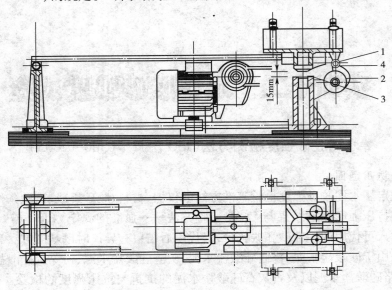

图12-1 典型振实台
1-突头;2-凸轮;3-止动器;4-随动器

②下料漏斗(图12-2)由漏斗和模套两部分组成。漏斗用厚为0.5mm的白铁皮制作,下料口宽度一般为4~5mm。模套高度为20mm,用金属材料制作。套模壁与模型内壁应重叠,超出内壁不应大于1mm。

(4)抗折试验机和抗折夹具

抗折试验机应符合《水泥胶砂电动抗折试验机》(JC/T 724—2005)中的要求,一般采用双杠杆式,也可采用性能符合要求的其他试验机。加荷与支撑圆柱必须采用硬质钢材制造。通过三根圆柱轴的三个竖向平面应该平行,并在试验时继续保持平行和等距离垂直试件的方向,其中一根支撑圆柱能轻微地倾斜使圆柱与试件完全接触,以便荷载沿试件宽度方向均匀分布,同时不产生任何扭转应力,如图12-3。

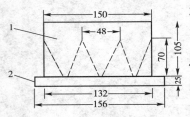

图12-2 下料漏斗(尺寸单位:mm)
1-漏斗;2-模套

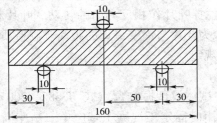 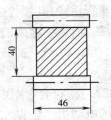

图12-3 抗折强度测定加荷图(尺寸单位:mm)

抗折家具应符合《水泥胶砂电动抗折试验机》(JC/T 724—2005)中的要求。

抗折强度也可用抗压强度试验机来测定,此时应使用符合上述规定的夹具。

(5)抗压试验机和抗压夹具

①抗压试验机的吨位以200~300kN为宜。抗压试验机,在较大的4/5量程范围内使用时,记录的荷载应有±1.0%的精度,并具有按2400N/s±200N/s速率的加荷能力,应具有一个

能指示试件破坏时荷载的指示器。

压力机的活塞竖向轴应与压力机的竖向轴重合,而且活塞作用的合力要通过试件中心。压力机的下压板表面应与该机的轴线垂直并在加荷过程中一直保持不变。

②当试验机没有球座,或球座已不灵活或直径大于120mm时,应采用抗压夹具,由硬质钢材制成,受压面积为40mm×40mm,并应符合《40mm×40mm水泥抗压夹具》(JC/T 683—2005)的规定。

(6)天平:感量为1g。

3. 材料

(1)水泥试样从取样到试验要保持24h以上时,应将其储存在基本装满和气密的容器中,这个容器不能和水泥反应。

(2)ISO标准砂。各国生产的ISO标准砂都可以用来按本方法测定水泥强度。中国ISO标准砂符合《水泥的试验方法——强度测定》(ISO 679:1989)中5.1.3的要求,其质量控制按《水泥胶砂强度检验方法(ISO法)》(GB/T 17671—1999)中第11章进行。

(3)试验用水为饮用水。仲裁试验时用蒸馏水。

4. 温度与相对湿度

(1)试件成型实验室应保持实验室温度为20℃±2℃(包括强度实验室),相对湿度大于50%。水泥试样、ISO砂、拌和水及试模等的温度应与室温相同。

(2)养护箱或雾室温度20℃±1℃,相对湿度大于90%,养护水的温度20℃±1℃。

(3)试件成型实验室的空气温度和相对湿度在工作期间每天应至少记录一次。养护箱或雾室温度和相对湿度至少每4h记录一次。

5. 试件成型

(1)成型前将试模擦净,四周的模板与底座的接触面上应涂黄油,紧密装配,防止漏浆,内壁均匀地刷一层机油。

(2)水泥与ISO砂的质量比为1:3,水灰比0.5。

(3)每成型三条试件需称量的材料及用量:水泥450g±2g;ISO砂1350g±5g;水225mL±1mL。

(4)将水加入锅中,再加入水泥,把锅放在固定架上并上升至固定位置。然后立即开动机器,低速搅拌30s后,在第二个30s开始的同时均匀将砂子加入。当砂是分级装时,应从最粗粒级开始,依次加入,再高速搅拌30s。

停拌90s:在停拌中的第一个15s内用胶皮刮具将叶片和锅壁上的胶砂刮入锅中。在高速下继续搅拌60s。各个阶段时间误差应在±1s内。

(5)用振实台成型时,将空试模和模套固定在振实台上,用适当的勺子直接从搅拌锅中将胶砂分为两层装入试模。装第一层时,每个槽里约放300g砂浆,用大播料器垂直架在模套顶部,沿每个模槽来回一次将料层播平,接着振实60次。再装入第二层胶砂,用小播料器播平,再振实60次。移走模套,从振实台上取下试模,并用刮刀以90°的角度架在试模模顶的一端,沿试模长度方向以横向锯割动作慢慢向另一端移动,一次将超过试模部分的胶砂刮去。并用同一直尺在近乎水平的情况下将试体表面抹平。

(6)当使用代用的振动台成型时,在搅拌胶砂的同时将试模和下料漏斗卡紧在振动台的中心。将搅拌好的全部胶砂均匀地装入下料漏斗中,开动振动台120s±5s停车。振动完毕,取下试模,用刮平尺按"5.试件成型(5)"方法刮去多余胶砂并抹平。

(7)在试模上做标记或加字条标明试件的编号和试件相对于振实台的位置。两个龄期以上的试件,编号时应将统同一试模中的三条试件分在两个以上的龄期内。

(8)试验前或更换水泥品种时,须将搅拌锅、叶片和下料漏斗等抹擦干净。

6. 养护

(1)编号后,将试模放入养护箱,养护箱箅板必须水平。水平放置时刮平面应朝上。对于 24h 龄期的,应在破型试验前 20min 内脱模。对于 24h 以上龄期的,应在成型后 20~24h 内脱模。脱模时要非常小心,应防止试件损伤。硬化较慢的水泥允许延期脱模,但须记录脱模时间。

(2)试件脱模后即放入水槽中养护,试件之间间隙和试件上表面的水深不得小于 5mm。每个养护池中只能养护同类水泥试件,并应随时加水,保持恒定水位,不允许养护期间全部换水。

(3)除 24h 龄期或延迟 48h 脱模的试件外,任何到龄期的试件应在破型前 15min 从水中取出,抹去试件表面沉淀物,并用湿布覆盖。

7. 强度试验

(1)各龄期(试件龄期从水泥加水搅拌开始算起)的试件应在表 12-1 所列时间内进行强度试验:

试件龄期对应的试验时间 表 12-1

龄 期	试 验 时 间	龄 期	试 验 时 间
24h	24h±15min	7d	7d±2h
48h	48h±30min	28d	28d±8h
72h	72h±45min		

(2)抗折强度测定

①以中心加荷法测定抗折强度。

②采用杠杆式抗折试验机时,试件放入前,应使杠杆成水平状态,将试件成型侧面朝上放入抗折试验机内。试件放入后调整夹具,使杠杆在试件折断时尽可能地接近水平位置。

③抗折试验机加荷速度为 50N/s±10N/s,直至折断,并保持两个半截棱柱时间处于潮湿状态直至抗压试验。

④抗折强度按式(12-1)计算:

$$R_f = \frac{1.5 F_f \cdot L}{b^3} \tag{12-1}$$

式中:R_f——抗折强度(MPa);
F_f——破坏荷载(N);
L——支撑圆柱中心距离(mm);
b——试件断面正方形的边长(mm)。

抗折强度计算值精确到 0.1MPa。

⑤抗折强度结果取三个试件的平均值,精确至 0.1MPa。当三个强度值中有超过平均值 ±10% 的,应剔除后再平均,以平均值作为抗折强度试验结果。

(3)抗压强度试验

①抗折试验后的断块应立即进行抗压试验。抗压试验须用抗压夹具进行,试件受压面积为试件成型时的两个侧面,面积为 40mm×40mm。试验前应清除试件受压面积与加压板间的

砂粒或杂物。试件的底面靠紧夹具定位销,断块试件应对准抗压夹具中心,并使夹具对准压力机压板中心,半截棱柱体中心与压力机压板中心盖应在±0.5mm内,棱柱体露在压板外的部分约为10mm。

②压力机加荷速度应控制在2400N/s±200N/s速率范围内,在接近破坏时更应该严格掌握。

③抗压强度按式(12-2)计算:

$$R_c = \frac{F_c}{A} \tag{12-2}$$

式中:R_c——抗压强度(MPa);
　　F_c——破坏荷载(N);
　　A——受压部分面积,$40mm \times 40mm = 1600mm^2$。

抗压强度计算值精确到0.1MPa。

④抗压强度结果为一组6个断块试件抗压强度的算术平均值,精确至0.1MPa。如果6个强度值中有一个超过平均值±10%的,应剔除后以剩下的5个值的算术平均值作为最后结果。如果5个值中再有超过平均值±10%的,则此组试件无效。

8. 试验报告

试验报告应包括以下内容:

(1)要求检测的项目名称;
(2)原材料的品种、规格和产地;
(3)试验日期及时间;
(4)仪器设备的名称、型号及编号;
(5)环境温度和湿度;
(6)执行标准;
(7)不同龄期对应的水泥试样的抗折强度、抗压强度,报告中应包括所有单个强度结果(包括舍去的试验结果)和计算出的平均值;
(8)要说明的其他内容。

水泥试验记录表(二)见表12-2。

水泥试验记录表(二) 表12-2

样品编号		试验环境	温度:20℃ 湿度:55%
水泥品种	普通硅酸盐	强度等级	42.5
样品来源	外委	龄期	28d
成型日期		试验日期	
试验规程	《水泥混凝土耐磨性试验方法》(JTG E30—2005)	评定标准	《通用硅酸盐水泥》(GB 175—2007)
试验设备及编号			

试件编号	抗折强度				抗压强度			
	支点间距 L(mm)	正方形截面边长 b(mm)	抗折强度测值 R_f(MPa)	抗折强度评定值 R'_f(MPa)	破坏荷载 F_c(kN)	受压面积 A(mm^2)	抗压强度测值 R_c(MPa)	抗压强度评定值 R'_c(MPa)
1	100	40	7.2	7.3	72.5	1600	45.3	45.2
					73.0		45.6	
2			7.5		73.5		45.9	
					73.0		45.6	
3			7.3		71.0		44.4	
					71.5		44.7	

评定及说明	此样经检测28d得抗折、抗压强度均符合《通用硅酸盐水泥》(GB 175—2007)中对普通硅酸盐42.5级水泥的要求

试验负责人:　　　　　　试验人:　　　　　　复核人:

实训十三　水泥混凝土拌和物稠度试验

水泥混凝土拌和物稠度试验（坍落度试验）（T 0522—2005）

1. 目的、适用范围和引用标准

本方法规定了采用坍落度仪测定水泥混凝土拌和物稠度的方法和步骤。

本方法适用于坍落度大于10mm，集料公称最大粒径不大于31.5mm的水泥混凝土的坍落度测定。

本方法引用标准如下：

《混凝土试模》（JG 3019—1994）

《混凝土坍落度仪》（JG 3021—1994）

《普通混凝土拌和物性能试验方法》（GB/T 50080—2002）

《水泥混凝土拌和物的拌和与现场取样方法》（T 0521—2005）

2. 仪器设备

（1）坍落筒：如图13-1所示，符合《混凝土坍落度仪》（JG 3021—1994）中有关技术要求。坍落筒为铁板制成的截头圆锥筒，厚度不小于1.5mm，内侧平滑，没有铆钉头之类的突出物，在筒上方约2/3高度处有两个把手，近下端两侧焊有两个踏脚板，保证坍落筒可以稳定操作，坍落筒尺寸见表13-1。

图13-1　坍落筒（尺寸单位：mm）

（2）捣棒：符合《混凝土坍落度仪》（JG 3021—1994）中有关技术要求，为直径16mm，长约600mm并具有半球形端头的钢质圆棒。

（3）其他：小铲、木尺、小钢尺、馒刀和钢平板等。

坍落筒尺寸　　　　　　　　　　　　　　　表13-1

集料公称最大粒径（mm）	筒的名称	筒的内部尺寸（mm）		
		底面直径	顶面直径	高度
31.5	标准坍落筒	200±2	100±2	300±2

3. 试验步骤

（1）试验前将坍落筒内外洗净，放在经水润湿过的平板上（平板吸水时应垫以塑料布），踏紧踏脚板。

（2）将代表样分三层装入筒内，每层装入高度稍大于筒高的1/3，用捣棒在每一层的横截面上均匀插捣25次。插捣在全部面积上进行，沿螺旋线边缘至中心，插捣底层时插至底部，插捣其他两层时，应插透本层并插入下层约20～30mm，插捣须垂直压下（边缘部分除外），不得冲击。在插捣顶层时，装入的混凝土应高出坍落筒口，随插捣过程随时添加拌和物。当顶层插捣完毕后，将捣棒用锯和滚的动作，清除掉多余的混凝土，用馒刀抹平筒口，刮净筒底周围的拌和物。而后立即垂直地提起坍落筒，提筒在5～10s内完成，并使混凝土不受横向及扭力作用。

从开始装筒至提起坍落筒的全过程,不应超过150s。

(3)将坍落筒放在锥体混凝土试样一旁,筒顶平放木尺,用小钢尺量出木尺底面至试样顶面最高点的垂直距离,即为该混凝土拌和物的坍落度,精确至1mm。

(4)当混凝土的一侧发生崩塌或一边剪切破坏,则应重新取样另测。如果第二次仍发生上述情况,则表示该混凝土和易性不好,应记录。

(5)当混凝土拌和物的坍落度大于220mm时,用钢尺测量混凝土扩展后最终的最大直径和最小直径,在这两个直径之差小于50mm的条件下,用其算术平均值作为坍落扩展度值;否则,此次试验无效。

(6)坍落度试验的同时,可用目测方法评定混凝土拌和物的下列性质,并予记录。

①棍度:按插捣混凝土拌和物时难易程度评定,分"上"、"中"、"下"三级。

"上":表示插捣容易。

"中":表示插捣时稍有石子阻滞的感觉。

"下":表示很难插捣。

②含砂情况:按拌和物外观含砂多少而评定,分"多"、"中"、"少"三级。

"多":表示用馒刀抹拌和物表面时,一两次可使拌和物表面平整无蜂窝。

"中":表示抹五六次才使表面平整无蜂窝。

"少":表示抹面困难,不易抹平,有空隙及石子外露等现象。

③黏聚性:观测拌和物各组分相互黏聚情况。评定方法用捣棒在已坍落的混凝土锥体侧面轻打,如锥体在轻打后逐渐下沉,表示黏聚性良好;如锥体突然倒坍、部分崩裂或发生石子离析现象,即表示黏聚性不好。

④保水性:指水分从拌和物中析出情况,分"多量"、"少量"、"无"三级。

"多量":表示提起坍落筒后,有较多水分从底部析出。

"少量":表示提起坍落筒后,有少量水分从底部析出。

"无":表示提起坍落筒后,没有水分从底部析出。

4.试验结果

混凝土拌和物坍落度和坍落扩展度值以毫米(mm)为单位,测量精确至1mm,结果修约至最接近的5mm。

5.试验报告

试验报告应包括以下内容:

(1)要求检测的项目名称、执行标准;

(2)原材料的品种、规格和产地以及混凝土配合比;

(3)试验日期及时间;

(4)仪器设备的名称、型号及编号;

(5)环境温度和湿度;

(6)搅拌方式;

(7)水泥混凝土拌和物坍落度(坍落度扩展值);

(8)要说明的其他内容,如棍度、含砂情况、黏聚性和保水性。

实训十四　水泥混凝土立方体抗压强度试验

水泥混凝土立方体抗压强度试验方法（T 0553—2005）

1. 目的、适用范围和引用标准

本方法规定了测定水泥混凝土抗压极限强度的方法和步骤。本方法可用于确定水泥混凝土的强度等级，作为评定水泥混凝土品质的主要指标。

本方法适用于各类水泥混凝土立方体试件的极限抗压强度试验。

本方法引用标准如下。

《试验机通用技术要求》（GB/T 2611—2007）

《液压式压力试验机》（GB/T 3722—1992）

《水泥混凝土试件制作与硬化水泥混凝土现场取样方法》（T 0551—2005）

2. 仪器设备

（1）压力机或万能试验机：应符合《水泥混凝土试件制作与硬化水泥混凝土现场取样方法》（T 0551—2005）中 2.3 的规定。

（2）球座：应符合《水泥混凝土试件制作与硬化水泥混凝土现场取样方法》（T 0551—2005）中 2.4 的规定。

（3）混凝土强度等级大于或等于 C60 时，试验机上、下压板之间应各垫一钢垫板，平面尺寸应不小于试件的承压面，其厚度至少为 25mm。钢垫板应机械加工，其平面度允许偏差 ±0.04mm；表面硬度大于等于 55HRC；硬化层厚度约 5mm。试件周围应设置防崩裂网罩。

3. 试件制备和养护

（1）试件制备和养护应符合《水泥混凝土试件制作与硬化水泥混凝土现场取样方法》（T 0551—2005）中的相关规定。

（2）混凝土抗压强度试件尺寸符合《水泥混凝土试件制作与硬化水泥混凝土现场取样方法》（T 0551—2005）中表 14-1 规定。

（3）集料公称最大粒径符合《水泥混凝土试件制作与硬化水泥混凝土现场取样方法》（T 0551—2005）中表 14-1 规定。

（4）混凝土抗压强度试件应同龄期者为一组，每组为 3 个同条件制作和养护的混凝土试块。

4. 试验步骤

（1）至试验龄期时，自养护室取出试件，应尽快试验，避免其湿度变化。

（2）取出试件，检查其尺寸及形状，相对两面应平行。量出棱边长度，精确至 1mm。试件受力截面积按其与压力机上下接触面的平均值计算。在破型前，保持试件原有湿度，在试验时擦干试件。

（3）以成型时侧面为上下受压面，试件中心应与压力机几何对中。

(4)强度等级小于 C30 的混凝土 0.3～0.5MPa/s 的加荷速度;强度等级大于 C30 小于 C60 时,则取 0.5～0.8MPa/s 的加荷速度;强度等级大于 C60 的混凝土取 0.8～1.0MPa/s 的加荷速度。当试件接近破坏而开始迅速变形时,应停止调整试验机油门,直至试件破坏,记下破坏极限荷载 $F(\mathrm{N})$。

5. 试验结果

(1)混凝土立方体试件抗压强度按式(14-1)计算:

$$f_{cu} = \frac{F}{A} \tag{14-1}$$

式中:f_{cu}——混凝土立方体抗压强度(MPa);

F——极限荷载(N);

A——受压面积(mm^2)。

(2)以 3 个试件测值的算术平均值为测定值,计算精确至 0.1MPa。三个测值中的最大值或最小值中如有一个与中间值之差超过间值的 15% 时,则取中间值为测定值;如最大值和最小值与中间值之差均超过中间值的 15% 时,则该组试验结果无效。

(3)混凝土强度等级小于 C60 时,非标准试件的抗压强度应乘以尺寸换算系数(表 14-1),并应在报告中注明。当混凝土强度等级大于等于 C60 时,宜采用标准试件,使用非标准试件时,换算系数由试验确定。

立方体抗压强度尺寸换算系数   表 14-1

试件尺寸(mm)	尺寸换算系数	试件尺寸(mm)	尺寸换算系数
100×100×100	0.95	200×200×200	1.05

6. 试验报告

试验报告应包括以下内容:

(1)要求检测的项目名称和执行标准;

(2)原材料的品种、规格和产地;

(3)仪器设备名称、型号及编号;

(4)环境温度和湿度;

(5)水泥混凝土立方体抗压强度值;

(6)要说明的其他内容。

混凝土试件抗压强度试验记录表见表 14-2。

混凝土试件抗压强度试验记录表

表 14-2

工程名称：　　　　　　　　　　　　　　　　合 同 段：

承包单位：　　　　　　　　　　　　　　　　编　　 号：

监理单位：　　　　　　　　　　　　　　　　试验单位：

试验日期：　　　　　　　　　　　　　　　　报告日期：

试件编号	构件部位	成型日期	试压日期(d)	龄期(d)	受压面积(cm²)	破坏荷载(kN)	强度值(MPa)		设计强度等级(MPa)	达到设计强度等级(%)	备注
							个别值	评定值			
试配	路缘石栏杆扶手帽石			7	225	490	21.8	21.7	25	87	$W/C = 0.47$ 碎砾石
						488	21.7				
						485	21.6				
试配	翼字墙			7	225	388	17.2	17.2	20	86	$W/C = 0.5$ 碎砾石
						394	17.5				
						379	16.8				

说明

试验负责人：　　　　　　　　　　试验人：　　　　　　　　　　复核人：

实训十五 石灰有效氧化钙和氧化镁含量测定

石灰有效氧化钙和氧化镁含量测定（T 0813—1994）

1. 适用范围

本方法适用于氧化镁含量在5%以下的低镁石灰。

2. 仪器设备

(1) 方孔筛：0.15mm，1个。

(2) 烘箱：50~250℃，1台。

(3) 干燥器：ϕ25cm，1个。

(4) 称量瓶：ϕ30mm×50mm，10个。

(5) 瓷研钵：ϕ12~13cm，1个。

(6) 分析天平：量程不小于50g，感量0.0001g，1台。

(7) 电子天平：量程不小于500g，感量0.01g，1台。

(8) 电炉：1500W，1个。

(9) 石棉网：20cm×20cm，1块。

(10) 玻璃珠：ϕ3mm，1袋(0.25kg)。

(11) 具塞三角瓶：250mL，20个。

(12) 漏斗：短颈，3个。

(13) 塑料洗瓶：1个。

(14) 塑料桶：20L，1个。

(15) 下口蒸馏水瓶：5000mL，1个。

(16) 三角瓶：300mL，10个。

(17) 容量瓶：250mL、1000mL，各1个。

(18) 量筒：200mL、100mL、50mL、5mL，各1个。

(19) 试剂瓶：250mL、1000mL，各5个。

(20) 塑料试剂瓶：1L，1个。

(21) 烧杯：50mL，5个；250mL（或300mL），10个。

(22) 棕色广口瓶：60mL，4个；250mL，5个。

(23) 滴瓶：60mL，3个。

(24) 酸滴定管：50mL，2支。

(25) 滴定台及滴定管夹各1套。

(26) 大肚移液管：25mL、50mL，各1支。

(27) 表面皿：7cm，10块。

(28) 玻璃棒：8mm×250mm及4mm×180mm，各10支。

(29)试剂勺:5个。
(30)吸水管:8mm×150mm,5支。
(31)洗耳球:大、小各1个。

3. 试剂

(1)1mol/L盐酸标准溶液。取83mL(相对密度1.19)浓盐酸以蒸馏水稀释至1000mL,按下述方法标定其摩尔浓度后备用。

称取已在180℃烘箱内烘干2h的碳酸钠1.5~2.0g(精确至0.0001g),记录为m_0,置于250mL三角瓶中,加100mL水使其完全溶解;然后加入2~3滴0.1%甲基橙指示剂,记录滴定管中待标定的盐酸标准溶液初始体积V_1,用待标定的盐酸标准溶液滴定,至碳酸钠溶液由黄色变为橙红色;将溶液加热至微沸,并保持微沸3min,然后放在冷水中冷却至室温,如此时橙红色变为黄色,再用盐酸标准溶液滴定,至溶液出现稳定橙红色时为止,记录滴定管中盐酸标准溶液体积V_2。V_1、V_2的差值即为盐酸标准溶液的消耗量V。

盐酸标准溶液的摩尔浓度按式(15-1)计算。

$$N = m_0/(V \times 0.053) \tag{15-1}$$

式中:N——盐酸标准溶液的摩尔浓度(mol/L);

m_0——称取碳酸钠的质量(g);

V——滴定时消耗盐酸标准溶液的体积(mL);

0.053——与1.00mL盐酸标准溶液相当的以克表示的无水碳酸钠的质量。

(2)1%酚酞指示剂。

4. 准备试样

(1)生石灰试样:将生石灰样品打碎,使颗粒不大于1.18mm。拌和均匀后用四分法缩减至200g左右,放入瓷研钵中研细。再经四分法缩减至20g左右。研磨所得石灰样品,应通过0.15mm(方孔筛)的筛。从此细样中均匀挑取10余克,置于称量瓶中在105℃烘箱中烘干至恒量,储于干燥器中,供试验用。

(2)消石灰试样:将消石灰样品用四分法缩减至10余克左右。如有大颗粒存在,需在瓷研钵中磨细至无不均匀颗粒存在为止。置于称量瓶中在105℃烘箱中烘干至恒量,储于干燥器中,供试验用。

5. 试验步骤

(1)迅速称取石灰试样0.8~1.0g(精确至0.0001g)放入300mL三角瓶中,记录试样质量m。加入150mL新煮沸并已冷却的蒸馏水和10颗玻璃珠。瓶口上插一短颈漏斗,使用带电阻的电炉加热5min,但勿使液体沸腾,放入冷水中迅速冷却。

(2)向三角瓶中加入酚酞指示剂2滴,记录滴定管中盐酸标准溶液体积V_3,在不断摇动下以盐酸标准溶液滴定,控制速度为2~3滴/s,至粉红色完全消失,稍停,又出现红色,继续滴入盐酸,如此重复几次,直至5min内不出现红色为止,记录滴定管中盐酸标准溶液体积V_4。V_3、V_4的差值即为盐酸标准溶液的消耗量V_5。如滴定过程中持续半小时以上,则结果只能作参考。

6. 计算

有效氧化钙和氧化镁含量按式(15-2)计算。

$$X = \frac{V_5 \times N \times 0.028}{m} \times 100 \tag{15-2}$$

式中：X——有效氧化钙和氧化镁含量（%）；

　　　V_s——滴定消耗盐酸标准溶液体积（mL）；

　　　N——盐酸标准溶液的摩尔浓度（mol/L）；

　　　m——样品质量（g）；

　0.028——氧化钙的毫克当量，因氧化镁含量甚少，并且两者之毫克当量相差不大，故有效氧化钙和氧化镁的毫克当量都以 CaO 的毫克当量计算。

7. 结果整理

（1）读数精确至 0.1mL。

（2）对同一石灰样品至少应做两个试样和进行两次测定，并取两次测定结果的平均值代表最终结果。

8. 报告

试验报告应包括以下内容：

（1）石灰来源；

（2）试验方法和名称；

（3）单个试验结果；

（4）试验结果平均值。

实训十六　水泥或石灰稳定材料中水泥或石灰剂量测定方法

水泥或石灰稳定材料中水泥或石灰剂量测定方法（EDTA 滴定法）

1. 适用范围

(1)本方法适用于在工地快速测定水泥和石灰稳定材料中水泥和石灰的剂量,并可用于检查现场拌和与摊铺的均匀性。

(2)本办法适用于在水泥终凝之前的水泥含量测定,现场土样的石灰剂量应在路拌后尽快测试,否则需要用相应龄期的 EDTA 二钠标准溶液消耗量的标准曲线确定。

(3)本方法也可以用来测定水泥和石灰综合稳定材料中结合料的剂量。

2. 仪器设备

(1)滴定管(酸式):50mL,1 支。

(2)滴定台:1 个。

(3)滴定管夹:1 个。

(4)大肚移液管:10mL、50mL,10 支。

(5)锥形瓶(即三角瓶):200mL,20 个。

(6)烧杯:2000mL(或 1000mL),1 只;300mL,10 只。

(7)容量瓶:1000mL,1 个。

(8)搪瓷杯:容量大于 1200mL,10 只。

(9)不锈钢棒(或粗玻璃棒):10 根。

(10)量筒:100mL 和 5mL,各 1 只;50mL,2 只。

(11)棕色广口瓶:60mL,1 只(装钙红指示剂)。

(12)电子天平:量程不小于 1500g,感量 0.01g。

(13)秒表:1 只。

(14)表面皿:ϕ9cm,10 个。

(15)研钵:ϕ12~13cm,1 个。

(16)洗耳球:1 个。

(17)精密试纸:pH12~14。

(18)聚乙烯桶:20L(装蒸馏水和氯化铵及 EDTA 二钠标准溶液),3 个;5L(装氢氧化钠),1 个;5L(大口桶),10 个。

(19)毛刷、去污粉、吸水管、塑料勺、特种铅笔、厘米纸。

(20)洗瓶(塑料):500mL,1 只。

3. 试剂

(1)0.1mol/m³乙二胺四乙酸二钠(EDTA 二钠)标准溶液(简称 EDTA 二钠标准溶液):准

确称取 EDTA 二钠(分析纯)37.23g,用 40~50℃的无二氧化碳蒸馏水溶解,待全部溶解并冷却至室温后,定容至 1000mL。

(2)10%氯化铵(NH_4Cl)溶液:将 500g 氯化铵(分析纯或化学纯)放在 10L 的聚乙烯桶内,加蒸馏水 4500mL,充分振荡,使氯化铵完全溶解。也可以分批在 1000mL 的烧杯内配制,然后倒入塑料桶内摇匀。

(3)1.8%氢氧化钠(内含三乙醇胺)溶液:用电子天平称 18g 氢氧化钠(NaOH)(分析纯),放入洁净干燥的 1000mL 烧杯中,加 1000mL 蒸馏水使其全部溶解,待溶液冷却至室温后,加入 2mL 三乙醇胺(分析纯),搅拌均匀后储于塑料桶中。

(4)钙红指示剂:将 0.2g 钙试剂羧酸钠(分子式 $C_{21}H_{13}N_2NaO_7S$,分子量 460.39)与 20g 预先在 105℃烘箱中烘 1h 的硫酸钾混合。一起放入研钵中,研成极细粉末,储于棕色广口瓶中,以防吸潮。

4. 准备标准曲线

(1)取样

取工地用石灰和土,风干后用烘干法测其含水率(如为水泥,可假定含水率为 0)。

(2)混合料组成的计算

公式:干料质量 = 湿料质量/(1 + 含水率)

计算步骤:

①干混合料质量 = 湿混合料质量/(1 + 最佳含水率)

②干土质量 = 干混合料质量/(1 + 石灰或水泥剂量)

③干石灰或水泥质量 = 干混合料质量 - 干土质量

④湿土质量 = 干土质量×(1 + 土的风干含水率)

⑤湿石灰质量 = 干石灰质量×(1 + 石灰的风干含水率)

⑥石灰土中应加入的水 = 湿混合料质量 - 湿土质量 - 湿石灰质量

(3)准备 5 种试样,每种两个样品(以水泥稳定材料为例),如为水泥稳定中、粗粒土,每个样品取 1000g 左右(如为细粒土,则可称取 300g 左右)准备试验。为了减少中、粗粒土的离散,宜按设计级配单份掺配的方式备料。

5 种混合料的水泥剂量应为:水泥剂量为 0,最佳水泥剂量左右、最佳水泥剂量±2%和 +4%[①],每种剂量取两个(为湿质量)试样,共 10 个试样,并分别放在 10 个大口聚乙烯桶(如为稳定细粒土,可用搪瓷杯或 1000mL 具塞三角瓶;如为粗粒土,可用 5L 的大口聚乙烯桶)内。土的含水率应等于工地预期达到的最佳含水率,土中所加的水应与工地所用的水相同。

注①:在此,准备标准曲线的水泥剂量可为 0、2%、4%、6%、8%。如水泥剂量较高或较低,应保证工地实际所用水泥或石灰的剂量位于标准曲线所用剂量的中间。

(4)取一个盛有试样的盛样器,在盛样器内加入两倍试样质量(湿料质量)体积的 10%氯化铵溶液(如湿料质量为 300g,则氯化铵溶液为 600mL;如湿料质量为 1000g,则氯化铵溶液为 2000mL)。料为 300g,则搅拌 3min(每分钟搅 110~120 次);料为 1000g,则搅拌 5min。如用 1000mL 具塞三角瓶,则手握三角瓶(瓶口向上)用力振荡 3min(每分钟 120 次±5 次),以代替搅拌棒搅拌。放置沉淀 10min[②],然后将上部清液转移到 300mL 烧杯内,搅匀,加盖表面皿待测。

注②:如 10min 后得到的是浑浊悬浮液,则应增加放置沉淀时间,直到出现无明显悬浮颗粒的悬浮液为止,并记录所需的时间。以后所有该种水泥(或石灰)稳定材料的试验,均应以同一时间为准。

(5)用移液管吸取上层(液面上1~2cm)悬浮液10.0mL放入200mL的三角瓶内,用量管量取1.8%强氧化钠(内含三乙醇胺)溶液50mL倒入三角瓶中,此时溶液pH值为12.5~13.0(可用pH12~14精密试纸检验),然后加入钙红指示剂(质量约为0.2g),摇匀,溶液呈玫瑰红色。记录滴定管中EDTA二钠标准溶液的体积V_1,然后用EDTA二钠标准溶液滴定,边滴定边摇匀,并仔细观察溶液的颜色;在溶液颜色变为紫色时,放慢滴定速度,并摇匀;直到纯蓝色为终点,记录滴定管中EDTA二钠标准溶液体积V_2(以mL计,读至0.1mL)。计算V_1-V_2,即为EDTA二钠标准溶液的消耗量。

(6)对其他几个盛样器中的试样,用同样的方法进行试验,并记录各自的EDTA二钠标准溶液的消耗量。

(7)以同一水泥或石灰剂量稳定材料EDTA二钠标准溶液消耗量(mL)的平均值为纵坐标,以水泥或石灰剂量(%)为横坐标制图。两者的关系应是一根顺滑的曲线如素土、水泥或石灰改变,必须重做标准曲线。

5. 试验步骤

(1)选取有代表性的无机结合料稳定材料,对稳定中、粗粒土取试样约3000g,对稳定细粒土取试样约1000g。

(2)对水泥或石灰稳定细粒土,称300g放在搪瓷杯中,用搅拌棒将结块搅散,加10%氯化铵溶液600mL;对水泥或石灰稳定中、粗粒土,可直接称取1000g左右,放入10%氯化铵溶液2000mL,然后如前述步骤进行试验。

(3)利用所绘制的标准曲线,根据EDTA二钠标准溶液消耗量,确定混合料中的水泥或石灰剂量。

6. 结果整理

本试验应进行两次平行测定,取算术平均值,精确至0.1mL。允许重复性误差不得大于均值的5%,否则,应重新进行试验。

7. 报告

试验报告应包括以下内容:

(1)无机结合料稳定材料的名称;

(2)试验方法名称;

(3)试验数量n;

(4)试验结果极小值和极大值;

(5)试验结果平均值$\bar{X}$;

(6)试验结果标准差S;

(7)试验结果变异系数C_V。

稳定料中水泥、石灰剂量试验记录表见表16-1。

稳定料中水泥、石灰剂量试验记录表　　表16-1

工程名称：　　　　　　　　　　　　　　合同段：

送检单位：　　　　　　　　　　　　　　编　　号：

监理单位：　　　　　　　　　　　　　　试验单位：

试验日期：　　　　　　　　　　　　　　报告日期：

稳定剂名称	石灰	取样地点	K2187+925
规定剂量	2.75%	规定含水率	6.12%

稳定料中稳定剂量标准曲线试验

结合料剂量(%)	0		2		4		6		8	
试样编号	1		2		3		4		5	
试验次数	1	2	1	2	1	2	1	2	1	2
EDTA消耗量 个别值	3.2	5	8.5	10.5	15.2	17.8	18.7	25.5	29.9	32.8
EDTA消耗量 平均值	4.1		9.5		16.5		22.1		31.4	

稳定料中稳定剂量测试

试样编号	试验次数	EDTA消耗量(mL)				查得稳定剂量(%)
		初读数	终读数	消耗量	平均值	
1	1	5.3	20.5	15.2	15.2	3.6
	2	0.45	15.65	15.2		

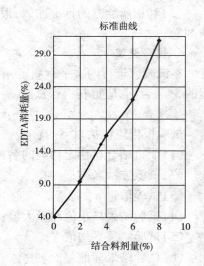

标准曲线

评定及说明	经测试稳定料中石灰的剂量为3.6%，符合规定剂量的要求

试验负责人：　　　　　　　试验人：　　　　　　　复核人：

实训十七　无机结合料稳定材料无侧限抗压强度试验方法

无机结合料稳定材料无侧限抗压强度试验方法（T 0805—1994）

1. 适用范围

本方法适用于测定无机结合料稳定材料（包括稳定细粒土、中粒土和粗粒土）试件的无侧限抗压强度。

2. 仪器设备

（1）标准养护室。

（2）水槽：深度应大于试件高度50mm。

（3）压力机或万能试验机（也可用路面强度试验仪和测力计）。

（4）电子天平：量程15kg，感量0.1g；量程4000g，感量0.01g。

（5）量筒、拌和工具、大小铝盒、烘箱等。

（6）球形支座。

（7）机油：若干。

3. 试件制备和养护

（1）细粒土，试模的直径×高 = ϕ50mm×50mm；中粒土，试模的直径×高 = ϕ100mm×100mm；粗粒土，试模的直径×高 = ϕ150mm×150mm。

（2）按照无机结合料稳定材料试件制作方法（圆柱形）成型径高比为1:1的圆柱形试件。

（3）按照无机结合料稳定材料击实试验方法的标准养生方法进行7d的标准养生。

（4）将试件两顶面用刮刀刮平，必要时可用快凝水泥砂浆抹平试件顶面。

（5）为保证试验结果的可靠性和准确性，每组试件的数目要求为：小试件不少于6个；中试件不少于9个；大试件不少于13个。

4. 试验步骤

（1）根据试验材料的类型和一般的工程经验，选择合适量程的测力计和压力机，试件破坏荷载应大于测力量程的20%且小于测力量程的80%。球形支座和上下顶板涂上机油，使球形支座能够灵活转动。

（2）将已浸水一昼夜的试件从水中取出，用软布吸去试件表面的水分，并称试件的质量 m_4。

（3）用游标卡尺测量试件的高度 h，精确至0.1mm。

（4）将试件放在路面材料强度试验仪或压力机上，并在升降台上先放一扁球座，进行抗压试验。试验过程中，应保持加载速率为1mm/min。记录试件破坏时的最大压力 $P(N)$。

（5）从试件内部取有代表性的样品（经过打破），按照含水率烘干试验方法，测定其含水率 w。

5.计算

试件的无侧限抗压强度按式(17-1)计算。

$$R_c = \frac{P}{A} \tag{17-1}$$

式中：R_c——试件的无侧限抗压强度(MPa)；

　　　P——试件破坏时的最大压力(N)；

　　　A——试件的截面积(mm^2)。

$$A = \frac{1}{4}\pi D^2 \tag{17-2}$$

式中：D——试件的直径(mm)。

6.结果整理

(1)抗压强度保留1位小数。

(2)同一组试件试验中，采用3倍均方差方法剔除异常值，小试件可以允许有1个异常值，中试件1~2个异常值，大试件2~3个异常值。异常值数量超过上述规定的试验重做。

(3)同一组试验的变异系数 $C_V(\%)$ 符合下列规定，方为有效试验：小试件 $C_V \leq 6\%$；中试件 $C_V \leq 10\%$；大试件 $C_V \leq 10\%$。如不能保证试验结果的变异系数小于规定的值，则应按允许误差10%和90%概率重新计算所需的试件数量，增加试件数量并另做新试验。新试验结果与老试验结果一并重新进行统计评定，直到变异系数满足上述规定。

7.报告

试验报告应包括以下内容：

(1)材料的颗粒组成；

(2)水泥的种类和强度等级，或石灰等级；

(3)重型击实的最佳含水率(%)和最大干密度(g/cm^3)；

(4)无机结合料类型及剂量；

(5)试件干密度(保留3位小数,g/cm^3)或压实度；

(6)吸水量以及测抗压强度时的含水率(%)；

(7)抗压强度,保留1位小数；

(8)若干个试验结果的最小值和最大值、平均值 $\bar{R}_c$、标准差 S、变异系数 C_V 和95%保证率的值 $R_{c0.95}$（$R_{c0.95} = \bar{R}_c - 1.645S$）。

无侧限抗压强度试验记录表见表17-1。

无侧限抗压强度试验记录表

表 17-1

工程名称：			合同段：			
承包单位：			编 号：			
监理单位：			试验单位：			
试验日期：			报告日期：			

最佳干密度(g/cm³)	2.3	最佳含水率(%)		5.4	
制件干密度(g/cm³)	2.25	试件配合比		设计强度(MPa)	>3.5
稳定料名称	水泥稳定砂砾	等级(标号)	32.5	稳定剂量(%)	4.0
成型日期	2005.9.30	试压日期	2005.10.7	龄期(d)	7

试件编号	成型后试件测定		饱水后试件测定			测力环变形值 (1% mm)	破坏荷载 (kN)	抗压强度 (MPa)
	试件高(mm)	试件质量(g)	试件质量(g)	含水率(%)	干密度(g/cm³)			
1	151.2	6250	6300	5.6	2.25		47.3	2.7
2	151.6	6265	6320	5.7	2.26		50.5	2.9
3	151.8	6275	6315	5.4	2.26		50.1	2.8
4	152.1	6255	6330	5.5	2.26		48.5	2.7
5	153.1	6285	6325	5.2	2.27		50.1	2.8
6	152	9245	6335	5.1	2.27		47.3	2.7
7	151.8	6235	6315	5.4	2.26		46.5	2.6
8	151.6	6255	6320	5.3	2.26		48.1	2.7
9	151.7	6260	6335	5.4	2.27		49.3	2.8

评定说明　$R_{c(均)} = 2.75$；$S = 0.081$；$C_V = 3.0\%$
经试验，其结果不满足《公路工程无机结合料稳定材料试验规程》(JTG E51—2009)的要求

试验负责人：　　　　试验人：　　　　复核人：

实训十八 沥青针入度试验

沥青针入度试验(T 060—2011)

1. 目的与适用范围

本方法适用于测定道路石油沥青、聚合物改性沥青针入度,以及液体石油沥青蒸馏或乳化沥青蒸发后残留物的针入度。其标准试验条件为温度25℃,荷重100g,贯入时间5s,以0.1mm 计。

2. 仪具与材料技术要求

(1)针入度仪:为提高测试精度,针入度试验宜采用能够自动计时的针入度仪进行测定,要求针和针连杆必须在无明显摩擦下垂直运动,针的贯入深度必须准确至0.1mm。针和针连杆组合件总质量为50g±0.05g,另附50g±0.05g砝码一只,试验时总质量为100g±0.05g。

(2)标准针:由硬化回火的不锈钢制成,洛氏硬度 HRC54~60,表面粗糙度 Ra0.2~0.3μm,针及针连杆总质量2.5g±0.05g。针杆上应打印有号码标志。针应设有固定用装置盒,以免碰撞针尖。每根针必须附有计量部门的检验单,并定期进行检验。其尺寸及形状如图18-1所示。

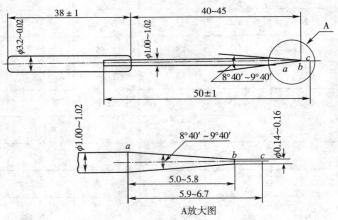

图 18-1 针入度标准针(尺寸单位:mm)

(3)盛样皿:金属制,圆柱形平底。小盛样皿的内径55mm,深35mm(适用于针入度小于200的试样);大盛样皿内径70mm,深45mm(适用于针入度为200~350的试样);对针入度大于350的试样需使用特殊盛样皿,其深度不小于60mm,容积不小于125mL。

(4)恒温水槽:容量不小于10L,控温的准确度为0.1℃。水槽中应设有一带孔的搁架,位于水面下的不得少于100mm。距水槽底不得少于50mm处。

(5)平底玻璃皿:容量不小于1L,深度不小于80mm。内设有一不锈钢三角支架,能使盛样皿稳定。

(6)温度计或温度传感器:精度为0.1℃。

(7)计时器:精度为0.1s。
(8)位移针或位移传感器:精度为0.1mm。
(9)盛样皿盖:平板玻璃,直径不小于盛样皿开口尺寸。
(10)溶剂:三氯乙烯等。
(11)其他:电炉或砂浴、石棉网、金属锅或瓷把坩埚等。

3.方法与步骤

(1)准备工作

①按规定方法准备试样[按《公路工程沥青及沥青混合料试验规程》(JTG E20—2011)中T0602—2011沥青试样准备方法准备]。

②按试验要求将恒温水槽调节到要求的试验温度25℃,或15℃、30℃±5℃,保持稳定。

③将试样注入盛样皿中,试样高度应超过预计针入度值10mm,并盖上盛样皿,以防落入灰尘。盛有试样的盛样皿在15~30℃室温中冷却不少于1.5h(小盛样皿)、2h(大盛样皿)、3h(特殊盛样皿)后,应移入保持规定试验温度±0.1℃的恒温水槽中并保温不少于1.5h(小盛样皿)、2h(大盛样皿)、2.5h(特殊盛样皿)。

④调整针入度仪使之水平。检查针连杆和导轨,以确认无水和其他外来物,无明显摩擦。用三氯乙烯或其他溶剂清洗标准针,并擦干。将标准针插入针连杆,用螺钉固紧。按试验条件,加上附加砝码。

(2)试验步骤

①取出达到恒温的盛样皿,并移入水温控制在试验温度±0.1℃(可用恒温水槽中的水)的平底玻璃皿中的三脚支架上,试样表面以上的水层深度不少于10mm。

②将盛有试样的平底玻璃皿置于针入度仪的平台上。慢慢放下针连杆,用适当位置的反光镜或灯光反射观察,使针尖恰好与试样表面接触。拉下计数器的拉杆,使之与针连杆顶端轻轻接触,计数器的指示为零。

③使用自动针入度仪,轻按启动按钮,使标准针自动落下贯入,经规定的时间,使针自动停止移动。

④拉下计数器拉杆与针连杆顶端接触,读取计数器的读数。

⑤同一试样平行试验至少3次,各测点之间及与盛样皿边缘的距离不应少于10mm。每次试验后应将盛有盛样皿的平底玻璃皿放入恒温水槽,使平底玻璃皿中水温保持试验温度。每次试验应换一根干净标准针或将标准针取下用蘸有三氯乙烯溶剂的棉花或布擦净,再用干棉花或布擦干。

⑥测定针入度大于200的沥青试样时,至少用3支标准针,每次试验后将针留在试样中,直至3次平行试验完成后,才能将标准针取出。

4.报告

同一试样3次平行试验的最大值和最小值之差在下列允许偏差范围内时,计算三次试验结果的平均值,取整数作为针入度试验结果,以0.1mm为单位,见表18-1。

针入度允许偏差范围　　　　　　　　　　表18-1

针入度(0.1mm)	允许差值(0.1mm)	针入度(0.1mm)	允许差值(0.1mm)
0~49	2	150~249	12
50~149	4	250~500	20

注:当试验值不符此要求时,应重新进行。

5. 允许误差

当试验结果小于50(0.1mm)时,重复性试验的允许差为2(0.1mm),再现性试验的允许差为4(0.1mm)。

当试验结果大于或等于50(0.1mm)时,重复性试验的允许差为平均值的4%,再现性试验的允许误差为平均值的8%。

实训十九 沥青软化点试验

沥青软化点试验（环球法）（T 0606—2011）

1. 目的与适用范围

本方法适用于测定道路石油沥青、聚合物改性沥青的软化点，也适用于测定液体石油沥青、煤沥青蒸馏或乳化沥青破乳蒸发后残留物的软化点。

2. 仪具与材料

（1）软化点试验仪：如图19-1所示，由下列部件组成。

① 钢球：直径9.53mm，质量3.5g±0.05g。

② 试样环：黄铜或不锈钢等制成，形状和尺寸如图19-2所示。

③ 钢球定位环：黄铜或不锈钢制成，形状和尺寸如图19-3所示。

④ 金属支架：由两个主杆和三层平行的金属板组成。上层为一圆盘，直径略大于烧杯直径，中间有一圆孔，用以插放温度计。中层板形状和尺寸如图19-4所示。板上有两个孔，各放置金属环，中间有一小孔可支持温度计的测温端部。一侧立杆距环上面51mm处刻有水高标记。环下面距下层底板为25.4mm，而下底板距烧杯底不少于12.7mm，也不得大于19mm。三层金属板和两个主杆由两螺母固定在一起。

⑤ 耐热玻璃烧杯：容量800~100mL，直径不小于86mm，高不小于120mm。

⑥ 温度计：0~100℃，分度为0.5℃。

（2）装有温度调节器的电炉或其他加热炉具（液化石油气、天然气等）。应采用带有振荡搅拌器的加热电炉，振荡子置于烧杯底部。

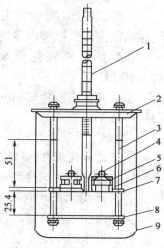

图19-1 软化点试验仪（尺寸单位：mm）

1-温度计；2-上盖板；3-立杆；4-钢球；5-钢球定位环；6-金属环；7-中层板；8-下底板；9-烧杯

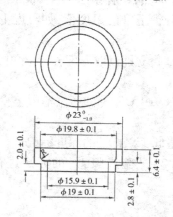

图19-2 试样环（尺寸单位：mm）

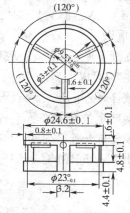

图19-3 钢球定位环（尺寸单位：mm）

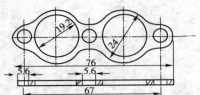

图 19-4 中层板(尺寸单位:mm)

(3)当采用自动软化点仪时,各项要求应于"2.仪具与材料(1)、(2)"相同,温度采用温度传感器测定,并能自动显示或记录,且应对自动装置的准确性经常校验。

(4)试样底板:金属板(表面粗糙度应达 Ra0.8μm)或玻璃板。

(5)恒温水槽:控温的准确度为 ±0.5℃。

(6)平直刮刀。

(7)甘油滑石粉隔离剂(甘油与滑石粉的比例为质量比2:1)。

(8)蒸馏水或纯净水。

(9)其他:石棉网。

3.方法与步骤

(1)准备工作

①将试样环置于涂有甘油滑石粉隔离剂的试样底板上。按规程规定方法将准备好的沥青试样徐徐注入试样环内至略高出环面为止。

如估计试样软化点高于120℃,则试样环和试样底板(不用玻璃板)均应预热至80~100℃。

②试样在室温冷却30min后。用环夹夹着试样杯,并用热刮刀刮除环面上的试样,应使其与环面齐平。

(2)试验步骤

①试样软化点在80℃以下者。

将装有试样的试样环连同试样底板置于装有5℃±0.5℃水的恒温水槽中至少15min;同时将金属支架、钢球、钢球定位环等亦置于相同水槽中。

烧杯内注入新煮沸并冷却至5℃的蒸馏水或纯净水,水面略低于立杆上的深度标记。

从恒温水槽中取出盛有试样的试样环放置在支架中层板的圆孔中,套上定位环;然后将整个环架放入烧杯中,调整水面至深度标记,并保持水温为5℃±0.5℃,环架上任何部分不得附有气泡,将0~100℃的温度计由上层板中心孔垂直插入,使端部测温头底部与试样环下面齐平。

将盛有水和环架的烧杯移至放有石棉网的加热炉具上。然后将钢球放在定位环中间的试样中央,立即开动振荡搅拌器,使水微微振荡,并开始加热,使杯中水温在3min内调节至维持每分钟上升5℃±0.5℃。在加热过程中、应记录每分钟上升的温度值,如温度上升速度超出此范围时,则试验应重做。

试样受热软化逐渐下坠,至与下层底板表面接触时,立即读取温度,准确至0.5℃。

②试样软化点在80℃以上者。

将装有试样的试样环连同试样底板置于装有32℃±1℃甘油的恒温槽中至少15min;同时将金属支架、钢球、钢球定位环等亦置于甘油中。

在烧杯内注入预先加热至32℃的甘油,其液面略低于立杆上的深度标记。

从恒温槽中取出装有试样的试样环,按上述"(2)试验步骤①"的方法进行测定,准确至1℃。

4.报告

同一试样平行试验两次,当两次测定值的差值符合重复性试验精密度要求时,取其平均值作为软化点试验结果,准确至0.5℃。

5. 允许误差

(1)当试样软化点小于80℃时,重复性试验的允许差为1℃,再现性试验的允许差为4℃。

(2)当试样软化点等于或大于80℃时,重复性试验的允许误差为2℃,再现性试验的允许误差为8℃。

实训二十 沥青延度试验

沥青延度试验(T 0605—2011)

1. 目的与适用范围

(1)本方法适用于测定道路石油沥青、聚合物改性沥青、液体沥青蒸馏残留物和乳化沥青蒸发残留物等材料的延度。

(2)沥青延度的试验温度与拉伸速率可根据要求采用。通常采用的试验温度为25℃、15℃、10℃或5℃,拉伸速度为5cm/min±0.25cm/min。当低温采用1cm/min±0.05cm/min拉伸速度时。应在报告中注明。

2. 仪具与材料技术要求

(1)延度仪:延度仪的测量长度不宜大于150cm,仪器应有自动控温、控速系统。应满足时间浸没于水中,能保持规定的温度及规定的拉伸试件,且试验时应无明显振动。延度仪的形状及组成如图20-1所示。

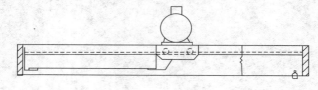

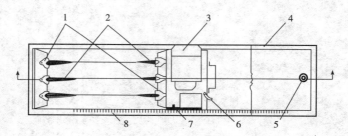

图 20-1 延度仪

1-试模;2-试样;3-电机;4-水槽;5-泄水孔;6-开关柄;7-指针;8-标尺

(2)试模:黄铜制,由两个端模和两个侧模组成,试模内侧表面粗糙度 Ra0.2μm。

(3)试模底板:玻璃板或磨光的铜板、不锈钢板(表面粗糙度 Ra0.2μm)。

(4)恒温水槽:容量不少于10L,控制温度的准确度为0.1℃,水槽中应设有带孔搁架,搁架距水槽底不得少于50mm。试件浸入水中深度不小于100mm。

(5)温度计:0~50℃,分度为0.1℃。

(6)砂浴或其他加热炉具。

(7)甘油滑石粉隔离剂(甘油与滑石粉的质量比2:1)。

(8)其他:平刮刀、石棉网、酒精、食盐等。

3.方法与步骤

(1)准备工作

①将隔离剂拌和均匀,涂于清洁干燥的试模底板和两个侧模的内侧表面,并将试模在试模底板上装妥。

②按本规程规定的方法准备试样,然后将试样仔细自试模的一端至另二端往返数次缓缓注入模中,最后略高出试模,灌模时应注意勿使气泡混入。

③试件在室温中冷却不少于1.5h,然后用热刮刀刮除高出试模的沥青,使沥青面与试模面齐平。沥青的刮法应自试模的中间刮向两端,且表面应刮得平滑。将试模连同底板再浸入规定试验温度的水槽中1.5h。

④检查延度仪延伸速度是否符合规定要求,然后移动滑板使其指针正对标尺的零点口将延度仪注水,并保温达试验温度±0.1℃。

(2)试验步骤

①将保温后的试件连同底板移入延度仪的水槽中,然后将盛有试样的试模自玻璃板或不锈钢板上取下,将试模两端的孔分别套在滑板及槽端固定板的金属柱上,并取下侧模。水面距试件表面应不小于25mm。

②开动延度仪,并注意观察试样的延伸情况。此时应注意,在试验过程中,水温应始终保持在试验温度规定范围内,且仪器不得有振动,水面不得有晃动,当水槽采用循环水时,应暂时中断循环,停止水流。在试验中,如发现沥青细丝浮于水面或沉入槽底时,则应在水中加入酒精或食盐,调整水的密度至与试样相近后,重新试验。

③试件拉断时,读取指针所指标尺上的读数,以厘米(cm)表示,在正常情况下,试件延伸时应成锥尖状,拉断时实际断面接近于零。如不能得到这种结果,则应在报告中注明。

4.报告

同一样品,每次平行试验不少于3个,如3个测定结果均大于100cm,试验结果记作">100cm";特殊需要也可分别记录实测值。如3个测定结果中,有一个以上的测定值小于100cm时,若最大值或最小值与平均值之差满足重复性试验精密度要求,则取3个测定结果的平均值的整数作为延度试验结果,若平均值大于100cm,记作">100cm";若最大值或最小值与平均值之差不符合重复性试验精密度要求时,试验应重新进行。

5.允许误差

当试验结果小于100cm时,重复性试验的允许差为平均值的20%;再现性试验的允许差为平均值的30%。

沥青试验测定记录表见表20-1。

沥青试验测定记录表 表20-1

工程名称：　　　　　　　　　　　　　　　　合　同　段：

承包单位：　　　　　　　　　　　　　　　　编　　　号：

监理单位：　　　　　　　　　　　　　　　　试验单位：

试验日期：　　　　　　　　　　　　　　　　报告日期：

沥青针入度及针入度指数测试记录

试验温度	针入度（指针读数 1/10mm）									平均针入度（1/10mm）
	第一次			第二次			第三次			
	刺入样品前读数	刺入样品后读数	针入度	刺入样品前读数	刺入样品后读数	针入度	刺入样品前读数	刺入样品后读数	针入度	
25℃	0	114.3	114.3	0	112.4	112.4	0	111.3	111.3	113

针入度指数（PI）

沥青软化点测试记录						沥青密度与相对密度测试记录		
标准温度	烧杯内液体种类	开始试验温度（℃）	软化点℃			试验次数	1	2
			第一只环	第二只环	平均值			
5℃	水	5	43.5	43.5	43.5	试验温度℃		
						比重瓶质量(g)		
沥青延度测试记录						瓶+试样质量(g)		
标准温度	试验温度℃	延伸度				瓶+水+试样质量(g)		
		第一只模	第二只模	第三只模	平均值	水的密度(g/cm³)		
15℃	15℃	>100	>100	>100	>100	试样的密度(g/cm³)		
						试样的平均密度(g/cm³)		

沥青溶解度测试记录				评定及说明
试验次数	1	2	3	
试样质量(g)				
坩+滤纸质量(g)				
瓶+棒质量(g)				经试验此沥青软化点针入度延度符合《公路沥青路面施工技术规范》(JTG F40—2004)中对 AH-110 沥青的技术要求
瓶+棒+试样质量(g)				
坩+滤纸+不溶物质量(g)				
沥青溶解度(%)				
平均值(%)				

试验负责人：　　　　　　　　　　试验人：　　　　　　　　　　复核人：

实训二十一 沥青混合料试件制作方法

沥青混合料试件制作方法(击实法)(T 0702—2011)

1. 目的与适用范围

(1)本方法适用与采用标准击实法或大型击实法制作沥青混合料试件,以供试验室进行沥青混合料力学性质试验使用。

(2)标准击实法适用于标准马歇尔试验、间接抗拉试验(劈裂法)等所使用的 $\phi 101.6mm \times 63.5mm$ 圆柱体试件的成型。大型击实法是用于大型马歇尔试验和 $\phi 152.4mm \times 93.5mm$ 大型圆柱体试件的成型。

(3)沥青混合料试件制作时的条件及试件数量应符合下列规定。

①当集料公称最大粒径小于或等于 26.5mm 时,采用标准击实法。一组试件的数量不少于 4 个。

②当集料公称最大粒径大于 26.5mm 时,采用大型击实法。一组试件的数量不少于 6 个。

2. 仪具与材料技术要求

(1)自动击实仪:击实仪应具有自动计数、控制仪表、按钮设置、复位及暂停等功能。按其用途分为以下两种。

①标准击实仪:由击实锤、$\phi 98.5mm \pm 0.5mm$ 平圆形压实头及带手柄的导向棒组成。用机械将压实锤提升,至 $457.2mm \pm 2.5mm$ 高度沿导向棒自由落下连续击实,标准击实锤质量 $4536g \pm 9g$。

②大型击实仪:由击实锤、$\phi 149.4mm \pm 0.1mm$ 平圆形压实头及带手柄的导向棒组成。用机械将压实锤提升,至 $457.2mm \pm 2.5mm$ 高度沿导向棒自由落下击实,大型击实锤质量 $10210g \pm 10g$。

(2)试验室用沥青混合料拌和机:能保证拌和温度并充分拌和均匀,可控制拌和时间,容量不小于 10L,如图 21-1 所示。搅拌叶片自转速度 70~80r/min,公转速度 40~50r/min。

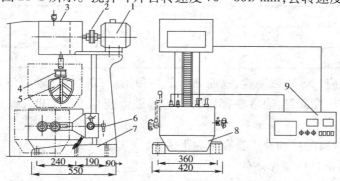

图 21-1 试验室用沥青混合料拌和机

1-电机;2-联轴器;3-变速箱;4-弹簧;5-拌和叶片;6-升降手柄;7-底座;8-加热拌和锅;9-温度时间控制仪

(3)试模:有高碳钢或工具钢制成,几何尺寸如下。

①标准击实仪试模的内径为 101.6mm ± 0.2mm,圆柱形金属筒高 87mm,底座直径约 120.6mm,套筒内径 104.8mm、高 70mm。

②大型击实仪的试模与套筒尺寸如图 21-2 所示。套筒外径 165.1mm,内径 155.6mm ± 0.3mm,总高 83mm。试模内径 152.4mm ± 0.2mm,总高 115mm;底座板厚 12.7mm,直径 172mm。

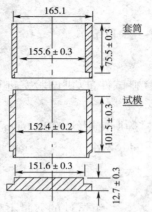

图 21-2 大型圆柱体试件的试模与套筒(尺寸单位:mm)

(4)脱模器:电动或手动,应能无破损地推出圆柱体试件,备有标准试件及大型试件尺寸的推出环。

(5)烘箱:大、中型各 1 台,应有温度调节器。

(6)天平或电子称:用于称量沥青的,感量不大于 0.1g;用于称量矿料的,感量不大于 0.5g。

(7)布洛克菲尔德黏度计。

(8)插刀或大螺丝刀。

(9)温度计:分度值 1℃,宜采用有金属插杆的插入式数显温度计,金属插杆的长度不小于 150mm。量程 0～300℃。

(10)其他:电炉或煤气炉、沥青熔化炉、拌和铲、标准筛、滤纸、胶布、卡尺、秒表、粉笔、棉纱等。

3.准备工作

(1)确定制作沥青混合料试件的拌和温度与压实温度。

①按本规程测定沥青的黏度,绘制黏温曲线。按表 21-1 的要求确定适宜于沥青混合料拌和及压实的等黏温度。

沥青混合料拌和及压实的沥青等黏温度　　　　表 21-1

沥青结合料种类	黏度与测定方法	适宜于拌和的沥青结合料黏度	适宜于压实的沥青结合料黏度
石油沥青	表观黏度,T 0625—2000(布洛克菲尔德黏度计法)	0.17Pa·s ± 0.02Pa·s	0.28Pa·s ± 0.03Pa·s

②当缺乏沥青黏度测定条件时,试件的拌和与压实温度可按表 21-2 选用,并根据沥青品种和标号作适当调整。针入度小、稠度大的沥青取高限;针入度大、稠度小的沥青取低限;一般取中值。

沥青混合料拌和及压实温度参考表　　　　表 21-2

沥青结合料种类	拌和温度(℃)	压实温度(℃)
石油沥青	140～160	120～150
改性沥青	160～175	140～170

③对改性沥青,应根据实践经验、改性剂的品种和用量,适当提高混合料的拌和及压实温度;对大部分聚合物改性沥青,通常在普通沥青的基础上提高 10～20℃;掺加纤维时,尚需再提高 10℃左右。

④常温沥青混合料的拌和及压实在常温下进行。

(2)沥青混合料试件的制作条件

①在拌和厂或施工现场采用沥青混合料制作试样时,按"沥青混合料取样方法"的方法取样,将试样置于烘箱中加热或保温,在混合料中插入温度计测量温度,待混合料温度符合要求

后成型。需要拌和时可倒入已加热的室内沥青混合料拌和机中适当拌和,时间不超过1min。不得在电炉或明火上加热炒拌。

②在试验室人工配制沥青混合料时,试件的制作按下列步骤进行。

将各种规格的矿料置105℃±5℃的烘箱中烘至恒重(一般不少于4~6h)。

将烘干分级的粗、细集料,按每个试件设计级配要求称其质量,在一金属盘中混合均匀,矿料单独放入小盆中;然后置烘箱中加热至沥青拌和温度以上约15℃(采用石油沥青时通常为163℃;采用改性沥青时通常需180℃)备用。一般按一组试件(每组4~6个)备料,但进行配合比设计时宜对每个试件分别备料。常温沥青混合料的矿料不应加热。

将按"沥青取样法"采取的沥青试样,用烘箱加热至规定的沥青混合料拌和温度,但不得超过175℃。当不得已采用燃气炉或电炉直接加热进行脱水时,必须使用石棉垫隔开。

4 拌制沥青混合料

(1)黏稠沥青混合料

①用蘸有少许黄油的棉纱擦净试模、套筒及击实座等,置100℃左右烘箱中加热1h备用。常温沥青混合料用试模不加热。

②将沥青混合料拌和机提前预热至拌和温度10℃左右。

③将加热的粗细集料置于拌和机中,用小铲子适当混合;然后加入需要数量的沥青(如沥青已称量在一专用容器内时,可在倒掉沥青后用一部分热矿将粘在容器壁上的沥青擦拭掉并一起倒入拌和锅中),开动拌和机一边搅拌一边使拌和叶片插入混合料中拌和1~1.5min;暂停拌和,加入加热的矿粉,继续拌和至均匀为止,并使沥青混合料保持在要求的拌和温度范围内。标准的总拌和时间为3min。

(2)液体石油沥青混合料

将每组(或每个)试件的矿料置已加热至55~100℃的沥青混合料拌和机中,注入要求数量的液体沥青,并将混合料边加热边拌和,使液体沥青中的溶剂挥发至50%以下。拌和时间应事先试拌决定。

(3)乳化沥青混合料

将每个试件的粗细集料,置于沥青混合料拌和机(不加热,也可用人工炒拌)中;注入计算的用水量(阴离子乳化沥青不加水)后,拌和均匀并使矿料表面完全湿润;再注入设计的沥青乳液用量,在1min内使混合料拌匀;然后加入矿粉后迅速拌和,使混合料拌成褐色为止。

5. 成型方法

(1)击实法的成型步骤

①将拌好的沥青混合料,用小铲适当拌和均匀,称取一个试件所需的用量(标准马歇尔试件约1200g,大型马歇尔试件约4050g)。当已知沥青混合料的密度时,可根据试件的标准尺寸计算并乘以1.03得到要求的混合料数量。当一次拌和几个试件时,宜将其倒入经预热的金属盘中,用小铲适当拌和均匀分成几份,分别取用。在实践制作过程中,为防止混合料温度下降,应连盘放在烘箱中保温。

②从烘箱中取出预热的试模及套筒,用蘸有少许黄油的棉纱擦拭套筒、底座及击实锤底面。将试模装在底座上,放一张圆形的吸油性小的纸,用小铲将混合料铲入试模中,用插刀或大螺丝刀沿周边插捣15次,中间插捣10次。插捣后将沥青混合料表面整平。对大型击实法的试件,混合料分两次加入,每次插捣次数同上。

③插入温度计至混合料中心附近,检查混合料温度。

④待混合料温度符合要求的压实温度后,将试模连同底座一起放在击实台上固定。在装好的混合料上面垫一张吸油性小的圆纸,再将装有击实锤及导向棒的压实头放入试模中。开启电机,使击实锤从457mm的高度自由落下到击实规定的次数(75次或50次)。对大型试件,击实次数为75次(相应于标准击实的50次)或112次(相应于标准击实的75次)。

⑤试件击实一面后,取下套筒,将试模翻面,装上套筒;然后以同样地方法和次数击实另一面。

乳化沥青混合料试件在两面击实后,将一组试件在室温下横向放置24h;另一组试件置温度为105℃±5℃的烘箱中养生24h。将养生试件取出后再立即两面锤击各25次。

⑥试件击实结束后,立即用镊子取掉上下面的纸,用卡尺量取试件离试模上口的高度由此计算试件高度。高度不符合要求时,试件应作废,并按式(21-1)调整试件的混合料质量,以保证高度符合63.5mm±1.3mm(标准试件)或95.3mm±2.5mm(大型试件)的要求。

$$调整后混合料质量 = \frac{要求试件高度 \times 原用混合料质量}{所得试件的高度} \qquad (21-1)$$

(2)卸去套筒和底座,将装有试件的试模横向放置冷却至室温后(不少于12h),置脱模机上脱出试件。用于现场马歇尔指标检验的试件,在施工质量检验过程中如急需试验,允许采用电风扇吹冷1h或浸水冷却3min以上的方法脱模;但浸水脱模法不能用于测量密度、空隙率等各项物理指标。

(3)将试件仔细置于干燥洁净的平面上,供试验用。

实训二十二 压实沥青混合料密度试验

压实沥青混合料密度试验(表干法)(T 0705—2011)

1. 目的与适用范围

(1)表干法适用于测定吸水率不大于2%的各种沥青混合料试件,包括密级配沥青混凝土、沥青玛蹄脂碎石混合料(SMA)和沥青稳定碎石等沥青混合料试件的毛体积相对密度或毛体积密度。标准温度为25℃±0.5℃。

(2)本方法测定的毛体积相对密度和毛体积密度适用于计算沥青混合料试件的空隙率、矿料间隙率等各项体积指标。

2. 仪具与材料

(1)浸水天平或电子秤:当最大称量在3kg以下时,感量不大于0.1g;最大称量3kg以上时,感量不大于0.5g;应有测量水中重的挂钩。

(2)网篮。

(3)溢流水箱:如图22-1所示,使用洁净水,有水位溢流装置,保持试件和网篮浸入水中后的水位一定。能调整温度至25℃±0.5℃。

(4)试件悬吊装置:天平下方悬吊网篮及试件的装置,吊线应采用不吸水的细尼龙线绳,并有足够的长度。对轮碾成型机成型的板块状试件可用铁丝悬挂。

(5)秒表。

(6)毛巾。

(7)电风扇或烘箱。

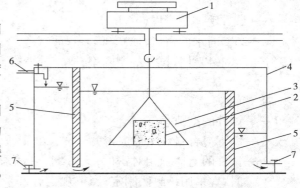

图22-1 溢流水箱及下挂法水中重称量方法示意图
1-浸水天平或电子天平;2-试件;3-网篮;4-溢流水箱;5-水位搁板;6-注入口;7-放水阀门

3. 方法与步骤

(1)选择适宜的浸水天平或电子秤,最大称量应不小于试件质量的1.25倍,且不大于试件质量的5倍。

(2)除去试件表面的浮粒,称取干燥试件的空中质量(m_0),根据选择的天平的感量读数,准确至0.1g、0.5g或5g。

(3)挂上网篮,浸入溢流水箱中,调节水位,将天平调平或复零,把试件置于网篮中(注意不要晃动水)浸水中约3~5min,称取水中质量(m_w)。若天平读数持续变化,不能很快达到稳定,说明试件吸水较严重,不适用于此法测定,应改用《公路工程沥青及沥青混合料试验规程》(JTG E20—2011)中《压实沥青混合料密度试验——蜡封法》(T 0707—2011)测定。

(4)从水中取出试件,用洁净柔软的拧干湿毛巾轻轻擦去试件的表面水(不得吸走空隙内的水),称取试件的表干质量(m_f)。若天平读数持续变化,不能很快达到稳定,说明试件吸水较严重,不适用于此法测定,应采用蜡封法测定。

(5)对从路上钻取的非干燥试件可先称取水中质量(m_w),然后用电风扇将试件吹干至恒重(一般不少于12h,当不需进行其他试验时,也可用60℃±℃烘箱烘干至恒重),再称取空中质量(m_a)。

4. 计算

(1)按式(22-1)计算试件的吸水率,取1位小数。

$$S_a = \frac{m_f - m_a}{m_f - m_w} \times 100 \tag{22-1}$$

式中:S_a——试件的吸水率(%);

m_a——干燥试件的空中质量(g);

m_w——试件的水中质量(g);

m_f——试件的表干质量(g)。

(2)按式(22-2)及式(22-3)计算试件的毛体积相对密度和毛体积密度,取3位小数。

$$\gamma_f = \frac{m_a}{m_f - m_w} \tag{22-2}$$

$$\rho_f = \frac{m_a}{m_f - m_w} \times \rho_w \tag{22-3}$$

式中:γ_f——试件的毛体积相对密度,无量纲;

ρ_f——试件毛体积密度(g/cm³);

ρ_w——25℃时水的密度,取0.9971g/cm³。

(3)按式(22-4)计算试件的空隙率,取1位小数。

$$VV = \left(1 - \frac{\gamma_f}{\gamma_t}\right) \times 100 \tag{22-4}$$

式中:VV——试件的空隙率(%);

γ_t——沥青混合料理论最大密度,按"4. 计算(7)"的方法计算或实测得到,无量纲;

γ_f——试件的毛体积相对密度,无量纲,通常采用表干法测定,当试件吸水率$S_a > 2\%$时,宜采用蜡封法测定;当按规定容许采用水中重法测定时,也可用表观相对密度代替。

(4)按式(22-5)计算矿料的合成毛体积相对密度,取3位小数。

$$\gamma_{sb} = \frac{100}{\dfrac{P_1}{\gamma_1} + \dfrac{P_2}{\gamma_2} + \cdots + \dfrac{P_n}{\gamma_n}} \tag{22-5}$$

式中:γ_{sb}——矿料的合成毛体积相对密度,无量纲;

$P_1、P_2、\cdots、P_n$——各种矿料占矿料总质量的百分率(%),其和为100;

$\gamma_1、\gamma_2、\cdots、\gamma_n$——各种矿料的相对密度,无量纲。

(5)按式(22-6)计算矿料的合成表观密度,取3位小数。

$$\gamma_{sa} = \frac{100}{\dfrac{P_1}{\gamma'_1} + \dfrac{P_2}{\gamma'_2} + \cdots + \dfrac{P_n}{\gamma'_n}} \tag{22-6}$$

式中:γ_{sa}——矿料的合成表观相对密度,无量纲;

$\gamma'_1、\gamma'_2\cdots\gamma'_n$——各种矿料的表观相对密度,无量纲。

(6)确定矿料的有效相对密度,取3位小数。

①对非改性沥青混合料,采用真空法实测理论最大相对密度,取平均值。按式(22-7)计算合成矿料的有效相对密度 γ_{se}。

$$\gamma_{se} = \frac{100 - P_b}{\dfrac{100}{\gamma_t} - \dfrac{P_b}{\gamma_b}} \tag{22-7}$$

式中:γ_{se}——合成矿料的有效相对密度,无量纲;

P_b——沥青用量,即沥青质量占沥青混合料总质量的百分比(%);

γ_t——实测的沥青混合料理论最大相对密度,无量纲;

γ_b——25℃时沥青的相对密度,无量纲。

②对改性沥青及SMA等难以分散的混合料,有效相对密度宜直接由矿料的合成毛体积相对密度与合成表观密度按式(22-8)计算确定,其中沥青吸收系数 C 值根据材料的吸水率由式(22-9)求得,合成矿料的吸水率按式(22-10)计算。

$$\gamma_{se} = C \times \gamma_{sa} + (1 - C) \times \gamma_{sb} \tag{22-8}$$

$$C = 0.033 w_x^2 - 0.2936 w_x + 0.9339 \tag{22-9}$$

$$w_x = \left(\frac{1}{\gamma_{sb}} - \frac{1}{\gamma_{sa}}\right) \times 100 \tag{22-10}$$

式中:C——沥青吸收系数,无量纲;

w_x——合成矿料的吸水率(%)。

(7)确定沥青混合料的理论最大相对密度,取3位小数。

①对非改性的普通沥青混合料,采用真空法实测沥青混合料的理论最大相对密度 γ_t。

②对改性沥青或SMA混合料宜按式(22-11)或式(22-12)计算沥青混合料对应油石比的理论最大相对密度。

$$\gamma_t = \frac{100 + P_a}{\dfrac{100}{\gamma_{se}} + \dfrac{P_a}{\gamma_b}} \tag{22-11}$$

$$\gamma_t = \frac{100 + P_a + P_x}{\dfrac{100}{\gamma_{se}} + \dfrac{P_a}{\gamma_b} + \dfrac{P_x}{\gamma_x}} \tag{22-12}$$

式中:γ_t——合计算沥青混合料对应油石比的理论最大相对密度,无量纲;

P_a——油石比,即沥青质量占矿料总质量的百分比(%),$P_a = [P_b/(100 - P_b)] \times 100$;

P_x——纤维用量,即纤维质量占矿料总质量的百分比(%);

γ_x——25℃时纤维的相对密度,由厂方提供或实测得到,无量纲;

γ_{se}——合成矿料的有效相对密度,无量纲;

γ_b——25℃时沥青的相对密度,无量纲。

③对旧路面钻取芯样的试件缺乏材料密度、配合比及油石比的沥青混合料,可以采用真空法实测沥青混合料的理论最大相对密度 γ_t。

(8)按式(22-13)~式(22-15)计算试件的空隙率、矿料间隙率VMA和有效沥青的饱和度VFA,取1位小数。

$$VV = \left(1 - \frac{\gamma_f}{\gamma_t}\right) \times 100 \tag{22-13}$$

$$VMA = \left(1 - \frac{\gamma_f}{\gamma_{sb}} \times \frac{P_s}{100}\right) \times 100 \tag{22-14}$$

$$VFA = \frac{VMA - VV}{VMA} \times 100 \tag{22-15}$$

式中：VV——沥青混合料试件的空隙率(%)；

VMA——沥青混合料试件的矿料间隙率(%)；

VFA——沥青混合料试件的有效沥青饱和度(%)；

P_s——各种矿料占沥青混合料总质量的百分率之和(%)，$P_s = 100 - P_b$；

γ_{sb}——矿料的合成毛体积相对密度，无量纲。

(9)按式(22-16)~式(22-18)计算沥青结合料被矿料吸收的比例及有效沥青含量、有效沥青体积百分率，取1位小数。

$$P_{ba} = \frac{\gamma_{se} - \gamma_{sb}}{\gamma_{se} \times \gamma_{sb}} \times \gamma_b \times 100 \tag{22-16}$$

$$P_{bes} = P_b - \frac{P_{ba}}{100} \times P_s \tag{22-17}$$

$$V_{be} = \frac{\gamma_f \times P_{be}}{\gamma_b} \tag{22-18}$$

式中：P_{ba}——沥青混合料中被矿料吸收的沥青质量占矿料总质量的百分率(%)；

P_{bes}——沥青混合料中的有效沥青含量(%)；

V_{be}——沥青混合料试件的有效沥青体积百分率(%)。

(10)按式(22-19)计算沥青混合料的粉胶比，取1位小数。

$$FB = \frac{P_{0.075}}{P_{be}} \tag{22-19}$$

式中：FB——粉胶比，沥青混合料的矿料中0.075mm通过率与有效沥青含量的比值，无量纲；

$P_{0.075}$——矿料级配中0.075mm的通过百分率(水洗法)(%)。

(11)按式(22-20)计算集料的比表面积，按式(22-21)计算沥青混合料沥青膜有效厚度。各种集料粒径的表面积系数按表22-1取用。

$$SA = \sum(P_i \times FA_i) \tag{22-20}$$

$$DA = \frac{P_{be}}{\rho_b \times P_s \times SA} \times 1000 \tag{22-21}$$

式中：SA——集料的比表面积(m^2/kg)；

P_i——集料各粒径的质量通过百分率(%)；

FA_i——各筛孔对应集料的表面积系数(m^2/kg)，按表22-1确定；

DA——沥青膜有效厚度(μm)；

ρ_b——沥青25℃时的密度(g/cm^3)。

集料的表面积系数及比表面积计算示例 　　　　表 22-1

筛孔尺寸(mm)	19	16	13.2	9.5	4.75	2.36	1.18	0.6	0.3	0.15	0.075
表面积系数 FA_i (m²/kg)	0.0041	—	—	—	0.0041	0.0082	0.0164	0.0287	0.0614	0.1229	0.3277
集料各粒径的质量通过百分率 P_i (%)	100	92	85	76	60	42	32	23	16	12	6
集料的比表面积 $FA_i \times P_i$ (m²/kg)	0.41	—	—	—	0.25	0.34	0.52	0.66	0.98	1.47	1.97
集料比表面积总和 SA (m²/kg)	$SA = 0.41 + 0.25 + 0.34 + 0.52 + 0.66 + 0.98 + 1.47 + 1.97 = 6.60$											

(12) 粗集料骨架间隙率可按式 (22-22) 计算,取 1 位小数。

$$VCA_{mix} = 100 - \frac{\gamma_f}{\gamma_{ca}} \times P_{ca} \qquad (22\text{-}22)$$

式中:VCA_{mix}——粗集料骨架间隙率(%);

P_{ca}——矿料中所有粗集料质量占沥青混合料总质量的百分率(%),按式(22-23)计算得到;

$$P_{ca} = P_s \times PA_{4.75}/100 \qquad (22\text{-}23)$$

$PA_{4.75}$——矿料级配中 4.75mm 筛余量,即 100 减去 4.75mm 通过率;

γ_{ca}——矿料中所有粗集料的合成毛体积相对密度,按式(22-24)计算,无量纲。

$$\gamma_{ca} = \frac{P_{1c} + P_{2c} + \cdots + P_{nc}}{\frac{P_{1c}}{\gamma_{1c}} + \frac{P_{2c}}{\gamma_{2c}} + \cdots + \frac{P_{nc}}{\gamma_{nc}}} \qquad (22\text{-}24)$$

式中:P_{1c}、$\cdots$、P_{nc}——矿料中各种粗集料占矿料总质量的百分比(%);

γ_{1c}、$\cdots$、γ_{nc}——矿料中各种粗集料的毛体积相对密度。

5. 报告

应在试验报告中注明沥青混合料的类型及测定密度采用的方法。

6. 允许误差

试件毛体积密度试验重复性的允许误差为 0.020g/cm³。试件毛体积相对密度试验重复性的允许误差为 0.020g/cm³。

压实沥青混合料密度试验表见表 22-2。

压实沥青混合料密度试验表

表22-2

工程名称：　　　　　　　　　　　　　　　　合同段：

承包单位：　　　　　　　　　　　　　　　　编　号：

监理单位：　　　　　　　　　　　　　　　　试验单位：

试验日期						报告日期				
混合料类型		AC-13F				代表部位		上面层		
取芯桩号		K630+000	K631+000	K632+000	K633+000	K634+000	K635+000	K636+000	K637+000	K638+000
部位		左	右	左	右	左	右	左	右	左
试件高度（mm）	1	43.3	41.1	41.4	37.8	40.7	44.7	36.9	42.0	44.1
	2	43.5	45.3	43.3	36.8	40.5	44.4	36.6	43.0	44.9
	3	43.4	45.2	43.6	38.1	41.5	45.2	37.3	42.6	43.4
	4	43.8	45.0	42.5	36.8	41.0	44.9	35.9	41.5	43.6
	平均高度	43.5	44.2	42.7	37.4	40.9	44.8	36.7	42.3	44.0
空气中质量（g）		736.9	782.7	709.8	635.2	659.8	784.5	601.5	735.3	708.3
表干质量（g）		740.2	784.3	718.9	637.9	667.1	786.5	606.7	737.8	714.8
水中质量（g）		418.6	443.5	396.9	361.9	373.2	440.6	341.2	411.9	398.7
试件体积（cm^3）		321.6	340.8	322.0	276.0	293.9	345.9	265.5	325.9	316.1
毛体积相对密度		2.291	2.297	2.204	2.301	2.245	2.268	2.266	2.256	2.241
吸水率（%）		1.0	0.5	2.8	1.0	2.5	0.6	2.0	0.8	2.1

说明：

试验负责人：　　　　　　　　试验人：　　　　　　　　复核人：

实训二十三 沥青混合料马歇尔稳定度试验

沥青混合料马歇尔稳定度试验(T 0709—2011)

1. 目的与适用范围

(1)本方法适用于马歇尔稳定度试验和浸水马歇尔稳定度试验,以进行沥青混合料的配合比设计或沥青路面施工质量检验。浸水马歇尔稳定度试验(根据需要,也可进行真空饱水马歇尔试验)供检验沥青混合料受水损害时抵抗剥落的能力时使用,通过测试其水稳定性检验配合比设计的可行性。

(2)本方法适用于按《沥青混合料试件制作方法》(T 0702—2000)成型的标准马歇尔试件圆柱体和大型马歇尔试件圆柱体。

2. 仪具与材料技术要求

(1)沥青混合料马歇尔试验仪:分为自动式和手动式。自动马歇尔试验仪应具备控制装置、记录荷载——位移曲线、自动测定荷载与试件的垂直变形,能自动显示和存储或打印试验结果等功能。手动式由人工操作,试验数据通过操作者目测后读取数据。

对用于高速公路和一级公路的沥青混合料宜采用自动马歇尔试验仪。

①当集料公称最大粒径小于或等于 26.5mm 时,宜采用 $\phi 101.6mm \times 63.5mm$ 的标准马歇尔试件,试验仪最大荷载不得小于 25kN,读数准确至 0.1kN,加载速度应能保持 50mm/min ± 5mm/min。钢球直径 16mm ± 0.05mm,上下压头曲率半径为 50.8mm ± 0.08mm。

②当集料公称最大粒径大于 26.5mm 时,宜采用 $\phi 152.4mm \times 95.3mm$ 大型马歇尔试件,试验仪最大荷载不得小于 50kN,读数准确至 0.1kN。上下压头曲率半径为 $\phi 152.4mm \pm 0.02mm$,上下压头间距 19.05mm ± 0.1mm。大型马歇尔试件的压头尺寸如图 23-1 所示。

(2)恒温水槽:控温准确至 1℃,深度不小于 150mm。

(3)真空饱水容器:包括真空泵及真空干燥器。

(4)烘箱。

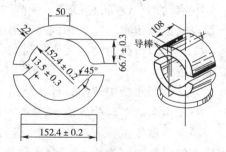

图 23-1 大型马歇尔试验的压头(尺寸单位:mm)

(5)天平:感量不大于 0.1g。

(6)温度计:分度值 1℃。

(7)卡尺。

(8)其他:棉纱、黄油。

3. 标准马歇尔试验方法

(1)准备工作

①按 T 0702—2000 标准击实法成型马歇尔试件,标准马歇尔试件尺寸应符合直径 101.6mm±0.2mm、高 63.5mm±1.3mm 的要求。对大型马歇尔试件,尺寸应符合直径 152.4mm±0.2mm、高 95.3mm±2.5mm 的要求。一组试件的数量不得少于 4 个,并符合 T 0702—2000 的规定。

②量测试件的直径及高度:用卡尺测量试件中部的直径,用马歇尔试件高度测定器或用卡尺在十字对称的 4 个方向量测离试件边缘 10mm 处的高度,准确至 0.1mm,并以其平均值作为试件的高度。如试件高度不符合 63.5mm±1.3mm 或 95.3mm±2.5mm 要求或两侧高度差大于 2mm,此试验应作废。

③按本规程规定的方法测定试件的密度,并计算孔隙率、沥青体积百分率、沥青饱和度、矿料间隙率等体积指标。

④将恒温水槽调节至要求的试验温度,对黏稠石油沥青或烘箱养生过的乳化沥青混合料为 60℃±1℃,对煤沥青混合料为 33.8℃±1℃,对空气养生的乳化沥青或液体沥青混合料为 25℃±1℃。

(2)试验步骤

①将试件置于已达到规定温度的恒温水槽中保温,保温时间对标准马歇尔试件需 30~40min,对大型马歇尔试件需 45~60min。试件之间应有间隔,底下应垫起,距水槽底部不小于 5cm。

②将马歇尔试验仪的上下压头放入水槽或烘箱中达到同样温度。将上下压头从水槽或烘箱中取出擦拭干净内面。为使上下压头滑动自如,可在下压头的导棒上涂少量黄油,再将试件取出置于下压头上,盖上上压头,然后装在加载设备上。

③在上压头的球座上放妥钢球,并对准荷载测定装置的压头。

④当采用自动马歇尔试验仪时,将自动马歇尔试验仪的压力传感器、位移传感器与计算机或 X-Y 记录仪正确连接,调整好适宜的放大比例,压力和位移传感器调零。

⑤当采用压力环和流值计时,将流值计安装在导棒上,使导向套管轻轻地压住上压头,同时将流值计读数调零。调整压力环中百分表,对零。

⑥启动加载设备,使试件承受荷载,加载速度为 50mm/min±5mm/min。计算机或 X-Y 记录仪自动记录传感器压力和试件变形曲线并将数据自动存入计算机。

⑦当试验荷载达到最大值的瞬间,取下流值计,同时读取压力环中百分表读数及流值计的流值读数。

⑧从恒温水槽中取出试件至测出最大荷载值的时间,不得超过 30s。

4. 浸水马歇尔试验方法

浸水马歇尔试验方法与标准马歇尔试验方法的不同之处在于,试件在已达规定温度恒温水槽中的保温时间为 48h,其余步骤均与标准马歇尔试验方法相同。

5. 真空饱水马歇尔试验方法

试件先放入真空干燥器中,关闭进水胶管,开动真空泵,使干燥器的真空度达到 97.3kPa 以上,维持 15min;然后打开进水胶管,靠负压进入冷水流使试件全部浸入水中,浸水 15min 后恢复常压,取出试件再放入已达规定温度的恒温水槽中保温 48h。其余均与标准马歇尔试验方法相同。

6. 计算

(1)试件的稳定度及流值

①当采用自动马歇尔试验仪时,将计算机采集的数据绘制成压力和试件变形曲线,或由 X-Y 记录仪自动记录的荷载——变形曲线。按图 23-2 所示的方法在切线方向延长曲线与横坐标相交于 O_1,将 O_1 作为修正原点,从 O_1 起量取相应于荷载最大值时的变形作为流值(FL),以 mm 计,准确至 0.1mm。最大荷载即为稳定度(MS),以 kN 计,准确至 0.01kN。

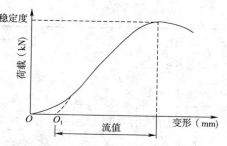

图 23-2　马歇尔实验结果的修正方法

②采用压力环和流值计测定时,根据压力环标定曲线,将压力环中百分表的读数换算为荷载值,或者由荷载测定装置读取的最大值即为试样的稳定度(MS),以 kN 计,准确至 0.01kN。由流值计及位移传感器测定装置读取的试件垂直变形,即为试件的流值(FL),以 mm 计,准确至 0.1mm。

(2)试件的马歇尔模数按式(23-1)计算。

$$T = \frac{MS}{FL} \tag{23-1}$$

式中:T——试件的马歇尔模数(kN/mm);
　　MS——试件的稳定度(kN);
　　FL——试件的流值(mm)。

(3)试件的浸水残留稳定度按式(23-2)计算。

$$MS_0 = \frac{MS_1}{MS} \times 100 \tag{23-2}$$

式中:MS_0——试件的浸水残留稳定度(%);
　　MS_1——试件浸水 48h 后的稳定度(kN)。

(4)试件的真空饱水残留稳定度按式(23-3)计算。

$$MS_0' = \frac{MS_2}{MS} \times 100 \tag{23-3}$$

式中:MS_0'——试件的真空饱水残留稳定度(%);
　　MS_2——试件真空饱水后浸水 48h 后的稳定度(kN)。

7. 报告

(1)当一组测定值中某个测定值与平均值之差大于标准差的 k 倍时,该测定值应予舍弃,并以其余测定值的平均值作为试验结果。当试件数目 n 为 3、4、5、6 个时,k 值分别为 1.15、1.46、1.67、1.82。

(2)报告中需列出马歇尔稳定度、流值、马歇尔模数,以及试件尺寸、密度、空隙率、沥青用量、沥青体积百分率、沥青饱和度、矿料间隙率等各项物理指标。当采用自动马歇尔试验时,试验结果应附上荷载——变形曲线原件或自动打印结果。

沥青混合料稳定度试验表见表 23-1。

沥青混合料稳定度试验表										表23-1

工程名称：					合同段：					
承包单位：					编　号：					
监理单位：					试验单位：					
试验日期					报告日期					
混合料类型		AC-20F				代表部位		左幅下面层		
取芯桩号		K630+000	K631+000	K632+000	K633+000	K634+000	K635+000	K636+000	K637+000	K638+000
部位		左	右	左	右	左	右	左	右	左
试件高度(mm)	1	43.1	50.4	55.0	39.7	48.4	58.6	49.6	52.1	63.5
	2	48.3	48.1	55.1	40.0	61.2	56.3	49.6	52.2	61.8
	3	48.3	49.0	55.0	39.6	69.7	56.7	49.8	52.0	63.4
	4	48.4	49.7	54.6	40.0	69.9	57.0	50.6	51.9	62.4
	平均高度	47.0	49.3	54.9	39.8	62.3	57.2	49.9	52.1	62.8
空气中质量(g)		789.5	836.6	938.2	682.8	1030	924.7	835.5	930.0	1060.0
表干质量(g)		796.2	839.9	947.1	687.0	1053.3	935.4	853.0	935.6	1074.8
水中质量(g)		446.1	474.6	544.4	389.0	585.1	522.8	483.6	532.4	600.4
试件体积(cm³)		350.1	365.3	402.7	298.0	468.2	412.6	369.4	403.2	474.4
毛体积相对密度		2.255	2.290	2.330	2.291	2.200	2.241	2.262	2.307	2.234
理论密度(g/cm³)		2.384	2.384	2.382	2.385	2.385	2.384	2.384	2.383	2.385
达到压实度(%)		94.6	96.1	97.8	96.1	92.2	94.0	94.9	96.8	93.7
空隙率(%)		5.4	3.9	2.2	3.9	7.8	6.0	5.1	3.2	6.3
流值(0.1mm)			47.0					45.2	34	
稳定度(kN)			2.20					3.60	4.48	
修正后稳定度(kN)			3.3					5.4	6.2	
马氏模数(kN/mm)			0.702					1.195	1.832	

说明

试验负责人：　　　　　试验人：　　　　　复核人：

实训二十四 沥青混合料车辙试验

沥青混合料车辙试验（T 0719—2011）

1. 目的与适用范围

（1）本方法适用于测定沥青混合料的高温抗车辙能力，供沥青混合料配合比设计时的高温稳定性检验使用，也可用于现场沥青混合料的高温稳定性检验。

（2）车辙试验的温度与轮压（试验轮与试件的接触压强）可根据有关规定和需要选用，非经注明，试验温度为60℃，轮压为0.7MPa。根据需要，如在寒冷地区也可采用45℃，在高温条件下试验温度可采用70℃等，对重载交通的轮压可增加至1.4MPa，但应在报告中注明。计算动稳定度的时间原则上为试验开始后45~60min之间。

（3）本方法适用于按 T 0703 用轮碾成型机碾压成型的长300mm、宽300mm、厚50~100mm的板块状试件。根据工程需要也可采用其他尺寸的试件。本方法也适用于现场切割板块状试件，切割试件的尺寸根据现场面层的实际情况由试验确定。

2. 仪具与材料技术要求

（1）车辙试验机：如图24-1所示。它主要有下列部分组成。

①试件台：可牢固地安装两种宽度（300mm 及 150mm）规定尺寸试件的试模。

②试验轮：橡胶制的实心轮胎，外径200mm，轮宽50mm，橡胶层厚15mm。橡胶硬度（国际标准硬度）20℃时为 84±4，60℃时为 78±2。试验轮行走距离为230mm±10mm，往返碾压速度为 42 次/min±1 次/min（21 次往返/min）。采用曲柄连杆驱动加载轮往返运行方式。

③加载装置：通常情况下试验轮与试件的接触压强在60℃时为0.7MPa±0.05MPa，施加的总荷载为780N左右，根据需要可以调整接触压强大小。

图24-1 车辙试验机

④试模：钢板制成，由底板及侧板组成，试模内侧尺寸宜采用长为300mm，宽为300mm，厚为50~100mm，也可根据需要对厚度进行调整。

⑤试件变形测量装置：自动采集车辙变形并记录试件表面及恒温室内温度的传感器，精确度±0.5℃。温度应能自动连续记录。

（2）恒温室：恒温室应具有足够的空间。车辙试验机必须整机安放在恒温室内，装有加热器、气流循环装置及装有自动温度控制设备，同时恒温室还应有至少能保温3块试件并进行试验的条件。保持恒温室温度60℃±1℃（试件内部温度60℃±0.5℃），根据需要也可采用其他试验温度。

（3）台秤：称量15kg，感量不大于5g。

3. 方法与步骤

(1) 准备工作

①试验轮接地压强测定:测定在60℃时进行,在试验台上放置一块50mm厚的钢板,其上铺一张毫米方格纸,上铺一张新的复写纸,以规定的700N荷载后试验轮静压复写纸,即可在方格纸上得出轮压面积,并由此求得接地压强。当压强不符合0.7MPa±0.05MPa时,荷载应予适当调整。

②按《公路工程沥青及沥青混合料试验规程》(JTG E20—2011)中《沥青混合料试件制作方法》(T 0703—2011)轮碾成型法制作车辙试验试块。在试验室或工地制备成型的车辙试件,板块状试件尺寸为长300mm×宽300mm×厚50～100mm(厚度根据需要确定)。也可从路面切割得到需要尺寸的试件。

③当直接在拌和厂取拌和好的沥青混合料样品,制作车辙试验试件检验生产配合比设计或混合料生产质量时,必须将混合料装入保温桶中,在温度下降至成型温度之前迅速送达试验室制作试件。如果温度稍有不足,可放在烘箱中稍事加热(时间不超过30min)后成型,但不得将混合料放冷却后二次加热重塑制作试件。重塑制件的试验结果仅供参考,不得用于评定配合比设计检验是否合格的标准。

④如需要,将试件脱模按本规程规定的方法测定密度及空隙率等各项物理指标。

⑤试件成型后,连同试模一起在常温条件下放置的时间不得少于12h。对聚合物改性沥青混合料,放置时间以48h为宜,使聚合物改性沥青充分固化后方可进行车辙试验,室温放置时间不得长于一周。

(2) 试验步骤

①将试件连同试模一起,置于已达到试验温度60℃±1℃的恒温室中,保温不少于5h,也不得超过12h。在试件的试验轮不行走的部位上,粘贴一个热电偶温度计(也可在试件制作时预先将热电偶导线埋入试件一角),控制试件温度稳定在60℃±0.5℃。

②将试件连同试模移置于轮辙试验机的试验台上,试验轮在试件的中央部位,其行走方向须与试件碾压或行走方向一致。开动车辙变形自动记录仪,然后启动试验机,使试验轮往返行走,时间约1h,或最大变形达到25mm时为止。试验时,记录仪自动记录变形曲线(图24-2)及试件温度。

注:对试验变形较小的试件,也可对一块试件在两侧1/3位置上进行两次试验取平均值。

4. 计算

(1) 从图24-2上读取45min(t_1)及60min(t_2)时的车辙变形d_1及d_2,准确至0.01mm。

当变形过大,在未到60min变形已达25mm时,则以达到25mm(d_2)的时间为t_2,将其前15min为t_1,此时的变形量为d_1。

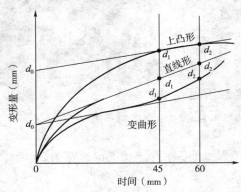

图24-2 车辙试验自动记录的变形曲线

(2) 沥青混合料时间的动稳定度按式(24-1)计算。

$$DS = \frac{(t_2 - t_1) \times N}{d_2 - d_1} \times C_1 \times C_2 \tag{24-1}$$

式中:DS——沥青混合料的动稳定度(次/mm);

d_1——对应于时间 t_1 的变形量(mm);

d_2——对应于时间 t_2 的变形量(mm);

C_1——试验机类型系数,曲柄连杆驱动加载轮往返运行方式为1.0;

C_2——试件系数,试验室制备宽300mm的试件为1.0;

N——试验轮往返碾压速度,通常为42次/min。

5. 报告

（1）同一沥青混合料或同一路段路面,至少平行试验3个试件。当3个试件动稳定度变异系数不大于20%时,取其平均值作为试验结果;变异系数大于20%时应分析原因,并追加试验。如计算动稳定度值大于6000次/mm,记作：>6000次/mm。

（2）试验报告应注明试验温度、试验轮接地压强、试件密度、空隙率及试件制作方法等。

6. 允许误差

重复性试验动稳定度变异系数不大于20%。

沥青混合料车辙试验记录表见表24-1。

沥青混合料车辙试验记录表　　　　　　　　　　　　表 24-1

样品编号						试验环境	湿度(%)		温度(℃)	
试验日期						产地或厂家				
试验规程						评定标准				
试验设备及编号										
试样编号	碾压次数	时间 t_1(min)	时间 t_2(min)	时间 t_1 时的变形量(mm)	时间 t_2 时的变形量(mm)	试验机类型修正系数	试件系数		动稳定度(次/mm)	
								单值	平均值	
1—1	18 次	45	60	0.39	0.93	1.0	1.0	1167		
1—2	18 次	45	60	0.38	0.95	1.0	1.0	1105	1186	
1—3	18 次	45	60	0.36	0.85	1.0	1.0	1286		
								91.74724		

评定说明

试验负责人：　　　　　试验人：　　　　　复核人：

实训二十五 水泥混凝土抗弯拉强度试验

水泥混凝土抗弯拉强度试验(T 0558—2005)

1. 目的和适用范围

本方法规定了测定水泥混凝土抗弯拉极限强度的方法,以提供设计参数,检查水泥混凝土施工品质和确定抗弯拉弹性模量试验加荷标准。

本方法适用于各类水泥混凝土棱柱体试件。

2. 仪器设备

(1)压力机或万能试验机。

(2)抗弯拉试验装置(即三分点处双点加荷和三点自由支承式混凝土抗弯拉强度与抗弯拉弹性模量试验装置)。

3. 试件制备和养护

(1)试件尺寸应符合《水泥混凝土试件制作与硬化水泥混凝土现场取样方法》(T 0551—2005)中表25-1 的规定,同时在试件长向中部1/3 区段内表面不得有直径超过5mm、深度超过2mm 的孔洞。

(2)混凝土抗弯拉强度试件应取同龄期者为一组,每组3 根同条件制作和养护的试件。

4. 试验步骤

(1)试件取出后,用湿毛巾覆盖并及时进行试验,保持试件干燥状态不变。在试件中部量出其宽度和高度,精确至1mm。

(2)调整两个可移动支座,将试件安放在支座上,试件成型时的侧面朝上,几何对中后,务必使支座及承压面与活动船型垫块的接触面平稳、均匀,否则应垫平。

(3)加荷时,应保持均匀、连续。当混凝土强度等级小于 C30 时,加荷速度为 0.02 ~ 0.05MPa/s;当混凝土强度等级大于等于 C30 且小于 C60 时,加荷速度为 0.05 ~ 0.08MPa/s;当混凝土强度等级大于 C60 时,为 0.08 ~ 0.1MPa/s。当试件接近破坏而开始迅速变形时,不得调整试验机油门,直至试件破坏,记下破坏极限荷载 $F(N)$。

(4)记录下最大荷载和试件下边缘断裂的位置。

5. 试验结果

(1)当断面发生在两个加荷点之间时,抗弯拉强度 f_f 按式(25-1)计算:

$$f_f = \frac{FL}{bh^2} \tag{25-1}$$

式中:f_f——抗弯拉强度(Mpa);

F——极限荷载(N);

L——支座间距离(mm);

b——试件宽度(mm);

h——试件高度(mm)。

(2)以 3 个试件测值的算术平均值为测定值。三个试件中的最大值或最小值中如有一个与中间值之差超过间值的 15%,则把最大值和最小值舍去,以中间值作为试件的抗弯拉强度;如最大值和最小值与中间值之差均超过中间值的 15%,则该组试验结果无效。

3 个试件中如有一个断裂面位于加荷点外侧,则混凝土抗弯拉强度按另两个试件的试验结果计算。如果这两个测值的差值不大于这两个测值中较小值的 15%,则以两个测值的平均值为测试结果,否则结果无效。

如果有两根试件均出现断裂面位于加荷点外侧,则改组结果无效。

注:断面位置在试件断块短边一侧的底面中州线上量得。

抗弯拉强度计算精确到 0.01MPa。

(3)采用 100mm×100mm×400mm 非标准试件时,在三分点加荷的试验方法同前,但所取得的抗弯拉强度值应乘以尺寸换算系数 0.85。当混凝土强度等级大于等于 C60 时,应采用标准试件。

6. 试验报告

试验报告应包括以下内容:

(1)要求检测的项目名称、执行标准;
(2)原材料的品种、规格和产地;
(3)试验日期及时间;
(4)仪器设备名称、型号及编号;
(5)环境温度和湿度;
(6)水泥混凝土抗弯拉强度值;
(7)要说明的其他内容。

水泥混凝土抗弯拉强度试验记录表见表 25-1。

水泥混凝土抗弯拉强度试验记录表　　　　　　　　　表 25-1

工程名称：　　　　　　　　　　　　　　　　合同段：

委托单位：　　　　　　　　　　　　　　　　编　　号：

监理单位：　　　　　　　　　　　　　　　　试验单位：

试验日期：　　　　　　　　　　　　　　　　报告日期：

试验编号		K0+000~K0+500			K0+500~K1+000		
水泥品种		普硅	普硅	普硅	普硅	普硅	普硅
水灰比							
设计标号		4.0			4.0		
制件日期		2009.7.15	2009.7.15	2009.7.15	2009.7.25	2009.7.25	2009.7.25
龄期(d)		>28	>28	>28	>28	>28	>28
试压日期		2009.10.30	2009.10.30	2009.10.30	2009.10.30	2009.10.30	2009.10.30
代表部位		路面	路面	路面	路面	路面	路面
试件长度(mm)		550	550	550	550	550	550
试件宽度(mm)		150	150	150	150	150	150
试件高度(mm)		150	150	150	150	150	150
抗折强度	支点跨度(mm)	450	450	450	450	450	450
	破坏荷载(kN)	30.2	32.4	33.6	32.1	30.8	32.5
	个别值(MPa)	4.0	4.3	4.5	4.3	4.1	4.3
	评定值(MPa)	4.3			4.2		
断口到附近支点距离(mm)		227	228	232	231	234	236
抗压强度	受压面积(cm²)						
	破坏荷载(kN)						
	个别值(MPa)						
	评定值(MPa)						
达到设计标号(%)							
评定及说明		经试验，该试样抗折强度符合混凝土路面的设计要求					

试验负责人：　　　　　　　　　　试验人：　　　　　　　　　　复核人：

参 考 文 献

[1] 中华人民共和国行业标准. JTG E40—2007 公路土工试验规程[S]. 北京:人民交通出版社,2007.

[2] 中华人民共和国行业标准. JTG E50—2006 公路工程土工合成材料试验规程[S]. 北京:人民交通出版社,2006.

[3] 中华人民共和国行业标准. JTG E41—2005 公路工程岩石试验规程[S]. 北京:人民交通出版社,2005.

[4] 中华人民共和国行业标准. JTJ/T 70—2009 建筑砂浆基本性能试验方法标准(附条文说明)[S]. 北京:中国建筑工业出版社,2009.

[5] 中华人民共和国行业标准. JTG E30—2005 公路工程水泥及水泥混凝土试验规程[S]. 北京:人民交通出版社,2005.

[6] 中华人民共和国行业标准. JTG E42—2005 公路工程集料试验规程[S]. 北京:人民交通出版社,2005.

[7] 中华人民共和国行业标准. JGJ E51—2009 公路工程无机结合料稳定材料试验规程(附条文说明)[S]. 北京:人民交通出版社,2009.

[8] 中华人民共和国行业标准. JTG E20—2011 公路工程沥青及沥青混合料试验规程[S]. 北京:人民交通出版社,2011.

国家骨干院校重点建设专业校企合作教材

Daolu Jianzhu Cailiao
道路建筑材料
（配套实训指导书）

尹　萍　贾富贵　主编
张征文　康忠寿　主审

人民交通出版社

内 容 提 要

本书为国家骨干院校重点建设专业校企合作教材。其主要内容包括：路基填筑材料、砌体工程材料、钢筋水泥混凝土材料、路面基层材料和路面面层材料。

本书为高职高专院校道路桥梁工程技术及其相关专业教学用书，也可作为职业技能培训使用，或供有关工程技术人员参考。

＊为方便教学，本书配套实训指导书。

图书在版编目（CIP）数据

道路建筑材料／尹萍，贾富贵主编. —北京：人民交通出版社，2014.6
国家骨干院校重点建设专业校企合作教材
ISBN 978-7-114-11200-3

Ⅰ. ①道… Ⅱ. ①尹…②贾 Ⅲ. ①道路工程—建筑材料—高等职业教育—教材 Ⅳ. ①U414

中国版本图书馆 CIP 数据核字（2014）第 032297 号

国家骨干院校重点建设专业校企合作教材

书　名：	道路建筑材料
著 作 者：	尹　萍　贾富贵
责任编辑：	胡娟娟
出版发行：	人民交通出版社
地　　址：	（100011）北京市朝阳区安定门外外馆斜街 3 号
网　　址：	http：//www.ccpress.com.cn
销售电话：	（010）59757973
总 经 销：	人民交通出版社发行部
经　　销：	各地新华书店
印　　刷：	北京盈盛恒通印刷有限公司
开　　本：	787×1092　1/16
印　　张：	15.5
字　　数：	384 千
版　　次：	2014 年 6 月　第 1 版
印　　次：	2018 年 3 月　第 4 次印刷
书　　号：	ISBN 978-7-114-11200-3
定　　价：	46.00 元

（有印刷、装订质量问题的图书由本社负责调换）

青海交通职业技术学院

国家骨干高职院校重点建设专业校企合作教材编审委员会
道路桥梁工程技术专业建设委员会

主 任 委 员	李文时			
副主任委员	刘建明	王海春	李元庆	张建明
	陈湘青	许　云		
委　　　员	段国胜	严莉华	商　可	李海岩
	莫延英	李令喜	尹　萍	姚青梅
企 业 委 员	史国良	王文祖	王　毅	夏长青
	刘　宁	杨洪福	徐昌辉	吴海涛
	王伦兵	张发军		

序

2010年青海交通职业技术学院跻身于全国百所骨干高职院校行列，成为青藏高原和西北地区唯一一所交通运输类国家骨干高职院校，道路桥梁工程技术专业及专业群是中央财政重点支持建设的项目之一。

道路桥梁工程技术专业是青海省唯一培养公路桥梁大、中专学历层次的专业。经过了35年的发展，形成了高原特色鲜明的专业底蕴。近年来在"以就业为导向，以服务为宗旨，走产学研结合的发展道路"的办学方针指导下，结合行业和区域需求，突出职业教育的特点，积极探索校企合作培养模式，深化"校企合作、工学结合"的人才培养模式，形成符合"自然条件恶劣、地理条件复杂、工程建设艰难"特点的"知行合一、项目贯通、三合三段"的工学结合人才培养模式。

本套教材基于道路桥梁工程技术专业"知行合一、项目贯通、三合三段"的工学结合人才培养模式，在企业调研的基础上，吸收高职高专专业建设与课程体系开发的先进理念，结合现代教育技术，以"勘察设计、招标与投标、材料试验与应用、施工与组织、验收与评定"5个专业核心能力为目标，按照"专业与产业和职业岗位对接、专业课程内容与职业标准对接、教学过程与生产过程对接、学历证书与职业资格证书对接、职业教育与终身学习对接"的五对接原则，组织企业技术人员和学院教师共同编写，体现了学校教学与企业实践的有机统一，并严格贯彻最新的技术标准和行业规范，突出高原特色。编写过程中注重教学对象的认识能力和认知规律，采用图文结合的形式，力求直观明了，提高学生职业素养和职业能力，做到理论够用、重在实践。

本教材的主要特点：

1. 从企业需求出发，重塑教学目标

本教材是从企业的需要及学生职业发展出发，让学生通过对专业的学习，能够切实找到自己的职业发展方向或能更好地适应未来企业的用人需要。

2. 从人才培养的目标出发，重整教学内容

根据道路桥梁工程技术专业人才培养目标，与企业合作进行职业岗位分析，确定道路桥梁工程技术专业岗位和岗位群，根据行动体系重新构建学习领域，以工作过程为导向培养学生的知识和能力。

本教材在编写过程中参考了近5年来不同版本的相关教材和规范规程，在此谨向各位参考文献编写的专家致以诚挚的谢意！

青海交通职业技术学院
国家骨干院校重点建设专业校企合作教材编审委员会
道路桥梁工程技术专业建设委员会
2012年12月

前　　言

　　2010 年,青海交通职业技术学院经教育部批准,建设国家骨干高职院校,道路桥梁工程技术专业被列为骨干校建设试点专业。道路桥梁工程技术专业构建了"知行合一、项目贯通、三合三段"人才培养模式,以勘测设计、招标与造价、材料试验与应用、施工与组织和质量验收与评定为核心,校企共同研究开发课程体系,构建了基于公路施工过程的专业课程体系。

　　本教材根据"知行合一、项目贯通、三合三段"人才培养模式中材料试验与应用能力要求,校企共同研究交通土建行业的发展和不同岗位的典型工作任务,从高职道路桥梁工程技术专业工作任务与职业能力中的材料试验和检测能力出发,以学生职业能力和基本知识的培养为主线,以国家标准、行业规范和规程为依据,以职业岗位工作任务为切入点进行编写。

　　本教材具有以下特点:

　　1. 教材编写将原有分散的知识与技能进行整合,实现了所学知识与职业岗位技能相对接,突出了培养学生的职业能力。

　　2. 以教学项目为单元进行课程知识、能力设计,培养学生独立决策、计划、实施、检查能力。

　　3. 采用了现行的国家标准和行业规范标准。

　　本教材共分为 5 个模块,17 个学习单元:模块一、模块三单元一、模块四单元二由青海省育才公路工程检测试验中心贾富贵编写;模块二、模块三单元二~单元四、模块五单元三由青海交通职业技术学院尹萍编写;模块四单元一由青海交通职业技术学院衡秀云编写;模块五单元一由青海省育才公路工程监理有限公司吴平编写;模块五单元二由青海省育才公路工程监理有限公司李有太编写;模块五单元四由青海交通职业技术学院莫延英编写;模块五单元五由青海路桥建设股份有限公司杨洪福编写。全书由青海交通职业技术学院尹萍负责统稿工作。

　　本教材在编写过程中得到了浙江交通职业技术学院张征文、康忠寿等老师以及青海省育才公路工程检测试验中心的大力支持和帮助,在此表示感谢! 附于书末的参考文献的作者们对本教材的完成给予了巨大支持,在此一并致以诚挚的谢意!

　　由于时间仓促,水平有限,教材中难免有错误之处,敬请广大读者批评指正,并将意见和建议及时反馈给我们,以便修订时完善。

　　为方便教师授课和学生自学,本教材配有实训指导书。

编　者
2012 年 12 月

目 录

模块一 路基填筑材料 ··· 1
  单元一 路基填筑土 ··· 1
  单元二 土工合成材料 ··· 10
  复习思考题 ··· 12

模块二 砌体工程材料 ··· 13
  单元一 砌筑石料 ··· 13
  单元二 水泥 ··· 16
  单元三 集料 ··· 23
  单元四 砂浆 ··· 26
  复习思考题 ··· 31

模块三 钢筋水泥混凝土材料 ··· 32
  单元一 普通混凝土 ··· 32
  单元二 普通混凝土的配合比设计 ····································· 51
  单元三 其他混凝土 ··· 60
  单元四 钢筋混凝土用钢材 ··· 63
  复习思考题 ··· 74

模块四 路面基层材料 ··· 75
  单元一 石灰 ··· 76
  单元二 无机结合料稳定材料 ··· 80
  复习思考题 ··· 94

模块五 路面面层材料 ··· 95
  单元一 沥青 ··· 95
  单元二 沥青混合料 ··· 107
  单元三 沥青混合料对组成材料要求 ··································· 115
  单元四 沥青混合料组成设计 ··· 119
  单元五 道路水泥混凝土 ··· 140
  复习思考题 ··· 146

参考文献 ··· 148

模块一　路基填筑材料

知识目标

1. 掌握土的概念、土的三相组成；
2. 掌握土的粒度成分分析方法及表示方法；
3. 掌握土的物理性质指标、黏性土的稠度与稠度指标；
4. 掌握黏性土的击实性与击实规律。

能力目标

1. 能够进行土的界限含水率测定，并能对试验结果进行计算与结果分析；
2. 能判别路基填筑材料适用性。

单元一　路基填筑土

土是地壳表面的物质，是在长期风化、搬运、磨蚀、沉积作用过程中形成的大小不等、未经胶结的一种松散物质。随着形成过程和自然环境的不同，土的成分和性质千变万化，工程性质也千差万别。因此，在进行工程建设时，必须要结合土的实际性质进行设计和施工。

一、土的三相组成和粒度成分

1. 土、土体与三相组成

（1）土的概念

土是由地壳岩石经风化、剥蚀、搬运、沉积，形成由固体颗粒、液态水和气体组成的一种集合体如图1-1a）所示。换言之，土是岩石风化的产物，在不同的风化作用条件下可形成不同性质的土，它包括土壤、黏土、砂、岩屑、岩块和砾石等。土的特征是颗粒与颗粒之间的黏结强度低，甚至没有黏结性。因此根据土粒之间有无黏结性，大致可将土分为砂类土（砾石、砂）和黏性土两大类。

（2）土体与三相组成

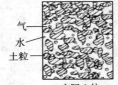

图1-1　土的三相组成图

土体是指建筑场地范围内不同土层组成的单元体。土体中主要有固体颗粒、液态水和填充在孔隙中的气体。通常把土体看成是由固相（固体颗粒）、液相（液态水）和气相（气体）三部分组成的三相体（也称三相土），如图1-1b）所示。土的固体颗粒构成土的骨架，骨架之间存在大量孔隙，孔隙中填充着液态水（液相）和气体（气相），因此土也被称为三相介质。

自然界土体的三相比例会随着周围环境条件的改变而变化。土的三相比例不同，土的状态和工程性质也各不相同。当土中孔隙只有气体填充时为干土；当土中孔隙由液态水和气体填充时为湿土；当土中孔隙只有液态水填充时为饱和土，所以饱和土和干土都是两相土，湿土

1

为三相土。

2. 土的粒度成分

（1）粒组的划分

土的粒度是指土颗粒的大小，用粒径表示，通常以毫米（mm）为单位。工程上通常把土粒由粗到细，每一区段中所包括大小比例相近且工程性质基本相同的颗粒合并为组，称为粒组。每个粒组的区间常以其粒径的上、下限给该粒组命名，如砾粒、砂粒、粉粒、黏粒等，各组内还可细分成若干亚组。根据《公路土工试验规程》（JTG E40—2007），粒组划分见表1-1。

粒组划分表（单位：mm） 表1-1

200		60		20	5	2	0.5	0.25	0.075	0.002
巨粒组				粗粒组					细粒组	
漂石（块石）		卵石（小块石）		砾（角砾）粒			砂粒		粉粒	黏粒
				粗	中	细	粗	中	细		

（2）粒度成分及粒度成分分析

工程上常把组成土的各种大小颗粒的相互比例关系称为土的粒度成分（通常以占总质量的百分比计）。各粒组之间的相互搭配关系称为颗粒级配。

粒度成分分析方法有两大类，一是利用各种方法把各个粒组按粒径分离开来，直接测出各粒组的百分含量，称为直接测定法，如筛分法、移液管法等；二是根据各粒组的某些不同特性，间接地判定土中各粒组的含量，称为间接测定方法，如密度计法。我国对于粒径大于0.075mm的粗粒土，一般采用筛分法直接测定；对于粒径小于0.075mm的细粒土，用移液管法或密度计法测定；若土中粗细颗粒兼有时，则可联合使用上述两种方法。

粒度成分常用的表示方法有表格法、累计曲线法和三角坐标法。

表格法：就是在粒度成分分析后，按粒径由大到小划分的各粒组及其测定的质量百分率，用表格的形式直接表示其颗粒级配情况，在同一表格中可以表示多种土样的粒度成分分析结果。

累计曲线法：通常用半对数坐标绘制。横坐标表示土粒粒径 d_i，纵坐标表示小于某一粒径的质量分数 p_i，绘制累计曲线图如图1-2所示。从累计曲线图上可以看出：曲线平缓，表明土的粒度成分混杂，大小粒组都有，各粒组的相对含量都差不多；曲线坡度较陡，表明土的粒度成分比较单一，斜率最大线段所包括的粒组在土样中的含量最多，成为具有代表性的粒组。

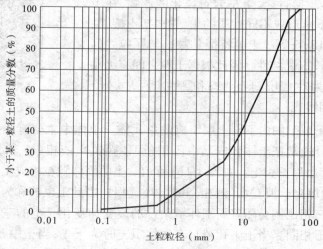

图1-2 某土样的粒度成分累计曲线图

三角坐标法是利用等边三角形内在任意一点至三个边的垂直距离的总和恒等于三角形之高的原理,用图标法表示组成土的三个粒组的相对含量。

从累计曲线可以直观地判断土中各粒组的分布情况;同时累计曲线可确定不均匀系数 C_u 和曲率系数 C_c。

其中,不均匀系数 C_u 可表示为:

$$C_u = \frac{d_{60}}{d_{10}} \tag{1-1}$$

曲率系数(或称级配系数)C_c 可表示为:

$$C_c = \frac{d_{30}^2}{d_{10} d_{60}} \tag{1-2}$$

式中:d_{10}——土的有效粒径,即土中小于该粒径的颗粒质量为总质量10%的粒径,mm;

d_{60}——土的限制粒径,即土中小于该粒径的颗粒质量为总质量60%的粒径,mm;

d_{30}——土的平均粒径,即土中小于该粒径的颗粒质量为总质量30%的粒径,mm。

不均匀系数 C_u 反映土的粗细情况和级配情况。C_u 值越大,曲线越平缓,表明土的颗粒大小分布范围大,土的级配良好;C_u 值越小,曲线越陡,表明土的颗粒大小相近,土的级配不良。一般认为不均匀系数 $C_u < 5$ 时的土为匀粒土,其级配不好;$C_u \geq 5$ 时的土为非匀粒土,其级配良好。但仅用不均匀系数 C_u 来确定土的级配情况是不够的,还必须同时考虑曲率系数 C_c 的大小,C_c 值越大,表明土的均匀程度高;反之,均匀程度低。在工程上,常利用累计曲线确定的土粒两个级配指标来判断土的级配优劣情况。当同时满足不均匀系数 $C_u \geq 5$ 和曲率系数 C_c 这两个条件时,土为级配良好的土;若不能同时满足,则土为级配不良的土。

二、土的物理性质指标

土的物理性质指标,是指土中固相、液相、气相三者在体积和质量方面的相互配比的数值。土的三相关系简图如图1-3所示。土的物理性质指标分两类:一类是实测指标,它通过试验直接测定(如土的天然密度、含水率和土粒比重等);另一类是导出指标,它是以实测指标为依据推导而得出的(如土的干密度、孔隙比、孔隙率、饱和密度、水下密度和饱和度等)。

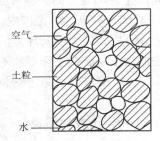
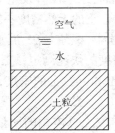
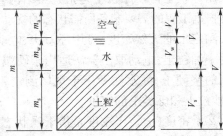

图1-3 土的三相关系简图

1. 土的质量指标

(1)土粒比重(G_s)

土粒比重是指土粒在105~110℃下烘干至恒重时的质量与4℃时同体积纯水质量的比值,它是土的基本物理性质指标之一,按式(1-3)计算。

$$G_s = \frac{m_s}{V_s \rho_w} \tag{1-3}$$

式中:G_s——土粒比重;

m_s——干土粒的质量,g;

V_s——干土粒的体积,cm³。

土粒比重只与组成土的矿物成分有关,而与土的孔隙大小无关。一般砂土土粒比重为2.65,黏土土粒比重可达2.75,含腐殖质多的黏性土其相对密度较小,土粒比重约为2.60。

土粒比重常用比重瓶法测定。通常将15g烘干试样装入容积为100mL玻璃制的比重瓶,用0.001g精度的天平称比重瓶加干土质量。注入半瓶水后煮沸约1h以排除土中气体,冷却后将纯水注满比重瓶,使多余水分自瓶塞毛细管中溢出,再称总质量并测量比重瓶内水温,计算得出土粒比重。此法适用粒径小于5mm的土;对于粒径大于或等于5mm的土,可用浮力法、浮称法与虹吸筒法测定。

(2)土的密度

土的密度是指土的总质量与土的总体积的比值,单位为g/m³。这里所说的总质量包括土粒的质量(m_s)、土孔隙中水的质量(m_w)和气体的质量(m_a),因气体质量极小,可视为$m_a \approx 0$。根据土孔隙中水的情况可将土的密度分为天然密度(ρ)、干密度(ρ_d)、饱和密度(ρ_f)和水下密度(ρ')。

①天然密度(ρ):天然密度是指在天然状态下土的单位体积的质量,包括干土粒的质量(m_s)和孔隙中水的质量(m_w),故又称湿密度,它是土的基本物理性质指标之一,按式(1-4)计算。

$$\rho = \frac{m_w + m_s}{V} = \frac{M}{V} \tag{1-4}$$

式中:ρ——土的天然密度,g/cm³;

m_w——土孔隙中水的质量,g;

m_s——土中干土粒的质量,g;

V——土的总体积,cm³;

M——土的总质量,g。

土的密度与土的结构、所含水分的多少以及矿物成分有关,所以在测定土的天然密度时,必须用原状土样。原状土是指天然结构与天然含水率没有发生变化的土。测定土的天然密度也可根据工程的需要制备所需状态的扰动土样。土的天然密度一般在1.60~2.20g/m³范围内。

测定土的天然密度,可用环刀法、电动取土器法、蜡封法、灌水法、灌砂法等。其中,环刀法适用于细粒土;电动取土器法适用于硬塑土密度的快速测定;蜡封法适用于易破裂土和形状不规则的坚硬土;灌水法适用于现场测定粗粒土和巨粒土的密度;灌砂法适用于现场测定细粒土、砂粒土和砾类土的密度。

②干密度(ρ_d):干密度是指干燥状态下单位土总体积的质量,即土中干土粒的质量(m_s)与土的总体积(V)之比,按式(1-5)计算。

$$\rho_d = \frac{m_s}{V} = \frac{\rho}{1 + 0.01w} \tag{1-5}$$

式中:ρ_d——土的干密度,g/cm³;

m_s——土中干土粒的质量,g;

V——土的总体积,cm³;

ρ——土的天然密度,g/cm³;

w——土的含水率,%。

土的干密度实际上是土中完全不含水分的密度。某一土样干密度的大小,主要取决于土的结构,即土孔隙率的大小影响土的干密度。一般情况下,土的干密度越大,土越密实,孔隙率越小。土的干密度在一定程度上反映了土粒排列的紧密程度,作为人工填土压实的控制指标,在工程中常用它计算压实度K,按式(1-6)计算。

$$K = \frac{\rho_d}{\rho_{dmax}} \times 100\% \tag{1-6}$$

式中:K——压实度,%;

ρ_d——工地实测的干密度,g/cm³;

ρ_{dmax}——标准击实试验所得的最大干密度,g/cm³。

③饱和密度(ρ_f):饱和密度是指当土的孔隙率中全部用水充满时的密度,按式(1-7)计算。

$$\rho_f = \frac{m_s + m'_w}{V} = \frac{m_s + V_n\rho_w}{V} \tag{1-7}$$

式中:ρ_f——土的饱和密度,g/cm³;

m'_w——土的孔隙中充满水时的质量,g;

ρ_w——4℃时纯水的密度,g/cm³;

V_n——土的孔隙体积,cm³。

④水下密度(ρ'):土的水下密度是指在地下水位以下,土体受水的浮力作用时,单位体积土体中土粒的质量扣除土体排开同体积水的质量,又称为浮密度或浸水密度,按式(1-8)计算。

$$\rho' = \frac{m_s + m'_w - V\rho_w}{V} = \rho_f - 1 \tag{1-8}$$

式中:ρ'——土的水下密度,g/cm³。

2. 土的含水性指标

土的含水率是指土中水的质量与干土颗粒质量的比值,它是土的基本物理性质指标之一,表征土中含水情况的指标有天然含水率、饱和含水率和饱和度。

(1)天然含水率(w)

土的天然含水率是指土在105~110℃下烘至恒重时所失去水分的质量和达到恒重时干土质量的比值,一般用百分数表示,按式(1-9)计算。

$$w = \frac{m_w}{m_s} \times 100\% \tag{1-9}$$

式中:w——土的天然含水率,%。

测定土的天然含水率时,要求直接采用原状土进行测定。含水率的测定方法很多,主要有烘干法、酒精燃烧法和比重法。

(2)饱和含水率(w_g)

土的饱和含水率是指土的孔隙全部被水充满,达到饱和时的含水率,即土的孔隙中充满水时水的质量与干土粒质量的比值,按式(1-10)计算。

$$w_g = \frac{m'_w}{m_s} \times 100\% = \frac{V_n\rho_w}{m_s} \times 100\% \tag{1-10}$$

式中:w_g——土的饱和含水率,%。

（3）饱和度（S_r）

土的饱和度是指孔隙中水的体积V_w与孔隙体积V_v之比，按式（1-11）计算。

$$S_r = \frac{V_w}{V_v} \times 100\% \tag{1-11}$$

式中：S_r——土的饱和度，%；

V_w——孔隙中水的体积，cm^3；

V_v——孔隙体积，cm^3。

土的饱和度是一个辅助性指标，它可以用来评价土的干湿状态。对于完全干燥的土，$S_r=0$；对于完全饱和的土，$S_r=1$。根据土的饱和度，可以把砂类土分为稍湿（$S_r \leq 50\%$）、很湿（$50\% < S_r \leq 80\%$）和饱和（$S_r > 80\%$）三种状态。

颗粒较粗的砂类土对含水率的变化不敏感，当w发生变化时，它的工程性质变化不大，所以对于砂类土的物理状态可采用S_r来反映；但颗粒较细的黏性土，对含水率的变化十分敏感，随着w增加，土的体积也发生了改变，因而黏性土一般不用S_r这一指标。

3. 土的孔隙性指标

土中存在着许多孔隙及其所具有的一些特性，称为土的孔隙性。土的透水性、压缩性等物理特性都与土的孔隙性有密切的关系。孔隙性指标有孔隙率、孔隙比和砂类土的相对密实度。

（1）孔隙率（n）

土的孔隙率是指土体中孔隙的体积占总体积的百分比，又称孔隙度。它表示土中孔隙大小的程度，按式（1-12）计算。

$$n = \frac{V_n}{V_s} \times 100\% \tag{1-12}$$

式中：n——土的孔隙率，%。

在工程计算中，n是常用指标，一般为30%~50%。

孔隙率不是一成不变的，影响孔隙率大小的因素有很多，如土的结构发生变化，孔隙率会发生变化。粒度成分对孔隙率的影响，非匀粒土的孔隙率要小于匀粒土的孔隙率。具有海绵结构的黏性土，单个孔隙很小，但数量很多，水在其中为结合水，所以黏性土的孔隙率可以大于50%。

当土的结构因受外力而改变时，孔隙率也随之而改变。

（2）孔隙比（e）

孔隙比是土中孔隙体积与土粒体积的比值，常用小数表示，按式（1-13）计算。

$$e = \frac{V_n}{V_s} \tag{1-13}$$

式中：e——土的孔隙比。

土的孔隙比直接反映土的紧密程度，孔隙比越大，土越疏松；孔隙比越小，土越密实。一般在天然状态下的土，若$e<0.6$，可作为良好的地基；若$e>1$，表明土中$V_n>V_s$，是工程性质不良的土。

n与e都是反映孔隙性的指标，但在应用上却有所不同，凡是用于与整个土的体积有关的测试时，一般用n较为方便；但若是要对比一种土的变化状态时，则用e较为准确。由于V_s是不变的，可视为定值，土在荷载作用下引起V_n的变化，而e的变化直接与n的变化成正比，所以e能明显地反映孔隙体积的变化。在工程设计计算中常用e这一指标。

孔隙率与孔隙比的相互关系见式(1-14)。

$$e = \frac{n}{1-n} \quad 或 \quad n = \frac{e}{1+e} \tag{1-14}$$

(3)砂类土的相对密实度(D_r)

密实度是反映砂类土松紧状态的指标,常用相对密实度来表示,也称为无凝聚性土的相对密实度。砂类土天然结构(即土粒排列松紧)的状况,对其工程性质有极大影响。砂类土在最松散状况下的孔隙比为最大孔隙比 e_{max};经振动或捣实后,砂砾间相互靠拢压密,其孔隙比为最小孔隙比 e_{min};在天然状态下的孔隙比为 e。

砂类土的相对密实度就是指最大孔隙比和天然孔隙比之差与最大孔隙比和最小孔隙比之差的比值,一般用小数或百分数表示,按式(1-15)计算。

$$D_r = \frac{e_{max} - e}{e_{max} - e_{min}} \tag{1-15}$$

式中:D_r——砂类土的相对密实度。

当 $D_r = 0$,即 $e = e_{max}$时,表示砂类土处于最疏松状态;当 $D_r = 1$,即 $e = e_{min}$时,表示砂类土处于最紧密状态。

《公路桥涵地基与基础设计规范》(JTG D63—2007)中规定用 D_r 来判定砂类土的相对密实度,将砂类土分为四级,见表1-2。

砂类土相对密实度划分表 表1-2

分级		相对密实度 D_r	标准贯入平均击实数(63.5kg)
密实		$D_r \geq 0.67$	30~50
中密		$0.33 < D_r < 0.67$	10~29
松散	稍松	$0.20 \leq D_r \leq 0.33$	5~9
	极松	$D_r < 0.20$	<5

土的10个物理性质指标(G_s、ρ、w、ρ_d、ρ_f、ρ'、w_g、S_r、n、e)并非各自独立、互不相关,G_s、ρ 和 w 为基本物理性质指标,必须通过试验直接测定,称为三项实测指标,其余指标可由三个试验指标计算导出,其换算关系见表1-3。

土的主要物理性质指标一览表 表1-3

指标名称	表达式	参考数值	指标来源	实际应用
土粒比重 G_s	$G_s = \dfrac{m_s}{V_s \cdot \rho_w}$	2.60~2.75	由试验测定	换算 n、e、ρ_d
天然密度 ρ (g/cm³)	$\rho = \dfrac{M}{V}$	1.60~2.20	由试验测定	换算 n、e,说明土的密度
干密度 ρ_d (g/cm³)	$\rho_d = \dfrac{m_s}{V}$	1.30~2.00	$\rho_d = \dfrac{\rho}{1+0.01w}$	换算 n、e、s 粒度分析,压缩试验资料整理
饱和密度 ρ_f (g/cm³)	$\rho_f = \dfrac{m_s + V_n \rho_w}{V}$	1.80~2.30	$\rho_f = \dfrac{\rho(G_s - 1)}{G_s(1+w)} + 1$ 或 $\rho_f = \rho_d + n\rho_w$	
水下密度 ρ' (g/cm³)	$\rho' = \dfrac{m_s - V_n \rho_w}{V}$		$\rho' = \dfrac{\rho(G_s - 1)}{G_s(1+\omega)}$ 或 $\rho' = \rho_f - \rho_w$	计算潜水面以下地基自重应力;分析人工边坡稳定

续上表

指标名称	表达式	参考数值	指标来源	实际应用
天然含水率 w（%）	$w = \dfrac{m_w}{m_s} \times 100\%$	0～100%	由试验确定	换算 S_r、ρ_d、n、e，计算土的稠度指标
饱和含水率 w_g（%）	$w_g = \dfrac{V_n \rho_w}{m_s} \times 100\%$	0～100%	$w_g = \dfrac{G_s(1+w)-\rho}{G_s \rho} \times 100\%$	
孔隙率 n（%）	$n = \dfrac{V_n}{V} \times 100\%$		$n = \left[1 - \dfrac{\rho}{G_s(1+w)}\right] \times 100\%$	计算地基承载力；估计砂土密度和渗透系数；压缩试验调整资料
孔隙比 e	$e = \dfrac{V_n}{V_s}$		$e = \dfrac{G_s(1+w)}{\rho} - 1$	换算 n 和 ρ'，说明土中孔隙体积

三、黏性土的稠度与塑性

1. 稠度、稠度状态和界限含水率

土的软硬程度特性称为稠度。土随着含水率的增高，从固体状态变为半固体状态到可塑状态转变为流动状态，这些不同的物理状态称为土的稠度状态。通常把土的稠度状态分为固态、半固态、塑态、液态等。

黏性土由一种稠度状态转变到另一种稠度状态的分界含水率称为界限含水率（表1-4）。

土的稠度及界限含水率　　　　　　表1-4

稠度状态	稠度特征	界限含水率	含水率减少方向	土体积缩小方向
流塑的	呈层状流动	液限 w_L		
可塑的	塑性可变	塑限 w_p	↓	↓
半干硬的	不易变形	缩限 w_s		
干硬的	坚硬难变形		土体积不变	

工程上常用的分界含水率有缩限、塑限、液限，它对黏性土的分类和工程性质的评价有重要意义。

（1）缩限（w_s）

黏性土呈半固态不断蒸发水分，体积不断缩小，直到体积不再变化时的界限含水率称为缩限。

（2）塑限（w_p）

黏性土由半固态转到可塑状态的界限含水率称为塑限。

（3）液限（w_L）

黏性土由可塑状态转到流动状态的界限含水率称为液限。

2. 塑性指数（I_p）

土的塑性是指土在一定外力作用下可以塑造成任何形状而不改变其整体性，当外力取消后，在一段时间内仍保持其已变形后的形态而不恢复原状的性能，也称为土的可塑性。塑性状态是黏性土的一种特殊状态，因此，黏性土又称为塑性土。判断土的可塑性强弱的指标采用塑性指数 I_p，即土的液限与塑限之差，按式（1-16）计算。

$$I_p = w_L - w_p \tag{1-16}$$

式中:I_p——土的塑性指数;
w_L——土的液限;
w_p——土的塑限。

黏性土塑性指数的大小主要取决于土中黏粒、胶粒及矿物成分的亲水性,即土中黏粒、胶粒含量越多,亲水性越强,土的塑性指数越大,可塑性越强;反之则越小。

3. 液性指数(I_L)

黏性土的液性指数又称相对稠度,是天然含水率和塑限的差值与液限和塑限的差值之比,按式(1-17)计算。

$$I_L = \frac{w - w_p}{w_L - w_p} \qquad (1-17)$$

黏性土的液性指数是反映土的稠度的指标。对于某种黏性土,其液限w_L和塑限w_p都是一定值,土的天然含水率越大,液性指数越大,土越稀软。在工程上,为了更好地掌握天然土的稠度状态,将液性指数划分为5级,见表1-5。

黏性土的相对稠度状态　　表1-5

液性指数值	$I_L \leq 0$	$0 < I_L \leq 0.25$	$0.25 < I_L \leq 0.75$	$0.75 < I_L \leq 1$	$I_L > 1$
相对稠度状态	干硬状态	硬塑状态	易塑状态	软塑状态	流动状态
	半固体状态		塑性状态		液流状态

4. 天然稠度(w_c)

黏性土的液限和天然含水率的差值与液限和塑限的差值之比,称为天然稠度,按式(1-18)计算。

$$w_c = \frac{w_L - w}{w_L - w_p} \qquad (1-18)$$

在公路工程中,常用天然稠度来区分黏性土的状态,它与液性指数的关系是$w_c + I_L = 1$。

四、土的击实性

在工程建设中,经常遇到填土或软弱地基,为了改善这些土的工程性质,常采用击实(或夯实)的方法使土变得密实,称为土的击实性。使土变密实的方法是指采用人工或机械对土施以夯压能量(如夯、碾、振动等),在短时间内使土颗粒重新排列紧密,获得最佳结构,以改善和提高土的力学性能。

填土与原状土不同,填土经过挖掘、搬运之后,其原状结构已被破坏,含水率也已变化,堆填时必然在土团之间留下许多大空隙,未经击实的填土强度低,压缩性大而且不均匀,遇水也易发生塌陷、崩解等现象。为使其满足工程要求,必须按一定标准击实,特别是像路堤这样的土工构筑物,在车辆的频繁运行和反复动荷载作用下,可能出现不均匀或过大的沉陷或塌落,甚至失衡滑动,从而恶化运营条件以及增加维修工作量,所以路堤填土必须具有足够的密实度才能确保行车平顺和安全。

击实是指对土瞬时重复施加一定的机械功使土体变密的过程。标准击实试验是研究土的击实性能的室内基本试验方法。

黏性土的击实特性:图1-4是根据黏性土的击实数据绘出的击实曲线。由图1-4可知,随着含水率的增加,土的干密度也逐渐增大,表明击实效果逐步提高,当含水率超过某一限值时,干密度则随含水率增大而减小,即击实效果下降。这说明土的击实效果随着含水率变化而变化,并在击实曲线上出现一个峰值,相应于这个峰值的含水率是最佳含水率(w_{op})。

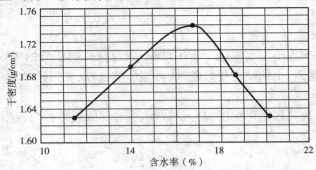

图 1-4 击实曲线

同一种土样塑限与土的最佳含水率有一定的内在联系,根据实践经验可知:黏性土的最佳含水率 w_{op} 与土的塑限 w_p 之间的关系是 $w_{op} = w_p + 2$。土中所含黏性土矿物越多、颗粒越细,最佳含水率越大。另外,最佳含水率还与击实功的大小有关。除了含水率、击实功对土的击实影响外,土粒级配对击实效果也有显著影响,均匀颗粒的土不易击实,因此在工程建设中,要选择符合级配要求的土作为路堤填料。

无黏性土的击实特性:无黏性土颗粒较粗,颗粒之间没有或只有很小的黏聚力,不具有可塑性,多呈单粒结构。无黏性土压缩性小、透水性高、抗剪强度较大,且含水率的变化对它的性质影响不显著。

工程实践证明,对于无黏性土的击实,应该有一定静荷载与动荷载联合作用,才能达到较好的击实性。

单元二 土工合成材料

路基填筑材料中除了一些土质外,还有砂石材料以及一些土工合成材料。应用于公路建设的土工合成材料是以各类合成材料为原材料制成的新型建筑材料,现已广泛应用。土工合成材料对某些强酸性物和强碱性物反应较敏感,在应用土工合成材料时,需根据应用目的和具体的工程结构对材料进行选择,通常采用聚乙烯纤维、聚丙烯纤维、聚酯纤维和聚酯胺纤维等原料制造土工合成材料,产品主要有土工织物、土工膜、土工复合材料、土工格栅、土工带、土工格室、土工网、土工模袋和土工网垫等。在工程中主要起过滤、排水、隔离、加筋、防护和封闭作用。

一、土工合成材料的概念

土工合成材料是岩土工程和土木工程中所应用的合成材料的总称。它是指以人工合成的聚合物,如塑料、化纤、合成橡胶等为原料,制成各种类型的产品,置于土体内部、表面或各层土体之间,能发挥加强或保护土体的作用的岩土工程材料。

二、土工合成材料的类型和应用

1. 土工织物

土工织物是采用编织技术生产的透水性土工合成材料,呈布状,故俗称土工布。土工织物的主要特点是重量轻、整体连续性好、施工简便、抗拉强度高、耐腐蚀。土工织物又分为有纺土工织物和无纺土工织物，前者由单丝或多股丝织成，或由薄膜切成的扁丝编织而成；后者由短纤维或喷丝长纤维随机铺成絮垫，再经机械缠合（针刺）、热黏结或化学黏结而成。土工织物在工程中主要起隔离、加筋和防护、反滤、排水作用。

2. 土工膜

土工膜是土工合成材料的主要产品之一，是具有极低渗透性的膜状材料，实际上几乎不透水，是理想的防渗材料。与传统的防渗材料相比，土工膜具有渗透系数低、低温柔性好、形变适应性强、重量轻、强度高、整体连接性好、施工方便等优点。由于其透水性极低，其主要功能是防渗和隔离。土工膜用作渠道、围堰、堤坝、水库、废液池、太阳池和事故油池的防渗衬垫；用作垃圾填埋场底部衬垫和顶部封盖层；用作地下垂直防渗墙；用于自溃坝的上游面防渗；用作隧道内的防水衬层；用作水库的浮动覆盖层，防止污染和蒸发；用作防止建筑物下面的水分上升的屏障；用于防止在敏感土地区的水的入渗；用来制作土工长管袋，作为挡水围堰；用于沥青铺面下，作为防水层。

3. 土工复合材料

土工复合材料的基本原理就是将不同材料的最好特性组合起来，使特定的某个问题能以最优的方式解决。其主要功能是排水反滤、防渗、加筋、隔离、防护和减载等。常用的土工复合材料有复合土工膜、复合土工织物、排水带、排水管、排水防水材料等。

4. 土工格栅

土工格栅是土工合成材料中发展很迅速的一个种类。它是一种以高密度聚乙烯或聚丙烯塑料（包括玻璃纤维）为原料加工形成的开口的、类似格栅状的产品，具有较大的网孔。在其生产工艺中，众多的纤维在一起形成了纵向和横向肋条，上面涂有一些保护材料，如PVC、乳胶或沥青。此外，还有玻纤格栅，它也是一种经编格栅。土工格栅的应用领域广泛，可以用于未铺砌路面的集料或铁道的道砟下面；用于加筋路堤和土坝；用于修复破坏边坡和滑坡；用于制作石笼；用于挡墙施工、侵蚀控制结构和桥台跳车；在软基上或岩溶地区用作加筋地基；用于桥接裂缝或桥接岩石和土；在软基上用作厚的碎石垫层；用作沥青铺面加筋；用作加筋填埋场边坡。

5. 土工网

土工网由连续的聚合物肋条以一定角度的连续网孔平行挤出而成。较大的孔径使其形成了像网一样的结构，同时能承受一定的法向压力而不显著减小孔径。其设计功能主要应用在排水领域，即需要输导各种液体的地方。在土中需和外包无纺织物反滤层构成土工复合材料使用。土工网主要用作挡土墙墙背和原边坡地下水出逸处的排水；用作建筑物地基、运动场地和广场盖板下面的排水；用作公路基层或易冻土层的排水；用于填埋场沥滤液收集层或检测层；用于填埋场的地下排水系统；用于填埋场的顶部和四周的表面排水；用作预压堤下面的水平排水层。

6. 土工网垫

土工网垫是一种以聚烯烃为主要原料，经挤出菱形网与双向拉伸网复合、点焊、热收缩成形的三维多开孔结构，由于其强度高、易于和植被根系结合促进植物生长，故对控制坡面水土流失有独特效果，同时满足环保要求，是公认的绿色土工合成材料，又称为三维植被网。土工网垫主要用于公路、铁路路堑边坡和填方边坡的防护；用于无混凝土面板加筋挡土墙墙面防护；用于堤岸水位变化区和水位以上边坡的防护；用于垃圾填埋场封顶层防护；用于原混凝土

11

边坡绿化改造;用于快速草坪预植、移植。

7. 土工织物膨润土垫

土工织物膨润土垫是由土工织物或土工膜中间夹有膨润土,通过针刺、黏合或缝合在一起的防渗隔离复合材料。土工织物膨润土垫可用于环境、防护、交通、土工技术以及水利等领域。土工织物膨润土垫主要用作防渗层,它易于连接且有利于缺陷的自愈。土工织物膨润土垫用在填埋场的主衬层的土工膜下;用在填埋场的土工膜下和黏土层之间,构成三种成分的衬层;用在填埋场覆盖层中的土工膜下;放在土工膜上,用来防止粗粒料将土工膜刺破;用作地下储水井的第二层衬层;用作渠道或水池的单独衬层。

复习思考题

1. 试述土的击实特性。
2. 路基填筑材料有哪些?
3. 如何判定土的类别?
4. 土工织物的应用有哪些?
5. 工程中所用土工合成材料有哪些?

模块二　砌体工程材料

知识目标

1. 掌握岩石的定义，了解岩石的分类及矿物组成；
2. 熟悉岩石的技术性质、技术要求以及岩石在工程中的应用；
3. 掌握水泥、集料的生产、结构、构造和技术性质；
4. 了解水泥、集料的技术标准；
5. 掌握砂浆的组成材料和技术性能。

能力目标

1. 熟练操作石料抗压强度试验；
2. 掌握合理选择工程中砌体材料的方法；
3. 能对水泥、集料的常规性能指标进行检测和数据处理，并能正确判断；
4. 掌握砂浆的配合比设计方法，熟练操作砂浆稠度和抗压强度试验。

单元一　砌筑石料

由于岩石具有很高的抗压强度、良好的耐磨性和耐久性、经加工后表面美观富于装饰性、资源分布广、蕴藏量丰富、便于就地取材，所以至今在道路桥梁工程中仍然得到广泛的应用。道路建筑用岩石制品包括直接铺砌路面面层用的整齐块石、半整齐块石和不整齐块石；用作路面基层用的锥形块石、片石；挡墙工程的块石、片石等；拱桥结构和桥台护坡工程中也经常用岩石制品。另外，岩石加工后广泛用作水泥混凝土、沥青混合料的粗集料，或用作生产其他建筑材料的原料，如生产石灰、石膏、水泥等。

一、岩石的定义及分类

1. 岩石的定义

岩石是地壳发展到一定阶段，因不同地质作用而形成的由一种或多种矿物组成，且在成分和结构上具有一定规律的集合体，它是构成地壳及地幔的主要物质。岩石是构成地壳的最基本单位。

2. 岩石的分类

岩石按地质成因可分为岩浆岩、沉积岩、变质岩三大类。三大类岩石在地壳中分布是不均匀的。地壳深处和上地幔的上部主要由岩浆岩和变质岩组成，从地表向下 16km 范围内岩浆岩和变质岩的体积占 95%。地壳表面以沉积岩为主，它们约占大陆面积的 75%，洋底几乎全部为沉积物所覆盖。

(1)岩浆岩

岩浆岩是由高温熔融的岩浆在地表或地下冷凝所形成的岩石,也称火成岩。岩浆岩是在地壳发生变动或覆盖在它上面的岩层出现裂缝时,岩浆在高压下沿着地壳的裂缝上升,侵入地壳上部或喷出地壳,冷却凝固后而形成的岩石。常见的岩浆岩有花岗岩、正长岩、玄武岩、安山岩等。

(2)沉积岩

沉积岩也称水成岩,是在地表条件下由风化作用、生物作用和火山作用的产物,经水、空气和冰川等外力的搬运、沉积和成岩固结而形成的岩石。由于物质是一层一层沉积下来的,所以其构造是层状的。这种层状构造称为沉积岩的层理,每一层都具有一个面,称为层面。层面与层面之间的距离为层的厚度。沉积岩的特性是密度小、孔隙率和吸水率大、强度较低、耐久性也较差,但它分布广,覆盖的面积约占地表总面积的75%,加工容易,所以工程上应用很广。常见的沉积岩有石灰岩、页岩、砂岩、砾岩、石膏、白垩、硅藻土等,散粒状的有黏土、砂、卵石等。

(3)变质岩

变质岩是地壳中原有的岩石在地质运动过程中受到高温、高压的作用,在固态下发生矿物成分、结构构造和化学成分变化形成的新岩石。建筑中常用的变质岩有大理岩、石英岩、片麻岩、板岩等。

二、岩石的技术性质

1. 物理性质

(1)密度

岩石的密度(又称真实密度)是指岩石在规定条件($105℃ ± 5℃$ 烘干至恒重,试验温度 $20℃$)下,单位真实体积(不含孔隙的矿质实体的体积)的质量。

岩石的密度与其矿物组成、孔隙率等因素有关。通常情况下,表观密度大的石材,孔隙率小、抗压强度高、耐久性好、导热性好。

(2)毛体积密度

岩石的毛体积密度是其在规定条件下,单位毛体积(包括矿质实体、闭口孔隙和开口孔隙)的质量。

(3)吸水性

岩石的吸水性是在规定条件下吸水的能力,采用吸水率表示。岩浆深成岩以及许多变质岩的吸水率都很小,如花岗岩的吸水率通常小于0.5%,而沉积岩由于形成条件、密实程度与胶结情况有所不同,因而孔隙率与孔隙特征的变动很大,导致岩石吸水率的波动也很大。

(4)耐水性

岩石的耐水性以软化系数表示,岩石中含有较多的黏土或易溶物质时,软化系数则较小,其耐水性较差。根据软化系数大小,可将岩石的耐水性分为高、中、低三个等级。

(5)抗冻性

岩石的抗冻性是采用岩石在水饱和状态下能经受的冻融循环次数(强度降低不超过25%、质量损失不超过5%、无贯穿裂缝)来表示的。根据能经受的冻融循环次数,可将岩石分为5、10、15、25、50、100、200等标号。

2. 力学性质

公路与桥梁工程结构物中所用石料,应具备一定力学性质,如岩石抗压强度、磨耗性等。

(1)抗压强度

岩石的抗压强度分为9个强度等级，即MU100、MU80、MU60、MU50、MU40、MU30、MU20、MU15和MU10。公路工程用岩石是以6个边长为50mm±2mm的立方体或直径与高均为50mm±2mm的圆柱体试件的抗压强度平均值确定划分的；桥梁工程用岩石是以6个边长为70mm±2mm的立方体试件的抗压强度平均值确定划分的。也可以采用其他边长的试件进行测试，但结果需进行换算。

（2）耐磨性

耐磨性是指岩石在使用条件下抵抗摩擦、边缘剪切以及冲击等复杂作用的性质。岩石的耐磨性与其内部组成矿物的硬度、结构、构造特征以及岩石的抗压强度和冲击韧性等性质有关。岩石耐磨性用磨耗率表示。凡是用于可能遭受磨损作用的场所，例如道路路面等，都应采用具有高耐磨性的石材。

三、岩石的技术要求

工程实际中所采用的岩石必须满足一定的技术要求，该要求就是岩石的技术指标。

1. 公路工程岩石的技术分级

按公路工程对各种不同组成结构的岩石的不同技术要求，可将自然界的岩石划分为四大类：

（1）岩浆岩类：花岗岩、正长岩、辉长岩、辉绿岩、闪长岩、橄榄岩、玄武岩、安山岩、流纹岩等。

（2）石灰岩类：石灰岩、白云岩、泥灰岩、凝石岩等。

（3）砂岩和片岩类：石英岩、砂岩、片麻岩、花岗片麻岩等。

（4）砾石类。

按我国公路工程所采用的岩石标准，各类岩石可按其主要的物理—力学性质（饱水状态的抗压强度和磨耗率）划分为以下四个等级：

1级：最坚硬的岩石。

2级：坚硬的岩石。

3级：中等强度的岩石。

4级：较软的岩石。

2. 公路工程岩石技术标准

公路工程用岩石根据上述分类和分级方法，对各岩类的各级岩石的技术指标要求见表2-1。在公路工程中，可根据工程结构特点、有关技术要求、用途以及当地岩石资源选用合适的岩石。

公路工程岩石技术性质　　　　　　表2-1

岩石类别	主要岩石名称	岩石等级	技术标准		
			极限抗压强度（饱水状态）(MPa)	磨耗率(%)	
				洛杉矶试验法	狄法尔试验法
I 岩浆岩类	花岗岩、正长岩、辉长岩、辉绿岩、闪长岩、橄榄岩、玄武岩、安山岩、流纹岩	1	>120	<25	<4
		2	100~120	25~30	4~5
		3	80~100	30~45	5~7
		4	—	45~60	7~10

续上表

岩石类别	主要岩石名称	岩石等级	技术标准		
			极限抗压强度（饱水状态）(MPa)	磨耗率(%)	
				洛杉矶试验法	狄法尔试验法
石灰岩类	石灰岩、白云岩、泥灰岩、凝石岩等	1	>100	<30	<5
		2	80~100	30~35	5~6
		3	60~80	35~50	6~12
		4	30~60	50~60	12~20
砂岩和片岩类	石英岩、砂岩、片麻岩、花岗片麻岩等	1	>100	<30	<5
		2	80~100	30~35	5~7
		3	50~80	35~50	7~10
		4	30~50	45~50	10~15
砾石类	—	1		<20	<5
		2		20~30	7~25
		3		30~50	12~37
		4		50~60	12~20
试验方法			JTG E41—2005	JTG E41—2005	JTG E41—2005

单元二 水 泥

一般土木建筑工程通常采用的水泥主要是指现行行业标准《通用硅酸盐水泥 国家标准第1号修改单》（GB175—2007/XG1—2009）规定的六大品种水泥，简称通用水泥，即硅酸盐水泥、普通硅酸盐水泥、矿渣硅酸盐水泥、火山灰质硅酸盐水泥、粉煤灰硅酸盐水泥和复合硅酸盐水泥。除此之外，还有专用水泥，如道路水泥，某种性能比较突出的水泥，如快硬硅酸盐水泥、低热矿渣硅酸盐水泥、膨胀硫铝酸盐水泥等。

一、水泥的组成及生产

通用硅酸盐水泥是以硅酸盐水泥熟料和适量的石膏及规定的混合材料制成的水硬性胶凝材料。通用硅酸盐水泥按混合材料的品种和掺量分为硅酸盐水泥、普通硅酸盐水泥、矿渣硅酸盐水泥、火山灰质硅酸盐水泥、粉煤灰硅酸盐水泥和复合硅酸盐水泥等。

1. 硅酸盐水泥的生产

生产硅酸盐水泥熟料的原料主要是石灰质原料和黏土质原料两大类。石灰质原料（如石灰石、白垩、石灰质凝灰岩等）主要提供 CaO，黏土质原料（如黏土、黏土质页岩、黄土等）主要提供 SiO_2、Al_2O_3 和 Fe_2O_3。有时当两种原料化学组成不能满足要求时，还要加入少量校正原料（如硅藻土、黄铁矿渣等）加以调整。

硅酸盐水泥的生产工艺可概括为"两磨一烧"。

(1)生料的磨细:把各种原料按适当的比例配合,在粉磨机中磨细成生料。

(2)生料的煅烧:将制备好的生料入窑,煅烧至1450℃左右,生料中的CaO、SiO_2、Al_2O_3、Fe_2O_3经过复杂的化学反应,生成以硅酸钙为主要成分的硅酸盐水泥熟料。

(3)熟料的磨细:为调节水泥的凝结速度,在硅酸盐水泥熟料中加入质量约为3%的石膏共同磨细,即为硅酸盐水泥。

水泥的生产工艺过程见图2-1。

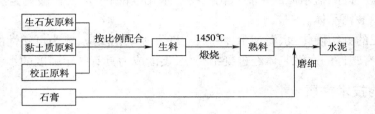

图2-1 水泥生产工艺流程图

2.硅酸盐水泥熟料的矿物组成和特性

硅酸盐水泥熟料是由主要含CaO、SiO_2、Al_2O_3、Fe_2O_3的原料,按适当比例磨成细粉烧至部分熔融,并以硅酸钙为主要矿物成分的水硬性胶凝物质。

硅酸盐水泥熟料主要由四种矿物组成,其矿物组成和特性见表2-2。

硅酸盐水泥熟料的矿物组成和特征 表2-2

矿物组成	化学组成	简式	质量分数(%)	与水反应速度	水化热	抗压强度	
						早期	后期
硅酸三钙	$3CaO \cdot SiO_2$	C_3S	35~65	快	较大	最高	
硅酸二钙	$2CaO \cdot SiO_2$	C_2S	10~40	最慢	最小	低	高
铝酸三钙	$3CaO \cdot Al_2O_3$	C_3A	0~15	最快	最大	低	
铁铝酸四钙	$4CaO \cdot Al_2O_3 \cdot Fe_2O_3$	C_4AF	5~15	较快	中	低	

(1)硅酸三钙

硅酸三钙是硅酸盐水泥中最主要的矿物组分,它对硅酸盐水泥的性质有重要影响。硅酸三钙水化速度较快,水化热高,且早期强度高。

(2)硅酸二钙

硅酸二钙在硅酸盐水泥中也为主要矿物成分。遇水时与水反应较慢,水化热很低,硅酸二钙的早期强度较低而后期强度高,耐化学侵蚀性和干缩性较好。

(3)铝酸三钙

铝酸三钙是四种组分中遇水反应速度最快,水化热最高的组分。铝酸三钙的含量决定水泥的凝结速度和释热量。通常,为调节水泥凝结速度,需掺入石膏或硅酸三钙与石膏形成的水化产物,对提高水泥的早期强度起到一定的作用。铝酸三钙耐化学侵蚀性差,干缩性大。

(4)铁铝酸四钙

铁铝酸四钙遇水反应较快,水化热较高。强度较低,但对水泥抗折强度起重要作用。耐化学侵蚀性好,干缩性小。

水泥是由多种矿物组成的,改变各矿物组分之间的比例,则可生产各种性能特异的水泥。例如,提高 C_3S 含量可以制得强度较高的高强水泥;降低 C_3A 和 C_3S 含量,提高 C_2S 含量则可制得低热大坝水泥;提高 C_4AF 和 C_3S 含量则可制得抗弯拉强度高的道路水泥。

3. 硅酸盐水泥的水化、凝结硬化

硅酸盐水泥的水化:硅酸盐水泥颗粒与水接触后,立即发生水化反应,生成各种水化产物并放出一定热量。硅酸盐水泥的主要水化产物有水化硅酸钙、水化铁酸钙、氢氧化钙、水化铝酸钙和水化硫铝酸钙晶体。

硅酸盐水泥的凝结硬化:水泥加水拌和后立即发生水化反应,成为可塑性的水泥浆。随着时间的推延,具有塑性的水泥浆体经过凝结硬化,逐渐成为具有一定强度的水泥石。

二、水泥的技术性质

水泥的技术性质包括化学性质和物理力学性质两种。

1. 化学性质

研究水泥的化学性质的主要目的是控制水泥中有害化学成分的含量,为了保证水泥的使用质量,要求其不超过一定的限量。若超过最大允许限量,即意味着对水泥性能和质量可能会产生有害或潜在影响。

(1) 氧化镁含量

在水泥熟料中,常含有少量未与其他矿物结合的游离氧化镁,这种氧化镁是高温时形成的方镁石,它水化为氢氧化镁的速度很慢,常在水泥硬化以后才开始水化,产生体积膨胀,可导致水泥石结构产生裂缝甚至破坏。

(2) 三氧化硫含量

水泥中的三氧化硫主要是在生产时为调节凝结时间加入石膏而产生的。石膏超过一定限量后,水泥的性能会变坏,甚至引起硬化后水泥石体积膨胀,导致结构破坏。

(3) 烧失量

水泥煅烧不佳或受潮后,均会导致烧失量增加。水泥烧失量的测定方法是将水泥试样在 950~1000℃ 下灼烧 15~20min 后冷却至室温并称量,如此反复灼烧直至恒重,水泥试样灼烧后质量损失率即为水泥烧失量。

(4) 不溶物含量

水泥中不溶物含量的测定方法是将水化用盐酸溶解后滤去不溶残渣,经碳酸钠处理后再用盐酸中和,高温灼烧至恒重后称量,灼烧后不溶物质量占试样总质量的比例即为不溶物含量。

(5) 氯离子含量

水泥中氯离子含量不大于 0.06%。

2. 物理力学性质

(1) 细度

细度是指水泥颗粒的粗细程度。水泥颗粒越细,水化面积越大,水化速度越快,水化越充分,凝结速度也越快,早期强度越高,析水量越少。但颗粒过细,标准稠度用水量增大,在空气中的硬化收缩也增大,使水泥混凝土出现裂缝的可能性增加;且粉磨耗能增加,成本增高,不宜长期储存。

水泥细度有如下两种表示方法：
①筛析法：以80μm(45μm)方孔筛上的筛余量百分率(%)表示。
②比表面积法：以每千克水泥总表面积(m^2)表示。

(2)水泥净浆的标准稠度

为使水泥凝结时间和安定性的测定结果具有可比性，必须采用标准稠度的水泥净浆。标准稠度用水量可采用标准法（试杆法）和代用法（试锥法）测定。试杆法采用维卡仪测定，以试杆沉入净浆并距底板6mm±1mm的水泥净浆作为标准稠度的水泥净浆。其拌和用水量为该水泥的标准稠度用水量P，以水泥质量的百分比(%)表示。

(3)凝结时间

水泥的凝结时间分为初凝时间和终凝时间。初凝时间是从水泥全部加入水中到水泥浆体开始失去塑性的时间；终凝时间是从水泥全部加入水中到水泥浆体完全失去塑性的时间。水泥的凝结时间对水泥混凝土的施工有重要意义。初凝时间太短，将影响混凝土混合料的运输和浇筑；终凝时间过长，则影响混凝土工程的施工进度。

(4)体积安定性

水泥体积安定性是指水泥在凝结硬化过程中体积变化的均匀性。各种水泥在凝结硬化过程中，若产生不均匀的体积变化，将在混凝土内部产生破坏应力，降低混凝土的强度，严重者可导致混凝土产生裂缝或崩溃，即水泥体积安定性不良。

影响体积安定性的因素主要为：熟料中游离氧化钙的含量过多；熟料中游离氧化镁的含量过多；水泥中掺入的石膏过多。这些成分在水泥硬化后继续水化，体积膨胀，造成水泥石开裂。

由游离氧化钙造成的体积安定性不良的检验可采用沸煮法进行，采用雷氏法为标准法，试饼法为代用法。当有矛盾时，以标准法为准。

(5)强度

水泥的强度是在外力作用下，抵抗破坏的能力。水泥强度是确定水泥强度等级的主要依据，强度越高，承受荷载的能力越强，胶结能力也越大。

我国采用水泥胶砂强度来表示水泥强度。按《水泥胶砂强度检验方法（ISO法）》(GB/T 1767—1999)规定，水泥胶砂强度是以1:3的水泥和中国ISO标准砂，按0.5的水灰比，用标准方法制成40mm×40mm×160mm的标准试件，在标准养护条件下，达到规定龄期(3d、28d)时，测定其抗弯拉强度和抗压强度，按规定龄期的抗弯拉强度和抗压强度来划分水泥强度等级。各强度等级水泥的各龄期强度不得低于国家标准规定的数值。

三、水泥的技术标准

通用硅酸盐水泥的技术标准，按国标《通用硅酸盐水泥　国家标准第1号修改单》(GB 175—2007/XG1—2009)的规定列于表3-5。

硅酸盐水泥的强度等级分为42.5、42.5R、52.5、52.5R、62.5、62.5R 6个等级。普通硅酸盐水泥的强度等级分为42.5、42.5R、52.5、52.5R 4个等级。

矿渣硅酸盐水泥、火山灰质硅酸盐水泥、粉煤灰硅酸盐水泥和复合硅酸盐水泥的强度等级分为32.5、32.5R、42.5、42.5R、52.5、52.5R 6个等级。

按早期(3d)强度的大小又将水泥分为普通型和早强型（或称R型）。早强型水泥3d的抗压强度较同强度等级的普通型水泥提高10%~24%。

不同品种、不同强度等级的通用硅酸盐水泥，其不同龄期的强度应符合表2-3的规定。

通用硅酸盐水泥的技术指标(GB 175—2007/XG1—2009)　　表2-3

品种	细度	凝结时间 初凝(min)	凝结时间 终凝(min)	安定性(沸煮法)	强度(MPa)	不溶物含量(质量分数)(%)		水泥中氧化镁含量(质量分数)(%)	水泥中三氧化硫含量(质量分数)(%)	烧失量(%)	
						I型	II型			I型	II型
硅酸盐水泥	比表面积(>300)(m²/kg)	≥45	≤390	必须合格	GB/T 17671	≤0.75	≤1.5	5.0①	≤3.5	≤3.0	≤3.5
普通硅酸盐水泥	比表面积(300)(m²/kg)							5.0①	≤3.5	≤3.5	
矿渣硅酸盐水泥	80μm方孔筛筛余(≤10)(%)或45μm方孔筛筛余(≤30)(%)	≥45	≤600					P·S·A　P·S·B　≤6.0② 　—	≤4.0	≤5.0	
火山灰质硅酸盐水泥								≤6.0②	≤3.5	≤10.0	
粉煤灰硅酸盐水泥											
复合硅酸盐水泥	GB/T 8074 GB/T 1345	GB/T 346			GB/T 17671			GB/T 176			

注:①如果水泥压蒸试验合格,则水泥中氧化镁的质量分数允许放宽到6.0%。
②如果水泥中氧化镁的质量分数大于6.0%时,需进行水泥压蒸试验安定性试验并合格。
③水泥中氯离子的质量分数不大于0.06%。当有更低要求时,该指标由买卖双方确定。
④水泥中碱含量按$Na_2O+0.658K_2O$计算值表示。若使用活性集料,用户要求提供低碱水泥时,水泥中的碱含量应不大于0.60%或由买卖双方协商确定。

不同品种、不同强度等级的通用硅酸盐水泥,其不同龄期的强度应符合表2-4的规定。

通用硅酸盐水泥的强度指标(GB 175—2007/XG1—2009)　　表2-4

品种	强度等级	抗压强度(MPa) 3d	抗压强度(MPa) 28d	抗弯拉强度(MPa) 3d	抗弯拉强度(MPa) 28d
硅酸盐水泥	42.5	≥17.0	≥42.5	≥3.5	≥6.5
	42.5R	≥22.0		≥4.0	
	52.5	≥23.0	≥52.5	≥4.0	≥7.0
	52.5R	≥27.0		≥5.0	
	62.5	≥28.0	≥62.5	≥5.0	≥8.0
	62.5R	≥32.0		≥5.5	
普通硅酸盐水泥	42.5	≥17.0	≥42.5	≥3.5	≥6.5
	42.5R	≥22.0		≥4.0	
	52.5	≥23.0	≥52.5	≥4.0	≥7.0
	52.5R	≥27.0		≥5.0	
矿渣硅酸盐水泥 火山灰质硅酸盐水泥 粉煤灰硅酸盐水泥 复合硅酸盐水泥	32.5	≥10.0	≥32.5	≥2.5	≥5.5
	32.5R	≥15.0		≥3.5	
	42.5	≥15.0	≥42.5	≥3.0	≥6.5
	42.5R	≥19.0		≥4.0	
	52.5	≥21.0	≥52.5	≥4.0	≥7.0
	52.5R	≥23.0		≥4.5	

《通用硅酸盐水泥　国家标准第1号修改单》(GB 175—2007/XG1—2009)规定:凡是检验结果符合化学指标、凝结时间、安定性、强度的,规定为合格品;检验结果不符合化学指标、凝结时间、安定性、强度中的任何一项技术要求的,为不合格品。

四、水泥材料的应用

1. 硅酸盐水泥的特性和应用

硅酸盐水泥与其他通用水泥相比,具有如下特性和应用:

(1)硬化快、强度高。硅酸盐水泥凝结硬化快,早期、后期强度都很高,所以适用于早期强度要求高和重要结构的高强混凝土、预应力钢筋混凝土和耐磨混凝土工程。

(2)水化热高。硅酸盐水泥中 C_3S 和 C_3A 含量高,混合材料少,且比表面积大,因此早期放热量大,放热速度快,所以适用于冬季施工的混凝土工程。但不适用于大体积混凝土工程。

(3)抗冻性好。硅酸盐水泥石具有很高的密实度,且具有对抗冻性有利的孔隙特征,因此适用于严寒地区、遭受反复冻融和有抗冻性要求的混凝土工程。

(4)耐热性差。当温度为100~250℃时,水泥石的强度并不降低;当温度为250~300℃时,水化物开始脱水,水泥石强度开始下降;当温度为700~1000℃时,水泥石结构几乎完全破坏,所以硅酸盐水泥不适用于有耐热、耐高温要求的混凝土工程。

(5)耐蚀性差。硅酸盐水泥石中含有很多的氢氧化钙和水化铝酸钙,所以不适用于有流动、压力水作用的混凝土工程,也不适用于受海水、矿物水、硫酸盐等侵蚀介质作用的混凝土工程。

2. 其他五种水泥的特性和应用

硅酸盐水泥、普通硅酸盐水泥、矿渣硅酸盐水泥、火山灰质硅酸盐水泥、粉煤灰硅酸盐水泥等水泥在土建工程中应用广泛。工程中使用这些水泥时,应根据环境条件和工程特点,合理选择水泥品种。为了便于比较,现将上述五种水泥的主要特性及适用范围列于表2-5。

五、水泥石的腐蚀及防护

1. 水泥石腐蚀的定义

在正常环境中,用硅酸盐类水泥配制成的混凝土中水泥石强度将不断增大,但在某些环境中,水泥石的强度反而降低,甚至引起混凝土结构的破坏,这种现象称为水泥石的腐蚀。

2. 水泥石腐蚀的类型

(1)溶析性侵蚀。溶析性侵蚀又称溶出侵蚀或淡水侵蚀,即硬化后混凝土中的水泥水化产物被淡水溶解并带走的一种侵蚀现象。在水泥的水化产物中,氢氧化钙在水中的溶解度最大,首先被溶出。在水量小、静水或无压情况下,由于氢氧化钙的迅速溶出,周围的水很快饱和,溶出作用也就终止。但在水量大、流动或有压力的水中,由于氢氧化钙不断被溶析,不仅降低了混凝土的密度和强度,还导致水化硅酸钙和水化铝酸钙的分解,从而引起结构的破坏。

(2)硫酸盐侵蚀。海水、沼泽水和工业污水中常含有硫酸盐(如硫酸钠、硫酸钾),它们与水泥石中的氢氧化钙反应生成硫酸钙。在硫酸盐浓度较高时,硫酸钙在水泥石孔隙中结晶体积膨胀,导致水泥石破坏;在硫酸盐浓度较低时,硫酸钙与水泥中的水化铝酸钙作用,生成水化硫铝酸钙(钙矾石),其体积可增大1.5倍,使水泥石产生很大的内应力,造成膨胀开裂以致破坏。

五种水泥的主要特征及适用范围　　　　　　　　表 2-5

名称		硅酸盐水泥	普通硅酸盐水泥	矿渣硅酸盐水泥	火山灰质硅酸盐水泥	粉煤灰硅酸盐水泥
特性	硬化速度	快	较快	慢	慢	慢
	早期强度	高	较高	低	低	低
	水化热	高	高	低	低	低
	抗冻性	好	好	差	差	差
	耐热性	差	较差	好	较差	较差
	干缩性	小	小	较大	较大	较小
	抗渗性	较好	较好	差	较好	较好
	耐蚀性	较差	较差	较强	除混合材料含三氧化二铝较多者抗硫酸盐腐蚀性较弱外，一般均较强	
	泌水性	较小	较小	明显	小	大
适用条件		一般地上工程，无腐蚀、无压力水作用工程；要求早期强度较高和低温施工无蒸汽养护的工程；有抗冻性要求的工程		一般地上、地下和水中工程；有硫酸盐侵蚀的工程；大体积混凝土工程；有耐热性要求的工程；有蒸汽养护的工程	除不适于有耐热性要求的工程外，其他与矿渣硅酸盐水泥相同	与火山灰质硅酸盐水泥相同
不适用条件		大体积混凝土工程；有腐蚀作用和压力水作用的工程		要求早期强度高的工程；有耐冻性要求的工程	与矿渣硅酸盐水泥各项相同；干热地区和耐磨性要求较高的工程	与矿渣硅酸盐水泥各项相同；有抗碳化要求的工程

（3）镁盐侵蚀。在海水、地下水中常含有镁盐，如氯化镁、硫酸镁。镁盐与水泥石中的氢氧化钙反应，生成无胶结能力的氢氧化镁和易溶于水的氯化钙，或生成硫酸钙而引起硫酸盐的破坏。因此，硫酸镁对水泥石起着镁盐和硫酸盐的双重腐蚀作用。

（4）碳酸侵蚀。在工业污水或地下水中常溶解较多的二氧化碳，碳酸与水泥石中的氢氧化钙作用，生成不溶于水的碳酸钙，碳酸钙再与水中的碳酸作用生成易溶于水的碳酸氢钙，使水泥石的强度下降。

3. 水泥石腐蚀的防护

（1）根据腐蚀环境特点合理选用水泥品种

选用混合材水泥，减少水泥石中氢氧化钙和水化铝酸钙的含量，可提高抗淡水侵蚀和硫酸盐侵蚀的能力。

（2）提高水泥石的密实度

合理设计混凝土配合比、降低水灰比、合理选择集料、掺加外加剂及采用机械施工等方法，可以提高水泥石的密实度，增强其抗腐蚀能力。

（3）敷设耐蚀保护层

当腐蚀作用较强时，可在混凝土表面敷设耐腐蚀性强的保护层。保护层可采用耐酸石料、耐酸陶瓷、玻璃、塑料或沥青等。

单元三 集 料

一、集料的定义及分类

集料也称骨料,是指在混合料中起骨架或填充作用的粒料,包括碎石、卵石、石屑、人工砂、天然砂等。工程上按照集料粒径的大小和所起的作用,一般将集料分为细集料和粗集料两类。在混凝土中,粒径小于 4.75mm 的天然砂、人工砂为细集料;粒径大于 4.75mm 的碎石、卵石和破碎卵石为粗集料。在沥青混合料中,粒径小于 2.36mm 的天然砂、人工砂和石屑为细集料;粒径大于 2.36mm 的碎石、破碎卵石、筛选卵石和矿渣等为粗集料。

碎石是指经开采并按一定尺寸加工而成的有棱角的岩石颗粒。

卵石是指岩石经自然风化、水流搬运和堆积而成的,粒径在 2~60mm 的岩石颗粒。天然砂是指由自然风化、水流冲刷、堆积形成的,粒径小于 4.75mm 的岩石颗粒,按生存环境分为山砂、河砂和海砂等。

河砂的颗粒表面圆滑,比较洁净,质地较好,产地广泛。海砂虽然具有河砂的特点,但因其形成在海中,所以常混有贝壳碎片和盐等有害杂质。山砂的颗粒表面粗糙有棱角,含泥量和有机质含量较大。人工砂是指经人为加工处理得到的符合规格要求的细集料,通常指岩石加工过程中采取真空抽吸等方法除去大部分土和细粉,或将石屑水洗得到的洁净的细集料。从广义上分类,机制砂、矿渣砂和煅烧砂都属于人工砂。机制砂是由碎石及卵石经制砂机反复破碎加工至粒径小于 2.36mm 的人工砂,也称破碎砂。石屑是采石场加工碎石时通过最小筛孔(通常为 2.36mm 或 4.75mm)的筛下部分,也称筛屑。混合砂是由天然砂、人工砂、机制砂或石屑等按一定比例混合形成的细集料的统称。

二、集料的技术性质

1. 物理性质

(1) 密度

密度是指在一定条件下测量的单位体积的质量,单位为 kg/m^3 或 g/cm^3,通常以 ρ 表示。对于材料内部没有孔隙的匀质材料,测定的密度只有一种。但对于工程上用的粗集料,由于其状态及测定条件的不同,便衍生出各种各样的"密度"。计算密度用的质量有干燥质量与潮湿质量两种,计算用的体积由于所包含集料内部的孔隙情况不同(图 2-2),因而计算结果就不一样,由此得出不同的密度定义,如真实密度(真密度)、表观密度(视密度)、毛体积密度(绝干毛体积密度)、表干密度(表干毛体积密度)和堆积密度等。

工程上常用相对密度而少用密度,相对密度是密度与试验温度水的密度的比值,是一个无量纲的物理量。

①真实密度:集料的真实密度是粗集料在规定条件(105℃±5℃烘干至恒重,试验温度20℃)下,单位真实体积(不含孔隙的矿质实体的体积)的质量。

集料的真实密度可以用式(2-1)进行计算:

$$\rho_t = \frac{m_s}{V_s} \quad (2\text{-}1)$$

式中:ρ_t——集料的真实密度,g/cm^3;

m_s——集料的矿质实体质量,g;
V_s——集料的矿质实体体积,cm³。

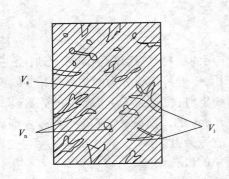
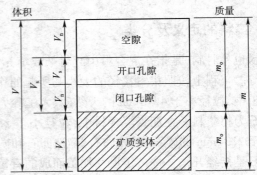

图2-2 集料组成内部示意图

真实相对密度的测定原理:在测定有孔隙的集料密度时,应把集料磨成细粉以排除其内部孔隙,在105℃±5℃烘干至恒重,冷却后称得其质量,然后在密度瓶中加水煮沸后,使水充分进入闭口孔隙中,冷却后再将水注满,称得其质量;倒出集料与水的混合液,洗净后注满水,再称取质量,集料的真实相对密度按式(2-2)计算。

$$\gamma = \frac{m_2}{m_1 + m_2 - m_3} \tag{2-2}$$

式中:γ——集料的真实相对密度,即集料的密度与4℃的纯水密度之比;
m_1——烘干集料的质量,g;
m_2——密度瓶与水的总质量,g;
m_3——密度瓶、水与集料的总质量,g。

②表观密度:集料的表观密度是在规定条件(105℃±5℃烘干至恒重)下,单位表观体积(包括矿质实体和闭口孔隙的体积)的质量。集料的表观密度按式(2-3)计算。

$$\rho_a = \frac{m_s}{V_s + V_n} \tag{2-3}$$

式中:ρ_a——集料的表观密度,g/cm³;
m_s——集料的矿质实体质量,g;
V_s——集料的矿质实体体积,cm³;
V_n——集料的矿质实体中闭口孔隙体积,cm³。

③毛体积密度:集料的毛体积密度是材料在规定条件(105℃±5℃烘干至恒重)下,单位毛体积(包括矿质实体、闭口孔隙和开口孔隙)的质量。集料的毛体积密度可以用式(2-4)进行计算:

$$\rho_b = \frac{m_s}{V_s + V_n + V_i} \tag{2-4}$$

式中: ρ_b——集料的毛体积密度,g/cm³;
V_s、V_n 和 V_i——集料的矿质实体、闭口孔隙和开口孔隙的体积,cm³;
m_s——集料的矿质实体质量,g。

④表干密度:集料的表干密度是指其计算单位体积与毛体积密度相同,但计算质量以表干

质量(饱和面干状态,包括了吸入开口孔隙中的水)为准。

⑤堆积密度:集料的堆积密度是粗集料[包括矿质实体、颗粒空隙(颗粒之间的)和孔隙(开口和闭口孔隙)]在内的单位体积的质量。根据集料所处的状态不同可以分为自然堆积状态、振实状态和捣实状态下的堆积密度。

集料的堆积密度可以用式(2-5)进行计算:

$$\rho = \frac{m}{V} \tag{2-5}$$

式中:ρ——集料的堆积密度,g/cm³;
V——容器的体积,cm³;
m——填满容器的集料质量,g。

集料的堆积密度可采用标准漏斗和容量筒测定。

⑥空隙率(间隙率):空隙率是指集料颗粒之间空隙体积占集料总体积的百分率。水泥混凝土用集料在振实状态下的空隙率可以用式(2-6)进行计算:

$$n = \left(1 - \frac{\rho}{\rho_a}\right) \times 100\% \tag{2-6}$$

式中:n——水泥混凝土用集料的孔隙率,%;
ρ_a——集料的表观密度,kg/m³;
ρ——集料的堆积密度,kg/m³。

(2)含水率

集料的含水率是指集料所含水分与集料烘干(105℃±5℃烘干至恒重)后的质量之比。集料的含水率可以用式(2-7)进行计算:

$$w = \frac{m_1 - m_0}{m_0} \times 100\% \tag{2-7}$$

式中:w——集料的含水率,%;
m_1——集料烘干前的质量,g;
m_0——集料烘干后的质量,g。

(3)级配

级配是指粗集料中各种粒径颗粒在集料中所占的比例,该比例采用标准筛并通过筛分试验确定。

标准筛:对集料进行筛分试验用的符合标准形状和尺寸规格要求的系列筛。标准筛筛孔为正方形(方孔筛),筛孔尺寸依次为75mm、63mm、53mm、37.5mm、31.5mm、26.5mm、19mm、16mm、13.2mm、9.5mm、4.75mm、2.36mm、1.18mm、0.6mm、0.3mm、0.15mm、0.075mm。测出各个筛上的筛余量,根据各筛孔上筛余量占集料试样总质量的百分比,就可求得一系列与级配有关的参数,即分计筛余百分率(各筛上的筛余量占集料总质量的百分率)、累计筛余百分率(该筛上的分计筛余百分率与大于该筛的各筛上的分计筛余百分率的总和)和质量通过百分率(集料中小于该筛的颗粒质量占总质量的百分率)。根据试验条件不同分为干筛法和水洗法。对水泥混凝土用集料采用干筛法。

2.力学性质

粗集料的力学性质主要有压碎性和磨耗性。另外,路面抗滑表层用的粗集料还必须具备一定的抗磨耗、抗磨光和抗冲击能力。粗集料的力学性质主要为压碎性。

(1) 压碎值

压碎值是按规定方法测得的集料抵抗压碎的能力,也是集料强度的相对指标,用以测定集料品质、评价其在公路工程中的适用性。它以压碎试验后小于规定粒径的集料质量百分率表示。

(2) 磨耗值

按规定方法测得的粗集料抵抗磨耗作用的能力,其测定方法有洛杉矶法、狄法尔法和道瑞法。

(3) 磨光值

按规定方法测得的粗集料抵抗轮胎磨光作用的能力,即粗集料被磨光后用摆式仪测得的摩擦系数。在公路上,经过一段时间的车辆荷载后,路面向汽车提供抗滑能力是以粗集料为主,所以对路面面层用粗集料,应检测其磨损后的摩擦系数。粗集料磨光值越高,表示其在车轮作用后的抗滑性越好。

(4) 冲击值

冲击值是指粗集料抵抗多次重复荷载作用的性能,可采用冲击试验仪测定。粗集料冲击值试验用以测定路面用粗集料抗冲击的性能,以击碎后粒径小于2.36mm部分的质量分数表示。

3. 坚固性

除将岩石加工成规则试块进行抗冻性和坚固性试验外,对已轧制成的集料也可采用规定级配的各粒级集料,按《公路工程集料试验规程》(JTG E42—2005)选取规定数量,分别装在饱和硫酸钠溶液中进行干湿循环试验。经5次循环后,观察其表面破坏情况,并用质量损失百分率来计算其坚固性(也称安定性)。

单元四 砂 浆

砂浆是由无机胶凝材料、细集料、掺合料、水以及根据性能确定的各种组分按适当比例配合、拌制而成,在工程中起黏结、衬垫和传力作用。按其用途可分为砌筑砂浆和抹面砂浆。

一、砌筑砂浆

砌筑砂浆是将砖、石、砌块等块材经砌筑成为砌体,它可以分为水泥砂浆和水泥混合砂浆。水泥砂浆是由水泥、细集料和水配制而成的砂浆;水泥混合砂浆是由水泥、细集料、掺合料和水配制成的砂浆。对砌筑砂浆组成材料的要求、技术性能以及配合组成简述如下。

1. 组成材料

砂浆的组成材料除了不含粗集料外,基本上与混凝土的组成材料要求相同,但亦有其差异之处。

(1) 水泥

水泥宜采用通用硅酸盐水泥或砌筑水泥,且应符合现行国家标准《通用硅酸盐水泥 国家标准第1号修改单》(GB 175—2007/XG1—2009)和《砌筑水泥》(GB/T 3183—2003)的规定。水泥强度等级应根据砂浆品种及强度等级的要求进行选择。M15及以下强度等级的砌筑砂浆宜选用32.5级的通用硅酸盐水泥或砌筑水泥;M15以上强度等级的砌筑砂浆宜选用42.5级通用硅酸盐水泥。

(2) 掺合料

为提高砂浆的和易性,除水泥外还掺加各种掺合料(如石灰膏、黏土和粉煤灰等)作为结合料制成混合砂浆。生石灰熟化成石灰膏时,应用孔径不大于 3mm×3mm 的网过滤,熟化时间不得少于 7d;磨细生石灰粉的熟化时间不得少于 2d。沉淀池中储存的石灰膏,应采取防止干燥、冻结和污染的措施。严禁使用脱水硬化的石灰膏。消石灰粉不得直接用于砌筑砂浆中。

（3）砂

砌筑砂浆用砂宜选用中砂,其中毛石砌体宜选用粗砂,并应符合《普通混凝土用砂、石质量及检验方法标准》(JGJ 52—2006)的规定,且应全部通过 4.75mm 的筛孔。

（4）水

拌制砂浆用水与混凝土用水相同,应符合现行行业标准《混凝土用水标准(附条文说明)》(JGJ 63—2006)的规定。

（5）外加剂

为改善砂浆的性能、节约结合料的用量,可在砂浆中掺加减水剂、膨胀剂、微沫剂等外加剂。

（6）保水增稠材料

保水增稠材料是指为改善砂浆可操作性及保水性而在砂浆中掺加的非石灰类材料。采用保水增稠材料时,应在使用前进行试验。

2. 技术性能

新拌砂浆应具有良好的和易性,硬化后有足够的强度、黏结力和耐久性。

（1）新拌砂浆的和易性

砂浆的组成中没有粗集料,因此和易性包括流动性及保水性两方面要求。

①流动性:流动性是指新拌砂浆在自重或外力作用下,易于产生流动的性质。砂浆的流动性用稠度表示。砂浆的稠度采用砂浆稠度仪测定。

砂浆的流动性主要取决于用水量以及胶结材料的种类和用量,还有细集料的种类、颗粒形状、粗糙程度和级配等。

砂浆稠度的选择应根据砌体种类、用途、气候条件和施工方法等因素决定,按表 2-6 的规定选用。

砌筑砂浆的施工稠度　　　　　　表 2-6

砌 体 种 类	施工稠度(mm)
烧结普通砖砌体、粉煤灰砖砌体	70～90
烧结多孔砖、空心砖砌体、轻集料混凝土小型空心砌块砌体、蒸压加气混凝土砌块砌体	60～80
混凝土砖砌体、普通混凝土小型空心砌块砌体、灰砂砖砌体	50～70
石砌体	30～50

②保水性:保水性指新拌砂浆在运输和施工过程中保持水分不流失和各组分不分离的能力。保水性差的砂浆容易引起泌水、流浆、砂浆和砌筑材料的黏结和砂浆的硬化,降低砌体的强度。

砂浆的保水性用保水率表示。砂浆保水率就是吸水处理后砂浆中保留的水的质量,并用原始水量的质量分数来表示。砂浆保水性的主要与胶结材料的种类、用量和用水量,以及砂的品种、细度和用量等有关。掺有石灰膏和黏土浆的混合砂浆具有较好的保水性。

砌筑砂浆的保水率应符合表 2-7 的规定。

砌筑砂浆的保水率　　　　　　表 2-7

砂浆种类	水泥砂浆	水泥混合砂浆	预拌砌筑砂浆
保水率(%)	≥80	≥84	≥88

(2)硬化后砂浆的性质

①强度:砂浆硬化后应具有足够的强度。砂浆在圬工砌体中主要用于传递压力,所以要求砌筑砂浆应具有一定的抗压强度。砂浆抗压强度是确定其强度等级的重要依据。

砂浆抗压强度等级是以70.7mm×70.7mm×70.7mm的正立方体试件,在标准条件下(温度20℃±3℃,相对湿度:水泥混合砂浆60%~80%,水泥砂浆90%以上),用标准试验方法测得养护龄期为28d的抗压强度来确定的。水泥砂浆及预拌砌筑砂浆的强度等级可分为M5.0、M7.5、M10、M15、M20、M25、M30七个等级,混合砂浆的强度等级可分为M5.0、M7.5、M10、M15四个等级。

影响砂浆强度的因素较多,在砂浆质量一定的情况下,当砌筑密实基底时,砂浆的强度主要受水泥的强度和水灰比的影响;当砌筑多孔吸水基底时,砂浆的强度主要受水泥的强度和水泥用量的影响。

②黏结力:砂浆应具有较强的黏结力,以便将砌体材料牢固黏结成为一个整体。砂浆的黏结力与其强度密切相关,通常砂浆强度越大则黏结力越大。此外,砖石表面状态、清洁程度、湿润情况及施工养护条件也对黏结力有一定的影响。

③耐久性:圬工砂浆经常受环境水的作用,故除强度外,还应考虑抗渗、抗冻、抗侵蚀等性能。提高砂浆的耐久性,主要是提高其密实度。

3.砌筑砂浆配合比的确定

(1)现场配制水泥混合砂浆配合比计算步骤

①按式(2-8)计算砂浆试配强度($f_{m,o}$):

$$f_{m,o} = kf_2 \tag{2-8}$$

式中:$f_{m,o}$——砂浆的试配强度,精确至0.1MPa,MPa;

f_2——砂浆抗压强度平均值,精确至0.1MPa,MPa;

k——系数,按表2-8取值。

砂浆强度标准差 σ 及 k 值　　　　表2-8

施工水平	砂浆强度标准差 σ (MPa)							k
	M5	M7.5	M10	M15	M20	M25	M30	
优良	1.00	1.50	2.00	3.00	4.00	5.00	6.00	1.15
一般	1.25	1.88	2.50	3.75	5.00	6.25	7.50	1.20
较差	1.50	2.25	3.00	4.50	6.00	7.50	9.00	1.25

②计算每立方米砂浆中的水泥用量(Q_c):每立方米砂浆中的水泥用量按公式(2-9)计算。

$$Q_c = \frac{1000(f_{m,0} - \beta)}{\alpha \cdot f_{ce}} \tag{2-9}$$

式中:Q_c——每立方米砂浆的水泥用量,精确至1kg,kg;

$f_{m,0}$——砂浆的试配强度,精确至0.1MPa,MPa;

f_{ce}——水泥实测强度,精确至0.1MPa,MPa;

α、β——砂浆的特征系数,其中 $\alpha = 3.03$,$\beta = -15.09$,各地区也可用本地区试验资料确定 α、β 值,统计用的试验组数不得少于30组。

在无法取得水泥的实测强度时,按式(2-10)计算:

$$f_{ce} = \gamma_c \cdot f_{ce,k} \tag{2-10}$$

式中:$f_{ce,k}$——水泥强度等级对应的强度值,MPa;

γ_c——水泥强度等级的富余系数,该值应按实际统计资料确定。无统计资料时,取 $\gamma_c=1.0$。

③计算每立方米砂浆中石灰膏用量(Q_D):水泥混合砂浆的石灰膏用量应按式(2-11)计算。

$$Q_D = Q_A - Q_C \qquad (2\text{-}11)$$

式中:Q_D——每立方米砂浆的石灰膏用量,精确至1kg,石灰膏、黏土膏使用时的稠度为120mm±5mm,kg;

Q_C——每立方米砂浆的水泥用料,精确至1kg,kg;

Q_A——每立方米砂浆中水泥和石灰膏的总量,1kg,可用350kg,kg。

砌筑砂浆中的水泥和石灰膏等材料的最少用量可按表2-9取值。

砌筑砂浆的材料用量 表2-9

砌筑砂浆	水泥砂浆	水泥混合砂浆	预拌砌筑砂浆
材料用量(kg/m³)	≥200	≥350	≥200

注:1. 水泥砂浆中的材料用量是指水泥用量。
2. 水泥混合砂浆中的材料用量是指水泥和石灰青、电石膏的材料总量。
3. 预拌砌筑砂浆中的材料用量是指胶凝材料用量,包括水泥和替代水泥的粉煤灰等活性矿物掺合料。

④确定每立方米砂浆中的砂用量(Q_S):应以干燥状态(含水率小于0.5%)的堆积密度作为计算值。

⑤按砂浆稠度选择每立方米砂浆用水量(Q_W):可根据砂浆稠度要求选用210~310kg;混合砂浆中的用水量不包括石灰膏或黏土膏中的水;当采用细砂时,用水量可取上限;当采用粗砂时,用水量可取下限;砂浆稠度小于70mm时,用水量可小于下限;施工现场气候炎热或干燥季节,可酌量增加用水量。

(2)现场配制水泥砂浆的试配

现场配制水泥砂浆各种材料用量可按照表2-10选用。

每立方米水泥砂浆材料用量(kg/m³) 表2-10

强度等级	水泥用量	砂用量	用水量
M5	200~230		
M7.5	230~260		
M10	260~290	砂的堆积密度值	230~330
M15	290~330		
M20	340~400		
M25	360~410		
M30	430~480		

注:1. 摘自《砌筑砂浆配合比设计规程》(JGJ/T 98—2010)。
2. M15及以下强度等级的砌筑砂浆宜选用32.5级的水泥;M15以上强度等级的砌筑砂浆宜选用42.5级的水泥。
3. 试配强度应按式(2-8)计算。
4. 当采用细砂或粗砂时,用水量分别取上限或下限。
5. 稠度小于70mm时,用水量可小于下限。
6. 施工现场气候炎热或干燥季节,可酌量增加用水量。

(3)现场配制水泥粉煤灰砂浆的试配

现场配制水泥粉煤灰砂浆的各种材料用量可按照表2-11选用。

每立方米水泥粉煤灰砂浆材料用量（kg/m³）　　　　　表2-11

强度等级	水泥和粉煤灰总量	粉煤灰用量	砂用量	用水量
M5	210~240	可占胶凝材料总量的15%~25%	砂的堆积密度值	270~330
M7.5	240~270			
M10	270~300			
M15	300~330			

注：①摘自《砌筑砂浆配合比设计规程》(JTJ/T 98—2010)。
　　②宜选用32.5级的水泥。
　　③试配强度应按公式(2-9)计算。
　　④当采用细砂或粗砂时，用水量分别取上限或下限。
　　⑤稠度小于70mm时，用水量可小于下限。
　　⑥施工现场气候炎热或干燥季节，可酌量增加用水量。

（4）预拌砌筑砂浆的试配要求

①在确定湿拌砌筑砂浆稠度时，应考虑砂浆在运输和储存过程中的稠度损失。

②湿拌砌筑砂浆应根据凝结时间要求确定外加剂掺量。

③干混砌筑砂浆应明确拌制时的加水量范围。

④预拌砌筑砂浆生产前应进行试配，试配强度按式(2-9)计算，试配时稠度取70~80mm。

⑤预拌砌筑砂浆中可掺入保水增稠材料和外加剂等，掺量应经试配后确定。

（5）砌筑砂浆配合比的调整与确定

①试配时至少应采用三个不同的配合比，其中一个配合比应为按上述方法得出的基准配合比，其余两个配合比的水泥用量应按基准配合比分别增加及减少10%。在保证稠度、保水率合格的条件下，可将用水量、石灰膏、保水增稠材料或粉煤灰等活性掺合料用量做相应调整。

②砌筑砂浆试配时稠度应满足施工要求，并应按现行行业标准《建筑砂浆基本性能试验方法标准》(JGJ/T 70—2009)分别测定不同配合比砂浆的表观密度及强度，并应选定符合试配强度及和易性要求、水泥用量最低的配合比作为砂浆的试配配合比。

③砌筑砂浆试配配合比应按下列步骤进行校正：

首先根据砂浆配合比、材料用量，按式(2-12)计算砂浆的理论表观密度：

$$\rho_t = Q_C + Q_D + Q_S + Q_w \tag{2-12}$$

式中：ρ_t——砌筑砂浆的理论表观密度，应精确至10kg/m³，kg/m³。

接着按式(2-13)计算砂浆配合比校正系数δ：

$$\delta = \frac{\rho_c}{\rho_t} \tag{2-13}$$

式中：ρ_t——砌筑砂浆的实测表观密度，应精确至10kg/m³，kg/m³。

当砌筑砂浆的实测表观密度与理论表观密度之差的绝对值不超过理论值2%时，可将上述得出的试配配合比确定为砌筑砂浆设计配合比；当超过2%时，应将试配配合比中每项材料用量均乘以校正系数δ后，确定为砌筑砂浆设计配合比。

二、抹面砂浆

涂抹于建筑物或建筑构件表面的砂浆称为抹面砂浆。由于抹面砂浆常用于桥涵圬工砌体和地下物的表面，一般对抹面砂浆的强度要求不高，但要求保水性好，且与基底的黏附性好。

按使用要求不同,抹面砂浆又分为普通抹面砂浆和防水抹面砂浆等。普通抹面砂浆可对砌体起保护作用,通常分两层或三层施工,要求砂浆具有较高的流动性和保水性,其组成可参考有关施工手册;防水砂浆主要用于隧道和地下工程,可用普通水泥砂浆制作,也可在水泥砂浆中掺入防水剂。常用的防水剂有氯化物金属盐类防水剂、水玻璃防水剂和金属皂类防水剂等。近年来还掺加高聚物涂料,使之能尽快形成密实的刚性砂浆防水层。

复习思考题

1. 硅酸盐水泥熟料是由哪些矿物成分组成的？它们在水泥中的含量对水泥的强度、反应速度和释热量有何影响？
2. 什么是水泥的初凝和终凝？凝结时间对道路与桥梁施工有何影响？
3. 如何按技术性质来判定水泥为合格品、不合格品？
4. 试述岩石在道路、桥梁工程中的应用。
5. 简述砂浆配合比设计步骤。

模块三　钢筋水泥混凝土材料

知识目标
1. 掌握水泥混凝土和钢材的生产、结构、构造和技术性质；
2. 了解水泥混凝土和钢材的技术标准；
3. 掌握普通混凝土配合比的设计步骤。

能力目标
1. 能对水泥混凝土、钢筋和钢绞线的常规性能指标进行检测和数据处理，并能正确判断；
2. 能按规范进行普通混凝土配合比的设计。

钢筋混凝土是指通过在水泥混凝土中加入钢筋与之共同工作来改善混凝土力学性质的一种复合材料。水泥混凝土是以水泥和水组成的水泥浆体为黏结介质，将分散其间的不同粒径的粗、细集料胶结起来，在一定条件下硬化成为具有一定力学性能的一种人工石材。水泥是一种无机胶凝材料。

单元一　普通混凝土

普通混凝土是以水泥和水组成的水泥浆体为黏结介质，将分散其间的不同粒径的粗集料、细集料胶结起来，在一定条件下硬化成为具有一定力学性能的一种人工石材。其中，水泥和水组成的水泥浆在混凝土凝结硬化前起润滑和填充作用，在混凝土凝结硬化后起胶结作用，将集料牢固地黏结成整体。粗集料主要起骨架作用，细集料起骨架和填充作用。在现代混凝土中，为了调节和改善混凝土性能，还加入外加剂和掺合料。

普通混凝土具有许多优点，如高抗压强度、耐久性好、原材料来源广泛、价格低廉、施工简单、易于浇筑成型等。因此，普通混凝土已成为道路桥梁工程的主要建筑材料。但普通混凝土也存在着抗拉强度低、受拉时变形能力小、容易受温度湿度变化影响而开裂和自重大拆除不易等缺点。

一、普通混凝土的分类

普通混凝土可按其干密度、强度等级和稠度等进行分类。
（1）按干密度分类
①普通混凝土。普通混凝土是指采用天然砂石为集料配制的混凝土，通常其干密度为 2000～2800kg/m³，是道桥工程最常用的混凝土。
②轻混凝土。为了减轻结构自重采用各种轻集料配制的混凝土，干密度小于 2000kg/m³。
③重混凝土。为了屏蔽各种射线的辐射而采用各种高密度集料配制的混凝土，干密度大于 2800kg/m³。

(2)按强度等级分类

①低强度混凝土:强度等级小于C30的混凝土。

②中强度混凝土:强度等级在C30～C60范围内的混凝土。

③高强度混凝土:强度等级大于C60的混凝土。

(3)按稠度分类

①干硬性混凝土:拌合物坍落度小于10mm,且须用维勃时间(s)表示其稠度的混凝土。

②塑性混凝土:拌合物坍落度为10～90mm的混凝土。

③流动性混凝土:拌合物坍落度为100～150mm的混凝土。

④大流动性混凝土:拌合物坍落度不小于160mm的混凝土。

此外,可根据工程的特殊要求,配制各种特种混凝土,如大体积混凝土、路面混凝土、防水混凝土、高性能混凝土、抗冻混凝土和抗掺混凝土等。

二、普通混凝土的组成材料

普通混凝土的技术性能主要由原材料的性质及其相对含量决定。要得到优质的普通混凝土,首先要根据《公路桥涵施工技术规范》(JTG/F 50—2011)正确选用原材料。

(1)水泥

水泥是混凝土的胶结材料,混凝土的性能很大程度上取决于水泥的质量和数量,在保证混凝土性能的前提下,应尽量节约水泥,降低工程造价。

①水泥品种的选择:配制混凝土一般可采用硅酸盐水泥、普通硅酸盐水泥、矿渣硅酸盐水泥、火山灰质硅酸盐水泥、粉煤灰硅酸盐水泥和复合硅酸盐水泥,有特殊需要时可采用快硬水泥、抗硫酸盐水泥和低热水泥等。选用水泥时,应注意使其特性不会对混凝土结构强度、耐久性和工作性能产生不利影响。当混凝土中采用碱活性集料时,宜选用含碱量不大于0.6%的低碱水泥。

采用何种水泥,应根据混凝土工程的特点、环境条件、施工条件和气候等因素,参照表3-1选用。

常用水泥品种的选用参考表 表3-1

项次	混凝土结构环境条件或特殊要求	优先使用	可以使用	不得使用
1	地面以上不接触水流的普通环境	硅酸盐水泥 普通硅酸盐水泥	矿渣硅酸盐水泥 火山灰质硅酸盐水泥 粉煤灰硅酸盐水泥	
2	干燥环境	硅酸盐水泥 普通硅酸盐水泥	矿渣硅酸盐水泥	火山灰质硅酸盐水泥 粉煤灰硅酸盐水泥
3	受水流冲刷或冰冻	硅酸盐水泥 普通硅酸盐水泥	矿渣硅酸盐水泥	火山灰质硅酸盐水泥 粉煤灰硅酸盐水泥
4	处于河床最低冲刷线以下	矿渣硅酸盐水泥 火山灰质硅酸盐水泥 粉煤灰硅酸盐水泥	硅酸盐水泥 普通硅酸盐水泥	

续上表

项次	混凝土结构环境条件或特殊要求	优先使用	可以使用	不得使用
5	严寒地区露天或寒冷地区水位升降范围内	硅酸盐水泥 普通硅酸盐水泥	矿渣硅酸盐水泥（强度等级>32.5）	火山灰质硅酸盐水泥 粉煤灰硅酸盐水泥
6	严寒地区水位升降范围内	硅酸盐水泥 普通硅酸盐水泥（强度等级>42.5）		矿渣硅酸盐水泥 火山灰质硅酸盐水泥 粉煤灰硅酸盐水泥
7	厚大体积结构施工时要求水化热低	矿渣硅酸盐水泥 粉煤灰硅酸盐水泥	普通硅酸盐水泥 火山灰质硅酸盐水泥	硅酸盐水泥 快硬水泥
8	要求快速脱模	硅酸盐水泥 快硬水泥	普通硅酸盐水泥	
9	低温环境施工要求早强	硅酸盐水泥 快硬水泥	普通硅酸盐水泥	
10	蒸汽养护	矿渣硅酸盐水泥 火山灰质硅酸盐水泥 粉煤灰硅酸盐水泥	硅酸盐水泥 普通硅酸盐水泥	
11	要求抗渗	普通硅酸盐水泥 火山灰质硅酸盐水泥 粉煤灰硅酸盐水泥	硅酸盐水泥	矿渣硅酸盐水泥
12	要求耐磨	硅酸盐水泥 普通硅酸盐水泥	矿渣硅酸盐水泥（强度等级>42.5） 快硬水泥	火山灰质硅酸盐水泥 粉煤灰硅酸盐水泥
13	接触侵蚀性环境	根据侵蚀介质种类、浓度等具体条件，按有关规定或通过试验选用		

②水泥强度等级的选择：选用的水泥强度等级应与要求配制的混凝土强度等级相适应。如果水泥强度等级选用过高，会使混凝土中水泥用量偏小，影响混凝土的工作性和耐久性；如果水泥强度等级选用过低，则会使混凝土中水泥用量太多，不经济，而且还会降低混凝土的某些技术品质，如收缩率增大等。配制中、低强度等级的混凝土时，水泥强度等级为混凝土强度等级的1.1~1.6倍；配制高强度混凝土时，水泥强度等级为混凝土强度等级的0.7~1.2倍。但是，随着混凝土要求的强度等级不断提高，现代高强混凝土并不受此比例的约束。

（2）细集料

混凝土用细集料一般应采用粒径小于4.75mm的级配良好、质地坚硬、颗粒洁净的河砂，也可使用其他天然砂或人工砂；不宜采用海砂，不得不采用时，应经冲洗处理。

普通混凝土用砂的主要技术性质如下：

①细集料的颗粒级配和细度模数。优质的普通混凝土具有较小的空隙率并且比表面积也不大，以达到所配制的混凝土有适宜的工作性和硬化后混凝土有较高强度和耐久性，同时又节约水泥的目的。细集料的分区及颗粒级配范围，见表3-2。

细集料的分区及颗粒级配范围 表3-2

筛孔尺寸(mm)		级 配 区		
		Ⅰ区	Ⅱ区	Ⅲ区
		累计筛余百分率(%)		
4.75		10~0	10~0	10~0
2.36		35~5	25~0	15~0
1.18		65~35	50~10	25~0
0.6		85~71	70~41	40~16
0.3		95~80	92~70	85~55
0.15	天然砂	100~90	100~90	100~90
	人工砂	100~85	100~80	100~75

注:细集料的实际颗粒级配与表中所列数字相比,除4.75mm和0.6mm筛孔外,其余各筛孔可以略有超出,但其超出总量不得大于5%。

水泥混凝土用细集料的级配按0.6mm筛上累计筛余百分率划分为3个级配区,细集料的级配应符合表3-2中任何一个级配区所规定的级配范围,级配范围曲线如图3-1所示。

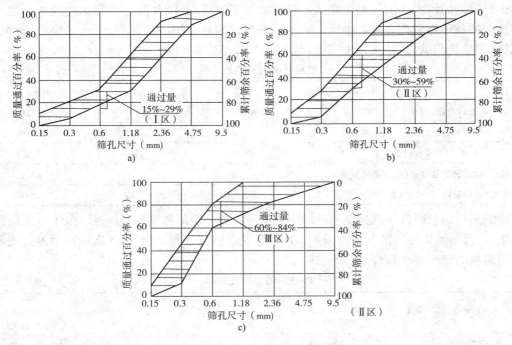

图3-1 水泥混凝土用天然砂级配范围曲线

混凝土用砂按细度模数可分为粗砂(3.1~3.7)、中砂(2.3~3.0)和细砂(1.6~2.2)。细度模数主要反映全部颗粒的粗细程度,但不完全反映颗粒的级配情况,因此混凝土配制时应同时考虑砂的细度模数和级配情况。

②细集料的含泥量、泥块含量和石粉含量。混凝土用细集料的含泥量是天然砂中粒径小于0.075mm的尘屑、淤泥和黏土的颗粒含量;石粉含量是人工砂中粒径小于0.075mm的颗粒含量;泥块含量是细集料中原粒径大于1.18mm,经水洗、手捏后可破碎成小于0.6mm的颗粒含量。

这些细微颗粒或者在集料表面形成包裹层,妨碍集料与水泥石的黏附,或者以松散的颗粒存在,大大地增加了集料的表面积,因而增加了混凝土的需水量,特别是黏土颗粒,其体积不稳定,干燥时收缩,潮湿时膨胀,对混凝土有很大的破坏作用。细集料的含泥量、泥块含量和石粉含量应符合表3-3的要求。

细集料的含泥量、泥块含量和石粉含量 表3-3

品种	项目		指标		
			Ⅰ类	Ⅱ类	Ⅲ类
天然砂	含泥量(按质量计)(%)		≤2.0	≤3.0	≤5.0
	泥块含量(按质量计)(%)		≤0.5	≤1.0	≤2.0
人工砂	亚甲蓝试验	MB值<1.4或合格 石粉含量(按质量计)(%)	≤5.0	≤7.0	≤10.0
		泥块含量(按质量计)(%)	≤0.5	≤1.0	≤2.0
		MB值≥1.4或不合格 石粉含量(按质量计)(%)	≤2.0	≤3.0	≤5.0
		泥块含量(按质量计)(%)	≤0.5	≤1.0	≤2.0

注:天然砂包括河砂、湖砂、山砂、淡化海砂,人工砂包括机制砂和混合砂。

③细集料的有害物质含量:细集料中不应混有草根、树叶、树枝、塑料、煤块和炉渣等杂物。集料中含有的妨碍水泥水化或能降低集料与水泥石的黏附,以及能与水泥水化产物产生不良化学反应的各种物质称为有害物质。细集料中常含的有害物质主要有云母、轻物质、有机质、硫化物、硫酸盐和氯化物,其含量应符合表3-4的要求。

细集料的有害物质含量 表3-4

项目	Ⅰ类	Ⅱ类	Ⅲ类
云母含量(按质量计)(%)	≤1.0	≤2.0	≤2.0
轻质物含量(按质量计)(%)	≤1.0	≤1.0	≤1.0
有机物含量(比色法)	合格	合格	合格
硫化物及硫酸盐含量(按质量计)(%)	≤1.0	≤1.0	≤1.0
氯化物(以氯离子)含量(按质量计)(%)	<0.01	<0.02	<0.06

④细集料的坚固性。混凝土中所用细集料应具备一定的强度和坚固性。人工砂采用压碎指标法进行试验,天然砂的坚固性采用5次硫酸钠溶液法进行试验,经5次循环后测其质量损失。细集料的坚固性应符合表3-5的规定。

细集料的坚固性指标 表3-5

项目	指标		
	Ⅰ类	Ⅱ类	Ⅲ类
天然砂(5次硫酸钠试验后质量损失)(%)	≤8	≤8	≤8
人工砂(单级最大压碎指标)(%)	<20	<25	<30

⑤细集料的表观密度、松散堆积密度和空隙率。细集料的表观密度、松散堆积密度和空隙率应符合如下规定:表观密度大于2500kg/m³,松散堆积密度大于1350kg/m³,空隙率小于47%。

⑥细集料的碱—集料反应。经碱—集料反应试验后,由细集料制备的试件无裂缝、酥裂、胶体外溢等现象,在规定的试验龄期膨胀率应小于0.10%。必须采用时应采取抑制碱—集料反应的技术措施。

（3）粗集料

粗集料宜采用质地坚硬、洁净、级配合理、粒形良好、吸水率小的碎石和卵石。碎石是天然岩石或卵石经机械破碎、筛分制成的，且粒径大于4.75mm的岩石颗粒，表面粗糙且带有棱角，与水泥石黏结比较牢固。卵石是由自然风化、水流搬运和分选、堆积形成的，且粒径大于4.75mm的岩石颗粒，表面圆润光滑，与水泥石黏结比较差，但混凝土拌合物的工作性较好。

普通混凝土用粗集料的主要技术要求如下：

①强度和坚固性

a. 强度：为保证普通混凝土的强度，要求粗集料必须具备足够的强度。碎石和卵石的强度可用岩石立方体抗压强度和压碎值指标检验。岩石的抗压强度与混凝土强度等级之比不应小于1.5；对于C80及以上的超高强度等级而言，岩石的抗压强度与混凝土强度等级之比可采用1.2；岩石立方体抗压强度为，火成岩大于80MPa、变质岩大于60MPa、水成岩大于30MPa。

岩石立方体抗压强度首先应由生产单位提供，工程中可用压碎值指标进行质量控制，具体要求见表3-6。

碎石或卵石的压碎值、坚固性、针片状颗粒含量、含泥量和泥块含量　　表3-6

项目	指标		
	Ⅰ类	Ⅱ类	Ⅲ类
碎石压碎值（按质量计）（%）	<10.0	<20.0	<30.0
卵石压碎值（按质量计）（%）	<12.0	<16.0	<16.0
5次硫酸钠循环试验后质量损失（%）	<5.0	<8.0	<12.0
针片状颗粒含量（按质量计）（%）	<5.0	<15.0	<25.0
含泥量（按质量计）（%）	<0.5	<1.0	<1.5
泥块含量（按质量计）（%）	0.0	<0.5	<0.7

b. 坚固性：碎石或卵石的坚固性是指集料在气候、环境变化或其他物理因素作用下，抵抗碎裂的能力。为保证混凝土的耐久性，用作混凝土的集料应具有足够的坚固性，以抵抗冻融和自然因素的风化作用。混凝土用粗集料坚固性采用5次硫酸钠溶液法进行检验，其质量损失应符合表3-6规定。

②表面特征及形状

碎石表面粗糙且棱角多，与水泥石黏结比较牢固。卵石表面圆润光滑，与水泥石黏结比较差，但混凝土拌合物的工作性较好。粗集料的颗粒形状以正立方体为佳，不宜含有过多的针片状颗粒，否则，会使集料空隙率增加、混凝土拌合物的工作性变差、混凝土强度降低。

针状颗粒是指颗粒长度大于该颗粒所属相应粒级平均粒径2.4倍的颗粒，片状颗粒是指颗粒厚度小于该颗粒所属相应粒级平均粒径0.4倍的颗粒。混凝土用粗集料的针片状颗粒含量应符合表3-6规定。

③含泥量和泥块含量

含泥量是碎石或卵石中粒径小于0.075mm的尘屑、淤泥和黏土颗粒含量；泥块含量是碎石或卵石中原粒径大于4.75mm的经水浸洗、手捏后粒径小于2.36mm的颗粒含量。碎石或卵石的含泥量和泥块含量应符合表3-6规定。

④最大粒径及颗粒级配

a. 最大粒径：随着新拌混凝土最大粒径的增加，集料比表面积相应减小，混凝土单位用水量相应减少,则可提高混凝土的强度和耐久性。通常在结构截面允许的条件下,尽量增大最大粒径可以节约水泥,但受到工程结构及施工条件限制,规范规定:混凝土用粗集料的最大粒径不宜超过结构截面最小边尺寸的1/4,且不得超过钢筋最小净距的3/4;在两层或多层密布钢筋结构中,最大粒径不宜超过钢筋最小净距的1/2,同时不得超过75mm;对于混凝土实心板,集料的最大粒径不宜超过板厚的1/3,且不得超过37.5mm;泵送混凝土除应符合前述规定外,对于碎石,不宜超过输送管径的1/3,对于卵石,不宜超过输送管径的2/5。

b. 颗粒级配:普通混凝土用粗集料应具有良好的颗粒级配,以减小空隙率,从而达到所配制的混凝土有适宜的工作性和硬化后较高的强度和耐久性,同时又节约水泥的目的。

粗集料的颗粒级配宜根据最大粒径采用连续两级级配或连续多级级配。在特殊情况下,通过试验证明混凝土无离析现象时,也可采用单粒级或间断级配。粗集料的级配范围应符合表 3-7 的要求。

碎石和卵石的颗粒级配　　　　　　　　表 3-7

级配情况	公称粒级(mm)	筛孔尺寸(方孔筛)(mm)								
		2.36	4.75	9.5	16	19	26.5	31..5	37.5	63	75
		累计筛余百分率(%)									
连续粒径	5~10	95~100	80~100	0~15	0	—	—	—	—	—	—
	5~16	95~100	85~100	30~60	0~10	0	—	—	—	—	—
	5~20	95~100	90~100	40~80	—	0~10	0	—	—	—	—
	5~25	95~100	90~100	—	30~70	—	0~5	0	—	—	—
	5~31.5	95~100	90~100	70~90	—	15~45	—	0~5	0	—	0
	5~40	—	95~100	70~90	—	30~65	—	—	0~5	—	0
单粒粒径	10~20	—	95~100	85~100	—	0~15	0	—	—	—	—
	16~31.5	—	95~100	—	85~100	—	—	0~10	0	—	—
	20~40	—	—	95~100	—	80~100	—	—	0~10	0	—
	31.5~63	—	—	—	95~100	—	—	75~100	45~75	0~10	0
	40~80	—	—	—	—	95~100	—	—	70~100	30~60	0~10

⑤有害物质

粗集料不应混有草根、树叶、树枝、塑料、煤块和炉渣等杂物。粗集料有害物质含量的规定见表 3-8。

粗集料有害物质含量　　　　　　　　表 3-8

项　目	指　标		
	Ⅰ类	Ⅱ类	Ⅲ类
有机质含量(比色法)	合格	合格	合格
硫化物及硫酸盐(含 SO_3)含量(按质量计)(%)	<0.5	<1.0	<1.0

⑥表观密度、松散堆积密度和空隙率

碎石和卵石的表观密度、松散堆积密度和空隙率应符合如下规定:表观密度大于 $2500kg/m^3$;松散堆积密度大于 $1350kg/m^3$;空隙率小于47%。

⑦碱—集料反应

经碱—集料反应试验后,由碎石和卵石制备的试件无裂缝、酥裂、胶体外溢等现象,在规定的试验龄期膨胀率应小于0.10%。必须采用时应采取抑制碱—集料反应的技术措施。

（4）混凝土拌和用水

混凝土拌和用水水源可分为饮用水、地表水、地下水、海水和经处理后的工业废水。所有饮用水都可以用来拌制混凝土，使用时可不经检验。在拌制混凝土用水中不应含有影响水泥正常凝结与硬化的有害杂质或油脂、糖类及游离酸类等。地表水或地下水在首次使用时，必须进行检验，合格后才能使用。海水只允许用来拌制素混凝土，不得用于拌制钢筋混凝土和预应力混凝土。对混凝土拌和用水的要求见表3-9。

混凝土拌和用水质量要求　　　　　　　　　　　　表3-9

项 目		素混凝土	钢筋混凝土	预应力混凝土
pH	不小于	4.5	4.5	5.0
不溶物（mg/L）	不大于	5000	2000	1000
可溶物（mg/L）	不大于	10000	5000	2000
氯化物（以Cl^-计）（mg/L）	不大于	3500	1000	500
硫酸盐（以SO_4^{2-}计）（mg/L）	不大于	2700	2000	600
碱含量（$Na_2O+0.658K_2O$）（mg/L）	不大于	1500	1500	1500

注：对使用钢丝或热处理钢筋的预应力混凝土中氯化物含量不超过350mg/L。

（5）混凝土外加剂

混凝土的外加剂是在拌制混凝土过程中掺入，用以改善混凝土性能的材料。掺入外加剂应与水泥、矿物掺合料之间具有良好的相容性。

①外加剂类型：混凝土外加剂品种繁多，通常每种外加剂具有一种或多种功能，其主要功能分类见表3-10。

外加剂分类　　　　　　　　　　　　表3-10

外加剂功能	外加剂类型
改善混凝土拌合物流变性能	减水剂、引气剂、泵送剂、保水剂等
调节混凝土凝结时间、硬化速度	缓凝剂、早强剂、速凝剂等
调节混凝土含气量	引气剂、加气剂、泡沫剂、消泡剂等
改善混凝土耐久性	引气剂、阻锈剂、防水剂、抗渗剂等
为混凝土提供特殊性能	膨胀剂、防冻剂、着色剂、碱—集料反应抑制剂等

②外加剂名称、主要功能及组成材料，见表3-11。

外加剂名称、主要功能及组成材料　　　　　　　　　　　　表3-11

名 称	主要功能	组成材料
普通减水剂	在混凝土工作性及强度不变的条件下，可节省水泥5%~10%； 在保证混凝土工作性及水泥用量不变的条件下，可减少用水量约10%，混凝土强度提高约10%； 在保持混凝土用水量及水泥用量不变的条件下，可增大混凝土流动性	木质磺酸盐类（木钙、木镁、木钠）； 腐殖酸类； 烤胶类
高效减水剂	在保证混凝土工作性及水泥用量不变的条件下，减少用水量约15%，混凝土强度提高约20%； 在保持混凝土用水量及水泥用量不变的条件下，可大幅度提高混凝土拌合物流动性； 可节省水泥10%~20%	多环芳香族磺酸盐类（萘系磺化物与甲醛缩合的盐类）； 水溶性树脂磺酸盐类（磺化三聚氰胺树脂、磺化古玛隆树脂）

续上表

名 称	主 要 功 能	组 成 材 料
引气剂及引气减水剂	提高混凝土耐久性和抗渗性； 提高混凝土拌合物工作性，减少混凝土泌水离析； 引气减水剂还有减水剂的功能	松香树脂类(松香热聚物、松香皂)； 烷基苯磺酸盐类(烷基苯磺酸盐)； 脂肪醇磺酸盐类(脂肪醇聚氧乙烯醚、脂肪醇聚氧乙烯磺酸钠)
早强剂及早强减水剂	提高混凝土的早期强度； 缩短混凝土的蒸养时间； 早强减水剂还有减水剂功能	氯盐类(氯化钙、氯化钠)； 硫酸盐类(硫酸钠、硫代硫酸钠)； 有机胺类(三乙醇胺、三异丙醇胺)
缓凝剂及缓凝减水剂	延缓混凝土的凝结时间； 降低水泥初期水化热； 缓凝减水剂还有减水剂的功能	糖类(糖钙)； 木质素磺酸盐类(木钙、木钠、木镁)； 羟基羧酸及其盐类(柠檬酸、酒石酸钾钠)； 无机盐类(锌盐、硼酸盐、磷酸盐)
膨胀剂	使混凝土体积在水化、硬化过程中产生一定膨胀，减少混凝土干缩裂缝，提高抗裂性和抗渗性能	硫铝酸钙类(明矾石、CSA 膨胀剂)； 氧化钙类(石灰膨胀剂)； 氧化镁类(氧化镁)； 金属类(铁屑)； 复合类(氧化钙、硫铝酸剂)

③各种混凝土工程对外加剂的选择：各种混凝土工程对外加剂的选择见表3-12。

各种混凝土工程对外加剂的选择 表3-12

序号	工程项目	选 用 目 的	选 用 剂 型
1	自然条件下的混凝土工程和构件	改善工作性，提高早期强度，节约水泥	各种减水剂，常用木质素类
2	太阳直射下施工	缓凝	缓凝减水剂，常用糖蜜类
3	大体积混凝土	减少水化热处理	缓凝剂、缓凝减水剂
4	冬季施工	早强、防寒、抗冻	早强减水剂、早强剂、抗冻剂
5	流态混凝土	提高流动度	非引气减水剂，常用 FDN、UNF
6	泵送混凝土	减少坍落度损失	泵送剂、引气剂、缓凝减水剂，常用 FD-NP、UNF-5
7	高强混凝土	C60 以上混凝土	高效减水剂、非引气减水剂、密实剂
8	灌浆、补强、填缝	防止混凝土收缩	膨胀剂
9	蒸养混凝土	缩短蒸养时间	非引气高效减水剂、早强减水剂
10	预制构件	缩短生产周期，提高模具周转率	高效减水剂、早强减水剂
11	滑模工程	夏季宜缓凝	普通减水剂木质素类或糖蜜类
		冬季宜早强	高效减水剂或早强减水剂
12	大模板工程	提高工作性，一天强度能拆模	高效减水剂或早强减水剂
13	钢筋密集构造物	提高工作性，利于浇注	普通减水剂、高效减水剂
14	耐冻融混凝土	提高耐久性	引气高效减水剂
15	灌注桩基础	改善工作性	普通减水剂、高效减水剂
16	商品混凝土	节约水泥、保证运输后的工作性	普通减水剂、缓凝减水剂

④外加剂限制使用规定:有些外加剂含氯、硫及其他杂质,对混凝土的耐久性有影响,应限制使用,其限制规定见表3-13。

外加剂限制使用规定　　　　　表3-13

外加剂名称	不得使用的混凝土工程
氯盐、含氯盐的早强剂、含氯盐的早强减水剂	在高湿度空气环境中使用的结构(排出大量蒸汽的); 处于水位升降部位的结构; 露天结构或经常受水淋的结构; 有镀锌钢材或铝铁相接触部位的结构,以及有外露钢筋预埋件而无防护措施的结构; 与含有酸、碱或硫酸盐等侵蚀性介质相接触的结构; 使用过程中经常处于环境温度为60℃以上的结构; 使用冷拉钢筋、冷扎或冷拔钢丝的结构; 薄壁结构; 预应力混凝土结构; 蒸养混凝土构件
硫酸盐及其复合剂	有活性集料的混凝土; 有镀锌钢材或铝铁相接触部位的结构; 有外露钢筋预埋件而无防护措施的结构

⑤减水剂:减水剂是在混凝土坍落度基本相同的情况下,能减少混凝土拌和用水的外加剂。目前减水剂主要有木质素系、萘磺酸盐系、树脂系、糖蜜系和腐殖酸等几类。

减水剂的作用机理:减水剂是在不改变混凝土工作性能的条件下,具有减水和增强作用的外加剂。大多数减水剂是一种表面活性剂,其分子由亲水基团和憎水基团组成。在水泥浆中,亲水基团吸附水分子,而憎水基团指向水泥颗粒表面,形成吸附水膜层,降低了水与水泥颗粒之间的界面张力,并使水泥颗粒表面均带相同的电荷,在静电斥力作用下,使水泥颗粒分散开来,从而使絮凝结构中的水被释放出来。

减水剂的经济效果:在保持混凝土用水量和水泥用量不变的条件下,减水剂可增大混凝土的流变性,且不影响混凝土的强度。

在保持混凝土工作性和水泥用量不变的条件下,减水剂可以减少用水量,提高混凝土强度,同时也提高了耐久性。

在保持混凝土工作性和强度不变的条件下,减水剂可节约水泥用量。

⑥引气剂:把掺入混凝土中,经搅拌能引入大量分布均匀的微小(孔径0.01~2mm)而稳定的气泡,并能改善混凝土拌合物工作性和抗冻性等的外加剂,称为引气剂。掺入引气剂的混凝土,其含气量宜为3.5%~5.5%。

对于新拌混凝土,由于气泡的存在,可改善工作性、减少泌水和离析。

对于硬化后的混凝土,由于气泡彼此隔离,切断毛细孔通道,使水分不易渗入且缓冲水分结冰膨胀的作用,因而能提高混凝土的抗冻性、抗渗性和抗蚀性。由于气泡的存在,混凝土强度有些降低。

⑦早强剂:能提高混凝土早期强度,并对后期强度无明显影响的外加剂,称为早强剂。早强剂对水泥中的硅酸三钙和硅酸二钙等矿物成分的水化有催化作用,能加速水泥的水化和硬化,具有早强作用。常用的早强剂有氯化系早强剂、硫酸盐系早强剂和三乙醇胺系早强剂。

混凝土中掺入早强剂,可缩短混凝土的凝结时间,提高早期强度,常用于混凝土的快速低温施工。但掺加了氯化钙、氯化钠等氯盐的早强剂,会加速钢筋的锈蚀。为此,在钢筋混凝土和预应力混凝土中,均不得掺用氯化钙、氯化钠等氯盐。

(6)掺合料

混凝土中需要掺用粉煤灰、磨细矿渣、硅灰等掺合料时,其掺入量应在使用前通过试验确定。

三、普通混凝土的技术性能

普通混凝土在尚未凝结硬化之前,称为新拌混凝土或混凝土拌合物。普通混凝土的主要技术性能包括硬化之前新拌混凝土的工作性和硬化后混凝土的力学性质、变形和耐久性。

1. 新拌混凝土的工作性(和易性)

(1)新拌混凝土的工作性(和易性)概念

混凝土拌合物的工作性是指混凝土拌合物易于施工操作(拌和、运输、浇注和振捣)并获得质量均匀密实的性能。实际上,混凝土拌合物的工作性是一项综合技术性能,包括流动性、可塑性、稳定性和易密性。优质的混凝土拌合物应该具有在自重或机械振捣作用下能产生流动,并均匀密实地填满模板的流动性;不为外力作用产生脆断的可塑性;不产生分层、泌水的稳定性和易于浇捣密致的密实性。

(2)新拌混凝土工作性的测定方法

目前,国际上还没有一种能够全面表征混凝土拌合物工作性的测定方法,通常是测定混凝土拌合物的流动性,并辅以其他方法或直观经验综合评定混凝土拌合物的工作性。按我国行业标准《公路工程水泥及水泥混凝土试验规程》(JTG E30—2005)规定,混凝土拌合物的稠度试验方法主要有坍落度仪法和维勃仪法两种。

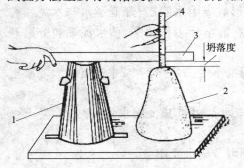

图3-2 混凝土坍落度测定
1-坍落度筒;2-拌合物试体;3-木尺;4-钢尺

①坍落度仪法:坍落度仪法适应于集料公称最大粒径不大于31.5mm、坍落度大于10mm的混凝土拌合物稠度测定。方法是将混凝土拌合物按规定方法分三层装入坍落度筒内,每层装入的高度稍大于筒高的1/3,用捣棒在每一层的截面上均匀插捣25次,装满刮平后,立即垂直地提起坍落度筒,此时,混凝土拌合物在自重作用下的下沉量(mm)即为坍落度,如图3-2所示。当混凝土拌合物的坍落度大于220mm时,应测定坍落度扩展度。在坍落度试验的同时,还必须用目测方法评定混凝土拌合物的棍度、含砂情况、黏聚性和保水性等性质。

②维勃仪法:维勃仪法是适应于集料公称最大粒径不大于31.5mm、维勃时间为5~30s的干稠性混凝土拌合物稠度测定。方法是将坍落度筒放在直径为240mm、高为200mm的圆筒中,圆筒安装在专用的振动台上,按坍落度仪法将混凝土拌合物装入坍落度筒内,小心垂直地提起坍落度筒,并在混凝土拌合物顶上置一透明圆盘。开动振动台并记录时间,从开始振动至透明圆盘底面被水泥浆布满的瞬间,所经历的时间(s),即为混凝土拌合物稠度的维勃时间,如图3-3所示。

(3)影响新拌混凝土工作性的主要因素

影响混凝土拌合物工作性的主要因素有内因与外因,内因是组成材料的质量及其用量,外因是环境条件(温度、湿度和风速)与搅拌时间等。

①水泥浆的数量和集浆比。混凝土拌合物中的水泥浆,除了填充集料间空隙外,应包裹在集料表面并略有富余,使拌合物有一定的流动性。在水灰比保持不变的条件下,水泥浆越多,拌合物的流动性越大。但水泥浆的数量过多,集料则相对减小,即集浆比小,会造成流浆现象,拌合物稳定性变差,不仅浪费水泥,而且会影响混凝土的强度和耐久性;若水泥浆数量过少,不足以填满集料的空隙和包裹集料表面,则拌合物稳定性变差,甚至会产生崩坍现象。在满足混凝土拌合物工作性、强度和耐久性要求前提下,尽量采用大集浆比,以节约水泥。

②水泥浆的稠度即水灰比影响。在固定用水量的条件下,水灰比小(水泥用量多时),可使水泥浆变稠,但拌合物流动性小;若加大水灰比(减少水泥用量),可使水泥浆变稀,流动性增大,但会使拌合物易产生流浆、离析,甚至影响混凝土的强度。因此,应合理选择水灰比。

③单位用水量。实践证明,无论是水泥浆的影响还是水灰比的影响,实际上都是用水量的影响。因此,影响混凝土拌合物工作性的决定性因素是单位用水量。增加单位用

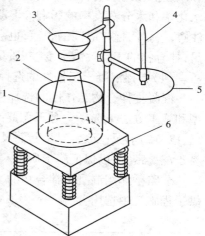

图3-3 混凝土维勃稠度仪
1-容器;2-坍落筒;3-漏斗;4-滑杆;5-透明圆盘;6-振动台

水量,流动性增大,但硬化后混凝土会产生较大的空隙,从而降低混凝土的强度和耐久性。另外,用水量过多,会使混凝土拌合物产生分层、泌水现象,反而降低混凝土的工作性。

④砂率。砂率是指混凝土中砂(或细集料)的质量占砂石(或粗细集料)总质量的百分率。砂率反映了粗细集料的相对比例,它影响混凝土集料的空隙和总表面积。砂率对混凝土拌合物的工作性影响很大,一方面是细集料与水泥浆形成的砂浆在粗集料间起润滑作用,在一定砂率范围内随着砂率的增大,润滑作用明显,混凝土拌合物流动性增大;另一方面,在砂率增大的同时,集料的总表面积随之增大,需要润滑的水分增多,在水泥浆用量一定时,包裹砂子的水泥浆变薄,混凝土拌合物流动性降低。所以,当砂率超过一定范围后,拌合物流动性反而随着砂率的增大而降低,因此,砂率应有一个合理值。混凝土拌合物合理砂率是在水泥浆用量一定时,能使混凝土拌合物获得最大的流动性,又能保持黏聚性和良好保水性能的砂率。

⑤水泥的品种和集料的性质。水泥的品种、细度、矿物组成以及混合材料的掺量都会影响混凝土拌合物的工作性。由于不同品种的水泥达到标准稠度的需水量不同,所以不同品种水泥配制成的混凝土拌合物的流动性也不同。通常,普通硅酸盐水泥制成的混凝土拌合物比矿渣硅酸盐水泥、火山灰质硅酸盐水泥制成的拌合物的工作性好,矿渣硅酸盐水泥制成的混凝土拌合物流动性虽大,但黏聚性差,易产生泌水、离析;虽然火山灰质硅酸盐水泥流动性小,但黏聚性最好。此外,水泥的细度对拌合物的工作性也有很大的影响,提高水泥的细度可改善混凝土拌合物黏聚性和保水性,减少泌水和离析现象,但流动性会变差。

⑥集料。集料对混凝土拌合物工作性影响的主要因素有集料级配、颗粒形状、表面特征及粒径大小等。一般情况下,级配好的集料,其流动性较大,黏聚性和保水性较好;表面光滑的集料,总表面积减小,其流动性较大;集料棱角较少者,其流动性较大。

⑦外加剂。外加剂对混凝土拌合物工作性的影响较大,在混凝土拌合物中加入少量的外加剂,如减水剂等,可在不增加用水量和水泥用量的前提下,有效地改善混凝土拌合物的工

作性。

⑧环境条件与搅拌时间。环境条件对混凝土拌合物工作性影响的主要因素有温度、湿度和风速。在组成的材料性质和配合比例一定的条件下,混凝土拌合物工作性变化主要受水泥水化率和水分蒸发率的影响。混凝土拌合物的流动性随着温度的升高而减小,夏季施工必须注意。另外,搅拌时间的长短,也会影响混凝土拌合物的工作性,若混凝土拌合物搅拌时间不足,拌合物的工作性就会变差,质量也会不均匀。

(4)新拌混凝土工作性的选择

混凝土拌合物工作性的选择应根据结构物的断面尺寸、钢筋配置疏密以及捣实机械的类型和施工方法来选择。对于无筋厚大结构、钢筋配置稀疏易于施工的结构,尽量选较小坍落度,以节约水泥;反之,对于断面尺寸较小、形状复杂或配筋特密的结构,应选用较大的坍落度,易于浇捣密实,以保证施工质量。

公路桥涵用混凝土拌合物的工作性,应根据有关公路桥涵施工技术规范选择。表3-14可供工程施工中选用参考。

公路桥涵用混凝土拌合物的坍落度 表3-14

项次	结构种类	坍落度(mm)
1	桥涵基础、墩台、挡土墙及大型制块等便于灌筑捣实的结构	0~20
2	上列桥涵墩台等工程中较不便施工处	10~30
3	普通配筋的钢筋混凝土结构,如钢筋混凝土板、梁、柱等	30~50
4	钢筋较密、断面较小的钢筋混凝土结构(梁、柱、墙等)	50~70
5	钢筋配置特密、断面高而狭小,极不便灌筑捣实的特殊结构部位	70~90

注:1.使用高频振捣器时,其混凝土坍落度可适当减小;
  2.用人工捣实时,坍落度宜增加20~30mm;
  3.曲面或斜面结构的混凝土,其混凝土坍落度应根据实际需要另行选定;
  4.需要配置大坍落度混凝土时,应掺加外加剂;
  5.轻集料混凝土的坍落度,应比表中数值减少10~20mm。

(5)改善新拌混凝土工作性的主要措施

在保证混凝土强度、耐久性和经济性的前提下,适当调整混凝土的材料组成以提高工作性。掺加各种外加剂(如减水剂等),提高混凝土拌合物的工作性,同时提高混凝土强度和耐久性。另外,也可以提高振捣机械的效能,由于振捣效能的提高可降低施工条件对混凝土拌合物工作性的要求,因而保持原有工作性也能达到捣实的目的。

2.硬化后混凝土的强度

强度是硬化后混凝土的主要力学性质,主要有立方体抗压强度、棱柱体抗压强度、抗弯拉强度和劈裂抗拉强度等。

(1)抗压强度标准值和强度等级

设计钢筋混凝土和预应力混凝土桥梁结构时,混凝土材料的强度是用强度等级作为设计依据的。在结构设计时,混凝土各种力学强度的标准值均可由强度等级换算出,所以强度等级是混凝土各种力学强度的基础。

①立方体抗压强度(f_{cu}):按照标准的制作方法制成边长为150mm的正立方体试件,在标准养护条件下,养护至28d龄期,按照标准方法测定其抗压强度值,称为混凝土的立方体抗压强度,可按公式(3-1)计算。

$$f_{cu} = \frac{F}{A} \tag{3-1}$$

式中：f_{cu}——混凝土立方体抗压强度，MPa；

F——极限荷载，N；

A——试件受压面积，mm^2。

使用非标准尺寸试件测得的立方体抗压强度，应乘以尺寸换算系数，折算为标准试件的立方体抗压强度。当混凝土强度等级<C60时，边长为200mm的试件换算系数为1.05；边长为100mm的试件换算系数为0.95。当混凝土强度等级≥C60时，宜采用标准试件，使用非标准尺寸试件时，换算系数由试验确定。

②立方体抗压强度标准值（f_{cuk}）：立方体抗压强度标准值是按照标准的制作方法制作和养护的边长为150mm的正立方体试件，养护至28d龄期，按照标准方法测定的抗压强度总体分布中的一个值，强度低于该值的百分率不超过5%（即具有95%保证率），单位为N/mm^2。

立方体抗压强度只是一组混凝土试件抗压强度的代表值，并未涉及数理统计、保证率的概念。而立方体抗压强度标准值是按数理统计方法确定，不低于95%保证率的立方体抗压强度。

③强度等级：混凝土强度等级是根据立方体抗压强度标准值来确定的。强度等级用符号"C"和"立方体抗压强度标准值"两项内容来表示，如C30即表示混凝土立方体抗压强度标准值为30MPa。我国现行规范规定，普通混凝土按立方体抗压强度标准值划分为C15、C20、C25、C30、C35、C40、C45、C50、C55、C60、C65、C70、C75和C80共14个等级。

(2) 轴心抗压强度（f_{cp}）

混凝土立方体试件在进行抗压强度试验时，由于材料试验机的承压板对试件端部的摩阻效应，使其强度有较大的提高。为了使混凝土试件在抗压强度试验时的受力状态更接近其在结构中的承压状态，通常用棱柱体（高宽比$h/b = 2$）或圆柱体（长径比$h/d = 2$）试件测定其轴心抗压强度。我国现行规范规定，采用150mm×150mm×300mm的棱柱体或ϕ150mm×300mm的圆柱体作为标准试件，测定其轴心抗压强度。混凝土的轴心抗压强度可按公式(3-2)计算。

$$f_{cp} = \frac{F}{A} \tag{3-2}$$

式中：f_{cp}——混凝土轴心抗压强度，MPa；

F——极限荷载，N；

A——试件受压面积，mm^2。

当混凝土强度等级<C60时，非标准尺寸试件测得的抗压强度应乘以尺寸换算系数；当混凝土强度等级≥C60时，宜采用标准试件，使用非标准尺寸试件时，换算系数由试验确定。

混凝土的轴心抗压强度与立方体抗压强度的关系：许多试验表明，在立方体抗压强度为10~50MPa时，轴心抗压强度与立方体抗压强度之比为0.7~0.8。

(3) 抗弯拉强度（f_{cf}）

道路路面或机场跑道用混凝土，以抗弯拉强度（也称抗折强度）为主要强度指标，抗压强度作为参考指标。混凝土抗弯拉强度是以标准方法制备成150mm×150mm×550mm的梁形试件，在标准条件下，经28d养护后，按三分点加荷方式测定其抗弯拉强度，可按公式(3-3)计算。

$$f_{cf} = \frac{FL}{bh^2} \tag{3-3}$$

式中：f_{cf}——混凝土抗弯拉强度，MPa；
　　　F——极限荷载，N；
　　　L——支座间距离，mm；
　　　b——试件宽度，mm；
　　　h——试件高度，mm。

采用100mm×100mm×400mm非标准试件时，按三分点加荷的试验方法进行，但所得的抗弯拉强度值应乘以尺寸换算系数0.85。当混凝土强度等级≥C60时，应采用标准试件。

(4)劈裂抗拉强度(f_{ts})

由于混凝土直接拉伸试验时的对中比较困难，所以采用间接拉伸法（劈裂拉伸）得到混凝土抗拉强度，一般劈裂抗拉强度高于直接拉伸强度。在结构设计中，抗拉强度是确定混凝土抗裂度的重要指标。

我国行业标准《公路工程水泥及水泥混凝土试验规程》(JTG E30—2005)规定，在立方体或圆柱体试件中心平面内用钢垫条施加两个方向相反、均匀分布的压应力，当压力增大至一定程度时，试件就沿此平面劈裂破坏，这样测得的强度称为劈裂抗拉强度，按公式(3-4)计算。

$$f_{ts} = \frac{2F}{\pi A} = 0.637 \frac{F}{A} \tag{3-4}$$

式中：f_{ts}——混凝土劈裂抗弯拉强度，MPa；
　　　F——极限荷载，N；
　　　A——试件劈裂面面积，mm²。

对于立方体试件，劈裂面面积为试件横截面面积；对于圆柱体试件，劈裂面面积为试件截面的平均直径×平均长度。

(5)影响混凝土强度的因素组成材料

组成材料是决定混凝土强度的内因，其质量和数量对混凝土的强度起主要作用。

①水泥的强度和水胶比。水泥混凝土强度主要取决于其内部起胶结作用的水泥石的质量，水泥石的质量取决于水泥的特性和水胶比。在配合比相同的条件下，水泥强度等级越高，则配制的混凝土强度越高。当用同一种水泥（品种及强度等级相同）时，混凝土强度主要取决于水胶比的大小。理论上，水泥水化所需的水灰比约为0.23，但在拌制混凝土拌合物时，为了获得必要的流动性，通常加入较多的水，即采用较大的水胶比，当混凝土硬化后，多余的水就残留在混凝土中形成水泡或蒸发后形成气孔，使混凝土的密实度和强度降低。因此，在水泥强度等级相同的情况下，水胶比越小，水泥石的强度越高。但是，如果水胶比太小，混凝土拌合物过于干硬，将出现捣实成型困难，形成较多的孔洞，反而导致混凝土的强度下降。

根据各国混凝土研究和工程实践经验，混凝土强度与水泥实际强度、水胶比三者之间的关系，可用经验公式(3-5)表示。

$$f_{cu,28} = \alpha_a f_b \left(\frac{B}{W} - \alpha_b\right) \tag{3-5}$$

式中：$f_{cu,28}$——混凝土28d的立方体抗压强度，MPa；
　　　$\frac{B}{W}$——胶水比，胶凝材料与水的质量比；
　　　f_b——胶凝材料28d胶砂抗压强度实测值，MPa，试验方法按《水泥胶砂强度检验方法

(ISO 法》CGB/T 17671—1999)执行,当无实测值时,可按下列规定确定:
根据 3d 胶砂抗压强度或快测抗压强度推定 28d 胶砂抗压强度。

当胶凝材料 28d 胶砂抗压强度(f_b)无实测值时,可按式(3-6)计算:

$$f_b = \gamma_f \gamma_s f_{ce} \tag{3-6}$$

式中:γ_f, γ_s——粉煤灰影响系数和粒化高炉矿渣粉影响系数,可按表 3-15 选用;

f_{ce}——水泥 28d 胶砂抗压强度,MPa,可以实测,也可以按式(3-7)计算:

$$f_{ce} = \gamma_c f_{ce,g} \tag{3-7}$$

γ_c——水泥强度等级值的富余系数,可以实际统计资料确定;当缺乏实际统计资料时,也可按表 3-16 选用;

$f_{ce,g}$——水泥强度等级值,MPa;

α_a, α_b——集料回归系数,根据工程使用的原材料,通过试验建立的水胶比与混凝土强度关系式来确定。当不具备上述统计资料时,可按表 3-17 选用。

粉煤灰影响系数 γ_f 和粒化高炉矿渣粉影响系数 γ_s 表 3-15

掺量(%) 种类	粉煤灰影响系数 γ_f	粒化高炉矿渣粉影响系数 γ_s
0	1.00	1.00
10	0.85~0.95	1.00
20	0.75~0.85	0.95~1.00
30	0.65~0.75	0.90~1.00
40	0.55~0.65	0.80~0.90
50	—	0.70~0.85

注:1. 采用 I 级、II 级粉煤灰宜取上限值;
2. 采用 S75 级粒化高炉矿渣粉宜取下限值,采用 S95 级粒化高炉矿渣粉宜取上限值,采用 S105 级粒化高炉矿渣粉可取上限值加 0.05;
3. 当超出表中的掺量时,粉煤灰影响系数和粒化高炉矿渣粉影响系数应经试验确定。

水泥强度等级值的富余系数(γ_c)   表 3-16

水泥强度等级值	32.5	42.5	52.5
富余系数	1.12	1.16	1.10

回归系数 α_a, α_b 选用表   表 3-17

粗集料品种	回归系数	
	α_a	α_b
碎石	0.53	0.20
卵石	0.49	0.13

②集料特性。集料的强度不同,使混凝土的破坏机理有所差别,如集料强度大于水泥石的强度,则混凝土由界面强度及水泥石强度所支配,在此情况下,集料强度对混凝土的强度几乎没有影响;如集料强度小于水泥石的强度,则集料强度与混凝土强度有关,会使混凝土强度下降。集料形状以接近球形或立方体为好,针片状颗粒会降低混凝土的强度。表面粗糙、多棱角的碎石与水泥石的黏结较好。

③浆集比。浆集比是混凝土中水泥浆的体积和集料体积之比,对混凝土的强度也有一定的影响。特别是对高强度的混凝土更为明显,在水胶比相同的条件下,在达到最优浆集比后,

混凝土的强度随着浆集比的增加而降低。

④养护温度和湿度。混凝土拌合物浇捣完毕后，必须保持适当的温度和湿度，使水泥充分水化，保证混凝土强度不断提高。

一般情况下，水泥的水化和混凝土强度发展的速度随养护温度的高低而增减，如图3-9所示。当温度降至零度时，混凝土中的水大部分结冰，水泥几乎不再发生水化反应，混凝土强度不仅停止增长，而且严重时由于孔隙内水结冰而引起膨胀，特别在水化初期，混凝土强度较低时，遭遇严寒会引起混凝土的崩溃。

混凝土浇注后，必须有较长时间在潮湿环境中养护，当湿度适当时，水泥水化得以顺利进行，混凝土强度得到充分发展；如果湿度不够，混凝土会失水干燥，影响水泥水化的正常进行，甚至停止水化。这不仅严重降低混凝土的强度，而且因水泥水化作用未能完成，使混凝土结构疏松，渗水性增大，或形成干缩裂缝，从而影响混凝土的耐久性。

⑤龄期。混凝土在正常条件下，强度随着龄期的增长而增大，在最初 3~7d 内发展较快，28d 达到设计强度规定的数值，以后强度发展缓慢，甚至可持续百年。

在标准养护条件下，混凝土强度与其龄期的对数大致成正比，工程中常常利用这一关系，根据混凝土早期强度，估算其后期强度，用公式(3-8)表达。

$$\frac{f_{cu,n}}{f_{cu,a}} = \frac{\lg n}{\lg a} \tag{3-8}$$

式中：$f_{cu,n}$——nd 龄期的混凝土抗压强度，MPa；

$f_{cu,a}$——ad 龄期的混凝土抗压强度，MPa。

此公式适用于普通硅酸盐水泥拌制的混凝土，且龄期不小于3d。由于影响混凝土的因素很多，强度发展不可能完全一样，故此公式仅供参考。此外，试件形状和尺寸、加载速度和试件表面平整度等对混凝土试件强度也有一定的影响。

⑥试验条件。在相同材料组成、制备条件和养护条件下制成的混凝土试件，其力学强度取决于试验条件。如试件形状与尺寸、试件湿度、试件温度、支承条件和加载方式等。

(6)提高混凝土强度的措施

①采用高强度的水泥和早强型水泥。为了提高混凝土的强度，可采用高强度等级水泥，对于抢修工程、桥梁拼装接头、严寒下的冬季施工，以及其他要求早强的结构物，则可优先选用早强型水泥配制混凝土。

②增加混凝土密实度。采用低水胶比和浆集比，可减少混凝土中的游离水，从而减少混凝土中的孔隙，提高混凝土的密实度和强度。另一方面，降低浆集比，减小了水泥浆层的厚度，可以充分发挥集料的骨架作用，对混凝土的强度也有一定帮助。

③蒸汽养护和蒸压养护。蒸汽养护是使浇注好的混凝土构件经 1~3h 预养后，在90%以上相对湿度、60℃以上温度的常压蒸汽中养护，以加速混凝土强度的发展。普通混凝土经过蒸汽养护后，其早期强度提高很快，一般经过24h的蒸汽养护，混凝土的强度能达到标准养护条件下养护28d强度的70%，但对后期强度增长有影响。所以，普通混凝土养护温度不宜太高，养护时间不宜太长，一般养护温度为 60~80℃，恒温养护时间为 5~8h。用火山灰质硅酸盐水泥和矿渣硅酸盐水泥配制的混凝土，蒸汽养护的效果比普通混凝土好。

蒸压养护是将浇注好的混凝土构件静置 8~10h，放入蒸釜内，通入高压(≥8个大气压)、高温(≥175℃)饱和蒸汽进行养护。在高温高压的蒸汽养护下，水泥水化析出的氢氧化钙不仅能与活性氧化硅充分结合，而且也能与结晶状态的氧化硅结合而生成含水硅酸结晶，从而加速水泥的水化和硬化,提高了混凝土的强度。

④掺加外加剂。在混凝土中掺加外加剂,可改善混凝土的技术性能。掺早强剂,可提高混凝土的早期强度;掺减水剂,在不改变流动性的条件下,可减小水胶比,从而提高混凝土的强度。

⑤采用机械搅拌和振捣。混凝土拌合物在强力搅拌和振捣下,水泥浆的凝聚结构暂时受到破坏,因而降低了水泥浆的黏度和集料间的摩阻力,提高了拌合物的流动性,使混凝土拌合物能更好地、更均匀地、密实地充满模型,提高了混凝土的强度。

3. 硬化后混凝土的变形

硬化后混凝土的变形,包括非荷载作用下的化学收缩、干湿变形(湿胀干缩)和温度变形(热胀冷缩)等,以及荷载作用下的弹—塑性变形和徐变(蠕变)。

(1)非荷载作用下的变形

①化学收缩。混凝土拌合物由于水泥水化产物的体积比反应前物质的总体积要小,因而会产生收缩,称为化学收缩。这种收缩随龄期增长而增加,40d 以后渐趋稳定,化学收缩是不能恢复的,一般对结构没有影响。

②干湿变形。这种变形主要表现为湿胀干缩。混凝土在干燥空气中硬化时,随着水分的逐渐蒸发,体积也将逐渐发生收缩,如在水中或潮湿条件下养护时,混凝土的干缩将随之减少或略产生膨胀。混凝土的干缩值较膨胀值大,混凝土的干缩往往是表面处较大,常在混凝土表面产生细微裂缝。混凝土干缩主要由水泥石产生,因此尽量降低水泥用量、减小水灰比是减少混凝土干缩的关键。另外,调节集料级配、增大粗集料的粒径、适当选择水泥品种、采用振动捣实和早期养护等也可减少混凝土的干缩。

③温度变形。混凝土具有热胀冷缩的性能,对大体积及大面积混凝土工程极为不利。因为混凝土是不良导体,水泥水化初期放出大量热量难于散发,浇注后大体积混凝土内部温度远远高于外部,温差有时可达 50~70℃,这将使内部混凝土产生显著的体积膨胀,而外部混凝土却随气温降低而冷却收缩。内部膨胀和外部收缩互相制约,将产生很多应力。当外部混凝土所受拉应力超过混凝土当时的极限抗拉强度时,就将产生裂缝。因此,对于大体积混凝土工程,应设法降低混凝土的发热量,如采用低热水泥、减少水泥用量、采用人工降温等措施。对于纵长的钢筋混凝土结构物,应每隔一段长度设置伸缩缝,在结构物内配置温度钢筋。

(2)荷载作用下的变形

①弹—塑性变形与弹性模量。材料在外力作用下产生变形,当取消外力后,能完全恢复到原形状的性质称为弹性;这种能完全恢复的变形,称为弹性变形。材料在外力作用下产生变形,当取消外力后,仍保持变形后的形状和尺寸的性质称为塑性;这种不能恢复的变形,称为塑性变形。

混凝土是一种弹—塑性体,在持续荷载作用下会产生可以恢复的弹性变形和不可恢复的塑性变形,当卸载后,其变形并未恢复到原点。

在桥梁工程中,以应力为棱柱体极限抗压强度的 40% 时的割线弹性模量,作为混凝土的弹性模量;在道路路面及机场跑道工程中,以混凝土抗弯拉强度 50% 时的割线弹性模量,作为混凝土的弹性模量。

②徐变。混凝土在持续荷载作用下,随时间增长的变形称为徐变,也称为蠕变。混凝土的徐变在早期增长很快,然后逐渐减慢,一般要 2~3 年才可能基本趋于稳定。当混凝土卸载后,一部分变形瞬时恢复,还有一部分要若干天才能逐渐恢复,称为徐变恢复,剩下不可恢复部分

称为残余变形。

混凝土的徐变与许多因素有关,混凝土水灰比大、龄期短,徐变量大;荷载应力大,徐变大;混凝土水泥用量多,徐变大。混凝土无论是受压还是受拉,均有徐变现象。在预应力钢筋混凝土中,混凝土的徐变可造成预应力损失。但是,徐变也能消除钢筋混凝土内的部分应力集中,对于大体积混凝土,能消除一部分由温度变化所产生的破坏应力。

4. 硬化后混凝土的耐久性

材料的耐久性是指材料在使用过程中,能抵抗周围各种介质的侵蚀而不破坏,也不失去其原有性能的性质。它是一项综合性质,而且因材料的组成和构造不同,其耐久性的内容也不相同。混凝土的耐久性首先要求其具有抗冻性;其次,对于道路混凝土,因受车辆轮胎作用,还要求其具有耐磨性;桥梁墩台混凝土受海水或污水的侵蚀,还要求其具有耐蚀性;隧道混凝土要求具有对气体的耐蚀性。此外,碱—集料反应会引起高速公路及桥梁的破坏,也应受到人们的关注。

(1) 抗冻性

混凝土的抗冻性是指混凝土在饱水状态下遭受冰冻时,抵抗冻融循环作用而不破坏的能力,用抗冻等级表示,抗冻等级分为 D25、D50、D100、D150、D200、D250 和 D300 等。

抗冻性能试验方法分为慢冻法和快冻法两种,对于道路与桥梁混凝土的抗冻性采用快冻法。快冻法试验方法是以 100mm×100mm×400mm 棱柱体混凝土试件,经过 28d 龄期的养护,于 -18℃ 和 5℃ 条件下快速冻结和融化循环,每隔 25 次冻融循环,对试件进行一次横向基频的测试并称重。当冻融循环至 300 次,或混凝土相对动弹性模量下降至 60% 以下,或质量损失率达 5% 时,即可停止试验,此时的循环次数即为混凝土的抗冻等级。

(2) 耐磨性

耐磨性是道路路面和桥梁工程用混凝土的最重要的性能之一。作为高级路面的混凝土,必须具有抵抗车辆轮胎磨耗和磨光的性能;作为大型桥梁的墩台用混凝土,也需要具有抵抗湍流空蚀的能力。

混凝土的耐磨性评价是以试件磨损面上单位面积的磨损作为评定混凝土耐磨性的相对指标。测定方法是,150mm×150mm×150mm 立方体标准试件养护至 27d 龄期,自然干燥 12h 后,再放入 60℃ 烘箱中烘 12h 至恒重,将试件放至混凝土磨耗机的水平转盘上,在 200N 负荷下磨 30 转,取下试件刷净表面粉尘称重,记录试件的初始质量 m_1;然后在 200N 负荷下磨 60 转,取下试件刷净表面粉尘称重,记录试件磨损后的质量 m_2。按公式(3-9)计算试件的磨耗量。

$$G_c = \frac{m_1 - m_2}{0.0125} \tag{3-9}$$

式中:G_c——单位面积的磨损,kg/m³;

m_1——试件磨 30 转后的质量,kg;

m_2——试件磨 60 转后的质量,kg;

0.0125——试件磨损面积,m²。

提高混凝土抗磨损能力的措施应是提高混凝土的硬度、韧性,降低脆性、减少原生缺陷及降低弹性模量。

(3) 碱—集料反应

混凝土中水泥的碱与某些碱活性集料发生化学反应,可引起混凝土膨胀、开裂,甚至破坏,这种化学反应称为碱—集料反应。碱—集料反应会导致高速公路路面或大型桥梁墩台开裂和破坏,并且这种破坏会继续发展下去,维修困难。

碱—集料反应机理不仅非常复杂,而且影响因素很多,但是发生碱—集料反应必须具备三个条件:混凝土中的集料具有活性、混凝土中含有一定量可溶性碱、有一定的湿度。为防止碱—集料反应的危害,按现行规范规定,应使用含碱量小于 0.6% 的水泥或采用抑制碱—集料反应的掺合料;当使用钾、钠离子的混凝土外加剂时,必须进行专门试验,符合要求才能使用。

影响混凝土耐久性的因素很多,主要是材料本身的性质以及混凝土密实度、强度等。提高混凝土耐久性应合理选用水泥品种(如选用硅酸盐水泥、普通硅酸盐水泥);合理选用水灰比和水泥用量,对最大水灰比和最小水泥用量加以控制;合理选用材料的质量,改善集料级配;掺入减水剂、引气剂;加强搅拌、振捣和养护等。

单元二　普通混凝土的配合比设计

普通混凝土配合比设计的任务包括两方面:原材料选择和原材料配合比。根据混凝土的强度等级、工作性和工程所处环境条件,合理地选择水泥、粗集料、细集料、水和外加剂等原材料的品种和等级,根据选定的原材料,按照现行普通混凝土配合比设计规范进行初步配合比、基准配合比、实验室配合比和工地配合比设计计算,同时对普通混凝土的工作性和强度等性能进行检验。

一、概述

(1)混凝土配合比设计的基本资料

①混凝土设计强度等级。

②工程特性(工程所处环境、结构断面、钢筋最小净距等)。

③耐久性要求(如抗冻性、抗侵蚀、耐磨和碱—集料反应等)。

④水泥品种和强度等级。

⑤砂石的种类、石子最大粒径和密度等。

⑥施工方法等。

(2)混凝土配合比表示方法

混凝土配合比的表示方法有两种:单位用量表示法和相对用量表示法。

①单位用量表示法。以 $1m^3$ 混凝土中各种材料的用量表示。如水泥:细集料:粗集料:水 = 343kg:613kg:1251kg:185kg。

②相对用量表示法。以水泥质量为1,并按水泥:细集料:粗集料,水灰比的顺序表示,如 1:1.79:3.65;$W/C = 0.45$。

(3)配合比设计应满足的基本要求

道路和桥梁工程用混凝土的配合比设计,应满足下列4项基本要求。

①满足结构物设计强度的要求。无论是混凝土路面还是桥梁,在设计时都会对不同的结构部位提出不同的设计强度要求。为了保证结构物的可靠性,采用一个比设计强度高的配制强度,才能满足设计强度的要求。但是配制强度的高低一定要适宜,定得太低结构物不安全,定得太高会造成浪费。

②满足施工工作性的要求。按照结构物断面尺寸和形状、配筋的疏密、施工方法及设备等,合理确定混凝土拌合物的工作性。

③满足环境耐久性的要求。根据结构物所处的环境条件,如严寒地区的路面、桥梁墩台所处的水位升降范围等,为保证结构的耐久性,在设计水泥混凝土的配合比时,应考虑允许的最大水灰(胶)比和最小水泥用量。

④满足经济性的要求。在满足混凝土设计强度、工作性和耐久性的前提下,设计配合比时要尽量降低高价材料的用量,节约水泥,合理使用当地材料和工业废料(如粉煤灰),以降低成本。

(4)混凝土配合比设计的三参数

由水泥、水、细集料和粗集料组成的普通混凝土配合比设计中有三个重要的参数:水胶比、砂率和单位用水量。

①水胶比:水、水泥和矿物掺合料组成的浆体,在混凝土配合比设计中起着决定作用。在水、水泥和矿物掺合料性质一定的条件下,浆体的性能决定于水与胶凝材料的比例,即水胶比。

②砂率:砂率是指砂的质量占砂石总质量的百分比,实质上表征砂与石之间的相对含量。在砂石性质固定的条件下,砂与石之间的用量比例影响混凝土的工作性。

③单位用水量:单位用水量是指 $1m^3$ 混凝土拌合物中水的用量(kg)。在水胶比固定的条件下,用水量如果确定,则胶凝材料用量也随之确定,当然集料的总用量也能确定。

(5)混凝土配合比设计的基本原理

①绝对体积法:该法是假定混凝土拌合物的体积等于各组成材料绝对体积与混凝土拌合物所含空气体积之和。

②假定表观密度法:该法是先假定混凝土的表观密度为一定值,混凝土拌合物各组成材料的单位用量之和即为其表观密度。通常普通混凝土的表观密度为 $2350 \sim 2450 kg/m^3$。

③查表法:根据大量试验结果进行整理,将各种配合比列成表,使用时根据相应条件查表,选取适当的配合比。因为它是直接从工程实际中总结的结果,在工程中应用较广泛。

二、混凝土配合比设计步骤

(1)初步配合比的计算

①确定混凝土的配制强度 $f_{cu,o}$。当混凝土的设计强度等级小于 C60 时,确定混凝土的配制强度 $f_{cu,o}$,首先应根据设计要求的混凝土强度等级和施工单位质量管理水平,然后按《普通混凝土配合比设计规程》(JGJ 55—2011)的规定,根据公式(3-10)计算。

$$f_{cu,o} \geq f_{cu,k} + 1.645\sigma \qquad (3-10)$$

式中:$f_{cu,o}$——混凝土的配制强度,MPa;

$f_{cu,k}$——混凝土立方体抗压强度标准值,MPa;

σ——混凝土强度标准差,MPa。

混凝土强度标准差可根据近期(1~3 个月)的同一品种和同一强度等级混凝土的强度资料求得,其试件组数不应少于 30 组。对于强度等级不大于 C30 的混凝土,若强度标准差计算值小于 3.0MPa 时,则计算配制强度时的标准差取 3.0MPa,对于强度等级大于 C30 且不大于 C60 的混凝土,若强度标准差计算值小于 4.0MPa 时,则计算配制强度时的标准差取 4.0MPa。当无近期统计资料时,混凝土强度标准差可根据强度等级按表 3-18 规定取用。

混凝土强度标准差 σ 表 3-18

强度等级(MPa)	≤C20	C25 ~ C45	C50 ~ C55
标准差(MPa)	4.0	5.0	6.0

当混凝土设计强度等级不小于 C60 时,确定混凝土的配制强度 $f_{cu,o}$ 根据公式(3-11)计算确定。

$$f_{cu,o} \geq 1.15 f_{cu,k} \tag{3-11}$$

②确定水胶比。当混凝土强度等级不大于 C60 时,混凝土水胶比按公式(3-12)计算。

$$\frac{W}{B} = \frac{\alpha_a \cdot f_b}{f_{cu,o} + \alpha_a \cdot \alpha_b \cdot f_b} \tag{3-12}$$

式中:α_a, α_b——回归系数,若无试验统计资料时,取值见表 3-53;

f_b——胶凝材料 28d 胶砂抗压强度,MPa。

按公式(3-12)计算所得的水胶比,是按强度要求计算得到的结果。在确定采用的水胶比时,还应根据混凝土所处的环境条件,参考《公路桥涵施工技术规范》(JTG/T F50—2011)要求的允许最大水胶比(表3-19)进行校核,从中选择小者。

混凝土的最大水胶比、最小水泥用量和最大氯离子含量 表 3-19

环境类别	环境条件	最大水胶比	最小水泥用量(kg/m³)	最大氯离子含量(%)
Ⅰ	温暖或寒冷地区的大气环境、与无侵蚀的水或土接触的环境	0.55	275	0.30
Ⅱ	严寒地区的大气环境、使用除冰盐环境、滨海环境	0.50	300	0.15
Ⅲ	海水环境	0.45	300	0.10
Ⅳ	受侵蚀性物质影响的环境	0.40	325	0.10

注:1. 最小水泥用量包括掺合料。
   2. 配制封底、垫层及其他临时工程混凝土,可不受本表限制。

③确定每立方米混凝土的用水量和外加剂用量。水胶比在 0.40~0.80 范围内的干硬性和塑性混凝土,根据粗集料的品种、最大粒径及施工要求的混凝土拌合物稠度,其用水量可按表 3-20、表 3-21 选取。

干硬性混凝土的用水量(kg/m³) 表 3-20

拌合物稠度		卵石最大公称粒径(mm)			碎石最大公称粒径(mm)		
项目	指标	10.0	20.0	40.0	16.0	20.0	40.0
维勃稠度(s)	16~20	175	160	145	180	170	155
	11~15	180	165	150	185	175	160
	5~10	185	170	155	190	180	165

塑性混凝土的用水量(kg/m³) 表 3-21

拌合物稠度		卵石最大公称粒径(mm)				碎石最大公称粒径(mm)			
项目	指标	10.0	20.0	31.5	40.0	16.0	20.0	31.5	40.0
坍落度(mm)	10~30	190	170	160	150	200	185	175	165
	35~50	200	180	170	160	210	195	185	175
	55~70	210	190	180	170	220	205	195	185
	75~90	215	195	185	175	230	215	205	195

注:1. 本表用水系采用中砂时的平均值。采用细砂时,每立方米混凝土用水量可增加 5~10kg;采用粗砂时,每立方米混凝土用水量则减少 5~10kg。
   2. 掺用各种外加剂或掺合料时,用水量应相应调整。

水胶比小于 0.40 的干硬性和塑性混凝土以及使用特殊成型工艺的混凝土,用水量应通过试验确定。

流动性和大流动性混凝土的用水量,则以表3-21中坍落度为90mm的用水量为基础,按坍落度每增加20mm用水量增加5kg,计算出未掺外加剂时的混凝土用水量。

掺外加剂时的混凝土用水量,可按公式(3-13)计算。

$$m_{wo} = m'_{wo}(1-\beta) \tag{3-13}$$

式中:m_{wo}——计算配合比每立方米混凝土的用水量,kg/m^3;

m'_{wo}——未掺外加剂时推定的满足实际坍落度要求的每立方米混凝土的用水量,kg/m^3;

β——外加剂的减水率,应经过试验确定,%。

每立方米混凝土中外加剂用量(m_{ao})应按式(3-14)计算。

$$m_{ao} = m_{bo} \cdot \beta_a \tag{3-14}$$

式中:m_{ao}——每立方米混凝土的外加剂用量,kg/m^3;

m_{bo}——每立方米混凝土的胶凝材料用量,kg/m^3;

β_a——外加剂掺量,应经过试验确定,%。

④计算单位胶凝材料、矿物掺合料和水泥用量。每立方米混凝土的胶凝材料用量m_{bo}应按公式(3-15)计算。

$$m_{bo} = m_{wo}\frac{B}{W} \tag{3-15}$$

式中:m_{bo}——计算配合比每立方米混凝土中胶凝材料用量,kg/m^3;

m_{wo}——计算配合比每立方米混凝土用水量,kg/m^3。

每立方米混凝土的矿物掺合料用量m_{fo}应按式(3-16)计算。

$$m_{fo} = m_{bo} \cdot \beta_f \tag{3-16}$$

式中:m_{fo}——计算配合比每立方米混凝土中矿物掺合料用量,kg/m^3;

β_f——矿物掺合料掺量,%。

根据混凝土所处的环境条件和耐久性要求,普通混凝土的最小水泥用量应不低于表3-19中的规定,配制C15及以下强度等级的混凝土可不受表3-19的限制。

⑤砂率β_s的选定。当无历史资料可参考时,混凝土砂率的确定应符合下列规定。

a.坍落度小于10mm的混凝土,其砂率应经试验确定。

b.坍落度为10~60mm的混凝土,其砂率可根据粗集料的品种、最大公称粒径及水胶比按表3-58选取。

c.坍落度大于60mm的混凝土砂率,可经试验确定,也可在表3-22的基础上,按坍落度每增加20mm,砂率增大1%的幅度予以调整。

混凝土的砂率β_s(%)　　　　　表3-22

水胶比(W/B)	卵石最大公称粒径(mm)			碎石最大公称粒径(mm)		
	10.0	20.0	40.0	16.0	20.0	40.0
0.40	26~32	25~31	24~30	30~35	29~34	27~32
0.50	30~35	29~34	28~33	33~38	32~37	30~35
0.60	33~38	32~37	31~36	36~41	35~40	33~38
0.70	36~41	35~40	34~39	39~44	38~43	36~41

注:1.本表数值系中砂的选用砂率,对于细砂或粗砂,可相应地减小或增大砂率。

2.采用人工砂配制混凝土时,砂率可适当增大。

3.只用一个单粒级粗集料配制混凝土时,砂率可适当增大。

⑥计算每立方米混凝土粗、细集料的用量 m_{go} 和 m_{so}。计算每立方米混凝土粗、细集料的用量可用质量法或体积法求得。质量法比较简单,不需要各组成材料的密度资料,如施工单位已积累有当地常用材料所组成的混凝土假定表观密度资料,亦可得到准确的结果。体积法是根据各组成材料实测的密度来进行计算的,所以能获得较为精确的结果。

a. 质量法:质量法又称假定表观密度法,该法是先假定混凝土的表观密度为一定值,则混凝土拌合物各组成材料的单位用量之和即为其表观密度。在砂率已知的条件下,粗、细集料的单位用量可按公式(3-17)计算。

$$m_{co} + m_{fo} + m_{wo} + m_{so} + m_{go} = m_{cp}$$

$$\beta_s = \frac{m_{so}}{m_{so} + m_{go}} \times 100\% \tag{3-17}$$

式中:$m_{co}, m_{fo}, m_{wo}, m_{so}, m_{go}$——每立方混凝土水泥、矿物掺合料、水、细集料和粗集料的用量,kg;

β_s——混凝土砂率,%;

m_{cp}——每立方米混凝土拌合物的既定质量,其值可根据施工单位积累的试验资料确定,kg。当缺乏资料时,可根据集料的表观密度、粒径及混凝土强度等级参考表3-23选定。

混凝土拌合物的湿表观密度参考表　　　　表3-23

混凝土强度等级	C7.5～C15	C20～C35	>C40
假定湿表观密度(kg/m³)	2300～2350	2350～2400	2450

b. 体积法:体积法又称绝对体积法,该法是假定混凝土拌合物的体积等于各组成材料绝对体积与混凝土拌合物所含空气体积之和。在砂率已知的条件下,粗、细集料单位用量可按公式(3-18)计算。

$$\frac{m_{co}}{\rho_c} + \frac{m_{fo}}{\rho_f} + \frac{m_{wo}}{\rho_w} + \frac{m_{so}}{\rho_s} + \frac{m_{go}}{\rho_g} + 0.01\alpha = 1$$

$$\beta_s = \frac{m_{so}}{m_{so} + m_{go}} \times 100\% \tag{3-18}$$

式中:ρ_c——水泥密度,可按现行国家标准《水泥密度测定方法》(GB/T 208—1994)测定,kg/m³;

ρ_f——矿物掺合料密度,可按现行国家标准《水泥密度测定方法》(GB/T 208—1994)测定,kg/m³;

ρ_w——水的密度,可取 1000kg/m³,kg/m³;

ρ_s, ρ_g——细集料和粗集料的表观密度,可按现行行业标准《普通混凝土用砂、石质量及检验方法标准(附条文说明)》(JGJ 52—2006)测定,kg/m³;

α——混凝土的含气量百分数,在不使用引气剂或引气型外加剂时,α 取值为1。

通过以上6个步骤计算,可将水泥、矿物掺合料、水、细集料和粗集料的用量全部求出,得到混凝土的初步配合比,而以上各项计算多数是利用经验公式或经验资料获得,因此,不一定符合实际要求,所以应对配合比进行试配、调整与确定。

(2)试配调整提出基准配合比

①试配

a. 试配材料要求:试配混凝土所用各种原材料,要与实际工程使用的材料相同,粗、细集料的称量均以干燥状态为基准。

b. 搅拌方法和拌合物数量:混凝土搅拌方法宜与生产时相同。搅拌时,每盘混凝土数量一般不少于表3-24中的建议值。如需要进行抗弯拉强度试验,则应根据实际需要计算拌和用量。采用机械搅拌时,拌合量不应小于搅拌机额定搅拌量的1/4。

混凝土试配的最小搅拌量　　　　　　　　表3-24

粗集料最大公称粒径(mm)	搅拌机最小拌合物数量(L)
≤31.5	20
40.0	25

②校核工作性,确定基准配合比

按初步配合比计算出试配所需的材料用量,配制混凝土拌合物。测定混凝土拌合物的工作性,同时观察拌合物的黏聚性和保水性。当不符合要求时,应进行调整。调整的基本原则是:在水胶比不变的条件下增减水泥浆用量或砂率,相应减增粗、细集料的用量,直到符合要求为止。此时,工作性满足要求的配合比称为基准配合比。当试拌调整工作完成后,应测出混凝土拌合物的实际表观密度。

(3) 检验强度,确定实验室配合比

①制作试件、检验强度

工作性满足要求的基准配合比,混凝土的强度不一定符合要求,所以应对混凝土强度进行检验。混凝土强度进行检验时至少采用三个不同的配合比,其中一个是基准配合比,另两个配合比的水胶比在基准配合比基础上分别增加及减少0.05,用水量应与基准配合比相同,砂率可分别增加及减少1%;制作混凝土强度试件时,应检验其余两个配合比混凝土拌合物的工作性和实际表观密度,并以此结果作为相应配合比的混凝土拌合物性能。

为检验混凝土强度,每个配合比应至少制作一组试件,在标准条件下养护至28d或按照设计强度要求试间测定其抗压强度;也可同时多制作几组试件,按早期数据推定混凝土强度,但最终应满足标准养护28d或设计规定龄期的要求强度。根据试验得出的混凝土强度,绘制强度和胶水比的线性关系图或插值法确定略大于配置强度对应的胶水比。

②确定实验室配合比

a. 根据强度检验结果修正配合比:混凝土用水量应在基准配合比用水量的基础上,根据制作强度试件时测得的稠度值加以适当调整;胶凝材料用量取用水量乘以图解法或插值法求出的胶水比计算得出;粗、细集料的用量在应用水量和胶凝材料用量调整的基础上进行相应的调整。

b. 根据混凝土拌合物湿表观密度修正配合比:强度复核之后的配合比,还应根据拌合物的表观密度实测值$\rho_{c,t}$进行修正,以确定混凝土中各种组成材料的用量。混凝土拌合物的表观密度计算值$\rho_{c,c} = m_c + m_f + m_w + m_s + m_g$,按公式(3-19)计算混凝土校正系数$\delta$。

$$\delta = \frac{\rho_{c,t}}{\rho_{c,c}} \tag{3-19}$$

式中:$\rho_{c,t}$——混凝土拌合物的表观密度实测值,kg/m³;

$\rho_{c,c}$——混凝土拌合物的表观密度计算值,kg/m³。

当混凝土拌合物的表观密度实测值与计算值之差的绝对值不超过表观密度计算值的2%时,按以上原则确定的配合比即为实验室配合比;当二者之差超过表观密度计算值的2%时,应将配合比中各项材料用量乘以校正系数δ,即:

$$m'_{cb} = m_{cb} \cdot \delta$$
$$m'_{sb} = m_{sb} \cdot \delta$$
$$m'_{gb} = m_{gb} \cdot \delta$$
$$m'_{wb} = m_{wb} \cdot \delta$$

配合比调整后,应测定混凝土拌合物水溶性氯离子含量,并对设计要求的混凝土耐久性进行试验,符合设计规定的氯离子含量和耐久性要求的配合比为实验室配合比。

(4)施工配合比

最后确定的实验室配合比,是按粗、细集料均以干燥状态为基准计算的。而施工现场的砂石材料大多露天堆放,都含有一定的水分。因此,施工现场应根据现场砂石材料实际的含水率变化,将实验室配合比换算为施工配合比。

设施工现场实测砂含水率为 $a\%$,石含水率为 $b\%$ 按式(3-20)计算,则 $1m^3$ 混凝土各种材料用量为:

$$m_c = m'_{cb}$$
$$m_s = m'_{sb}(1 + a\%)$$
$$m_g = m'_{gb}(1 + b\%)$$
$$m_w = m'_{wb} - (m'_{sb} \cdot a\% + m'_{gb} \cdot b\%) \tag{3-20}$$

式中:m_c, m_f, m_s, m_g, m_w——$1m^3$ 混凝土施工配合比确定的水泥、矿物掺合料、细集料、粗集料和水的用量,kg。

(5)遇有下列情况之一时,应重新进行配合比设计

①对混凝土性能有特殊要求时。

②外加剂或矿物掺合料品种质量有显著变化时。

③该配合比的混凝土生产间断半年以上时。

三、普通混凝土配合比设计实例——试设计钢筋混凝土桥 T 型梁的混凝土配合比

(1)原始资料

①混凝土强度等级为 C35,无强度历史统计资料,要求混凝土拌合物的坍落度为 30~50mm,桥梁所在地属寒冷地区。

②组成材料:可供应强度等级为 42.5 的普通硅酸盐水泥,实测 28d 胶砂强度 48.8MPa,密度为 $3.1g/cm^3$;砂为中砂,表观密度为 $2.65g/cm^3$;碎石最大粒径为 31.5mm,表观密度为 $2.70g/cm^3$。

(2)设计要求

①计算出初步配合比。

②按初步配合比试拌调整后得出实验室配合比和施工配合比。

(3)设计步骤

确定混凝土的配制强度 $f_{cu,o}$:已知混凝土强度等级为 C30,无强度历史统计资料,查表得混凝土标准差为 5.0MPa。混凝土的配置强度 $f_{cu,o}$ 为:

$$f_{cu,o} = f_{cu,k} + 1.645\sigma = 35 + 1.645 \times 5.0 = 43.2(\text{MPa})$$

确定初步水灰比:根据工程使用原材料通过试验确定集料回归系数:$\alpha_a = 0.53, \alpha_b = 0.20$。混凝土水灰比按公式(3-12)计算:

$$\frac{W}{B} = \frac{\alpha_a \cdot f_b}{f_{cu,o} + \alpha_a \cdot \alpha_b \cdot f_b} = \frac{0.53 \times 48.8}{43.2 + 0.53 \times 0.20 \times 48.8} = 0.53$$

根据混凝土所处的桥梁所在地寒冷地区环境条件和耐久性要求,允许最大水胶比为 0.55,从两值中选择小者即 0.53。

确定单位用水量 m_{wo}:根据粗集料的品种为碎石、最大粒径为 31.5mm 及施工要求的混凝土拌合物稠度坍落度为 30~50mm,其用水量为 185kg/m³。

计算单位水泥用量 m_{co}:按配制强度要求计算单位水泥用量 m_{co}。

$$m_{co} = m_{wo}\frac{C}{W} = \frac{185}{0.53} = 349(\text{kg/m}^3)$$

按耐久性校核单位水泥用量:根据混凝土所处的桥梁所在地寒冷地区环境条件,查表得最小水泥用量应不低于 275kg/m³,符合耐久性要求。

砂率 β_s 的选定:根据粗集料的品种为碎石、最大粒径 31.5mm 及水灰比 0.53,查表选取砂率为 0.34。

计算粗、细集料单位用量 m_{go} 和 m_{so} 如下:

质量法:查表得每立方混凝土拌合物的湿表观密度为 2400kg/m³。粗、细集料单位用量可按下式计算:

$$349 + 185 + m_{so} + m_{go} = 2400$$

$$\frac{m_{so}}{m_{so} + m_{go}} = 0.34$$

解得: $m_{so} = 634 \text{kg/m}^3$, $m_{go} = 1232 \text{kg/m}^3$。

按质量法计算得初步配合比为 $m_{co}:m_{so}:m_{go}:m_{wo} = 349:634:1232:185$,即 $1:1.82:3.53$; $W/C = 0.53$。

体积法:非引气型混凝土 $\alpha = 1$,粗、细集料单位用量可按下式计算:

$$\frac{349}{3.1} + \frac{185}{1.0} + \frac{m_{so}}{2.65} + \frac{m_{go}}{2.70} + 0.01 \times 1 = 1$$

$$\frac{m_{so}}{m_{so} + m_{go}} = 0.34$$

解得: $m_{so} = 632 \text{kg/m}^3$, $m_{go} = 1226 \text{kg/m}^3$。

按体积法计算得初步配合比为 $m_{co}:m_{so}:m_{go}:m_{wo} = 349:632:1226:185$,即 $1:1.81:3.51$; $W/C = 0.56$。

(4)试配调整提出基准配合比

①试配材料用量。按体积法计算得初步配合比试配 20L,则各种材料用量为:

水泥: $349 \times 0.02 = 6.98(\text{kg})$;

砂: $632 \times 0.02 = 12.64(\text{kg})$;

碎石: $1226 \times 0.02 = 24.52(\text{kg})$;

水: $185 \times 0.02 = 3.7(\text{kg})$。

②校核工作性,确定基准配合比。按试配材料用量拌制混凝土拌合物,测其坍落度为 10mm,不能满足题中施工工作性要求,为此保持水灰比不变,增加 5% 水泥浆后,测其坍落度为 40mm,黏聚性和保水性也满足要求,此时混凝土拌合物的材料用量为:

水泥: $6.98 \times (1 + 5\%) = 7.33(\text{kg})$;

砂: $12.64(\text{kg})$;

碎石: $24.52(\text{kg})$;

水：$3.7 \times (1+5\%) = 3.89 (kg)$。

③提出基准配合比。混凝土基准配合比为 $m_{ca}:m_{wa}:m_{sa}:m_{ga} = 7.33:3.89:12.64:24.52$，即 $1:1.72:3.35$；$W/C = 0.53$。

(5)检验强度，确定实验室配合比

①制作试件、检验强度。混凝土强度进行检验时采用三个不同的水灰比。其中一个 0.53，另两个水灰比则分别为 0.48 和 0.58，用水量与基准配合比相同。检验混凝土拌合物的工作性均满足要求。为检验混凝土强度，每个配合比至少制作一组(3块)试件，在标准条件下养护至 28d 测定其抗压强度，分别为 43.5MPa、48.7MPa 和 39.8MPa。根据试验结果，绘出的混凝土强度与其相应的水灰比关系如图 3-4 所示。由图 3-4 确定，与混凝土强度 43.2MPa 对应的水灰比为 0.53。

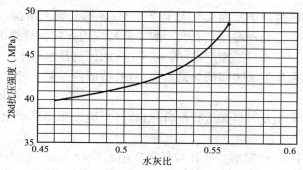

图 3-4 混凝土 28d 抗压强度与水灰比关系

②确定实验室配合比。按强度检验结果修正配合比，各种材料用量为：

水泥：$349 \times (1+5\%) = 366 (kg)$；

砂：$632 (kg)$；

碎石：$1226 (kg)$；

水：$185 \times (1+5\%) = 194 (kg)$。

计算拌合物的表观密度：$\rho_{c,c} = 366 + 194 + 632 + 1226 = 2418 (kg/m^3)$。

实测拌合物的表观密度：$\rho_{c,t} = 2400 (kg/m^3)$。

修正系数：$\delta = 2418/2400 = 1.01$。

因为混凝土拌合物的表观密度实测值与表观密度计算值之差的绝对值没有超过表观密度计算值的 2%(为 0.74)，则不需进行修正，按以上原则确定的配合比即为实验室配合比。因此 $1m^3$ 混凝土中各原材料用量为验室配合比为：

$m'_{cb} = m_{cb} = 366 (kg/m^3)$；

$m'_{sb} = m_{sb} = 632 (kg/m^3)$；

$m'_{gb} = m_{gb} = 1226 (kg/m^3)$；

$m'_{wb} = m_{wb} = 194 (kg/m^3)$。

实验室配合比为 $m'_{cb}:m'_{sb}:m'_{gb}:m'_{wb} = 366:632:1226:194$，即 $1:1.73:3.35$；$W/C = 0.53$。

(6)施工配合比。根据施工现场实测砂含水率为 3.5%，石含水率为 1.0%，则各种材料用量为：

水泥：$366 (kg/m^3)$；

砂：$632 \times (1+3.5\%) = 654 (kg/m^3)$；

碎石:$1226×(1+1.0\%)=1238(kg/m^3)$;

水:$194-(632×3.5\%+1226×1.0\%)=160(kg/m^3)$。

因此,施工配合比为$m_c:m_w:m_s:m_g=366:160:654:1238$,即$1:1.79:3.38$;$W/C=0.44$。

单元三 其他混凝土

在道路与桥梁工程中,除了普通混凝土外,常用的其他功能混凝土有大体积混凝土、流态混凝土、高强混凝土和高性能混凝土等。

一、大体积混凝土

大体积混凝土指的是最小断面尺寸大于或等于1m的混凝土结构,由于其尺寸较大,必须采用相应的技术措施妥善处理温度差及合理解决温度应力并控制裂缝扩展。大体积混凝土与普通混凝土的区别表面上看只是厚度不同,但其实质的区别是混凝土中水泥水化要产生热量,大体积混凝土内部的热量不如表面的热量散失得快,造成内外温差过大,其所产生的温度应力可能会使混凝土开裂。

大体积混凝土在选用原材料和进行配合比设计时,应按照降低水化热温升的原则进行,并应符合如下规定:

(1)水泥宜选用中、低热硅酸盐水泥或低热矿渣硅酸盐水泥,当采用硅酸盐水泥或普通硅酸盐水泥时,应掺加矿物混合料;粗集料宜采用连续级配,最大公称粒径不宜小于31.5mm,含泥量不应大于1.0%;细集料宜采用中砂,含泥量不应大于3.0%;宜掺用矿物混合料和缓凝型减水剂。掺合料宜采用粉煤灰、矿渣粉等。

(2)进行水泥混凝土配合比设计时,在保证混凝土强度和工作性要求的前提下,宜采取改善粗集料级配、提高粗集料和掺合料的含量、降低水胶比等措施,减少混凝土的水泥用量。

(3)大体积混凝土进行混凝土配合比设计及质量评定时,可按60d或90d龄期的抗压强度控制。

二、流态混凝土

在预拌的坍落度为80~120mm的基体混凝土拌合物中,在浇注之前掺入适量的流化剂,经过1~5min的第二次搅拌,使基体混凝土拌合物的坍落度立刻增大至180~220mm,使其能像水一样地流动,这种混凝土称为流态混凝土。在美国、英国、加拿大等国家称为超塑性混凝土,在德国和日本称为流动混凝土。

1.流态混凝土的特点

流态混凝土自20世纪70年代初研制成功后,经过30多年的不断探索和实践,在国内外的应用范围越来越广泛。归纳起来,流态混凝土主要有以下特点。

(1)流动性大,浇注性好

流态混凝土的坍落度一般在180mm以上,其流动性非常好,能像水一样流动至模板的各部位,不仅可以采用泵送浇注,而且不需要进行捣实。

(2)减少用水量、提高混凝土性能

由于流化剂可大幅度减少用水量,则在保证流动性的前提下可减小水胶比,因此可提高混凝土的强度和耐久性。

（3）降低集浆比、减少收缩

流态混凝土是依靠流化剂的流化作用来提高其流动性的,如保持原来水胶比不变,则不仅可减少用水量,同时还可以节约水泥用量。这样拌合物中水泥浆的体积减少后,则可减小混凝土硬化后的收缩率,避免收缩裂缝。

（4）不产生离析和泌水

由于流化剂的流化作用,流态混凝土在用水量较小的情况下具有大的流动性,所以它不会像普通混凝土那样产生离析和泌水。

2. 流态混凝土的组成材料

（1）基体混凝土

水泥用量一般不低于 $300kg/m^3$,粗集料最大粒径不大于 19mm,细集料含有一定数量粒径小于 0.3mm 的粉料,砂率通常可达 45% 左右。基体混凝土拌合物的坍落度应与流化后拌合物的坍落度相匹配,通常相差约为 100mm。

（2）流化剂

流化剂属高效减水剂。流化剂的用量一般为水泥用量的 0.5%~0.7%,如超过 0.7%,坍落度并无明显增加,但易产生离析现象。

（3）掺合料

在流态混凝土中常掺加优质粉煤灰等,可改善流动性、提高强度、节约水泥。

3. 流态混凝土的技术性能

（1）抗压强度

一般情况下,流态混凝土与基体混凝土相比较,同龄期的强度无大差别。但是由于有些流化剂可起到一定早强作用,因而使流态混凝土的强度有所提高。

（2）弹性模量

掺加流化剂后,混凝土的弹性模量与抗压强度一样,未见有明显差别。

（3）与钢筋的黏结强度

由于流化剂可使混凝土拌合物的流动性增加,所以流态混凝土较普通混凝土与钢筋的黏结强度有所提高。

（4）徐变和收缩

流态混凝土的徐变较基体混凝土稍大,而与普通大流动性混凝土接近。流态混凝土收缩与流化剂的品种和掺加量有关。掺加缓凝型流化剂时,其收缩比基体混凝土大。

（5）抗冻性

流态混凝土的抗冻性比基体混凝土稍差,与大流动性混凝土接近。

（6）耐磨性

试验表明,流动性混凝土的耐磨性较基体混凝土稍差,作为路面混凝土应考虑提高耐磨性。

4. 工程应用

流态混凝土在道路与桥梁工程中应用日益广泛。例如越江隧道的混凝土路面、斜拉桥的混凝土主塔以及地铁的衬砌封顶等均须采用流态混凝土。

三、高强混凝土

强度等级不低于 C60 的混凝土称为高强混凝土。为了减轻自重、增大跨径,现代高架公路、立体交叉和大型桥梁等混凝土结构均采用高强混凝土。

1. 组成材料技术要求

(1) 优质高强水泥

高强混凝土用水泥的矿物成分中含有 C_3S 和 C_3A，其中 C_3S 含量较高。水泥宜选用强度等级不低于52.5的硅酸盐水泥或普通硅酸盐水泥。

(2) 拌合水

采用磁化水拌和。磁化水是普通的水以一定流速流经磁场，由于磁化作用提高了水的活性。用磁化水拌制混凝土，使水泥水化更完全、充分，因而可提高混凝土强度30%~50%。

(3) 硬质高强的集料

粗集料应使用质地坚硬、级配良好、无风化颗粒的碎石。形状近似立方体，有棱角和表面粗糙，针片状颗粒含量不宜大于5%，碎石的最大粒径不大于25mm，配制C80及以上等级混凝土时，最大粒径不大于20mm。细集料宜选用质地坚硬、级配良好的中砂，细度模数不小于2.6。

(4) 外加剂

高强度混凝土均采用高效减水剂或缓凝高效减水剂，其掺量应经试验确定。

(5) 掺合料可选用品质稳定的粉煤灰、磨细矿渣粉或硅灰等。

2. 性能特点

(1) 高强度混凝土可有效地减轻结构自重。

(2) 可大幅度地提高混凝土耐久性。

(3) 在大跨度的结构物中采用高强度混凝土可大大减少材料用量及成本，获得显著的经济效益。

四、高性能混凝土

高性能混凝土是20世纪80年代末至90年代初，由一些发达国家基于混凝土结构耐久性设计提出的一种全新概念的混凝土，它以耐久性为首要设计指标，这种混凝土有可能为基础设施工程提供100年以上的使用寿命。区别于传统混凝土，高性能混凝土由于具有高耐久性、良好工作性、较高强度和高尺寸稳定性等许多优良特性，被认为是目前全世界性能最为全面的混凝土，至今已在不少重要工程中被采用，特别是在桥梁、高层建筑、海港建筑等工程中显示出其独特的优越性，在工程安全使用、经济合理性、环境条件的适应性等方面产生了明显的效益。因此被各国学者所接受，高强性能混凝土被认为是今后混凝土技术的发展方向。

1. 组成材料技术要求

(1) 应选用优质水泥和优质集料，同时应掺加与水泥相匹配的高效减水剂及优质掺合料。

(2) 水泥宜选用标准稠度、用水量小、强度等级不低于42.5的硅酸盐水泥或普通硅酸盐水泥。

(3) 细集料宜选用质地坚硬、级配良好、细度模数为2.6~3.2的河砂或符合要求的人工砂，不得使用山砂和海砂。

(4) 粗集料应使用质地坚硬、粒形良好、级配合理、洁净的碎石或卵石。压碎指标应不大于10%。

(5) 外加剂采用高效减水剂或复合高效减水剂，其掺量应经试验确定。

(6) 掺合料可选用品质稳定的粉煤灰、磨细矿渣粉或硅灰等。

2. 高性能混凝土具有的独特性能

（1）高性能混凝土具有较高的强度和高抗渗能力，但不一定具有高强度，中强度亦可。

（2）高性能混凝土具有良好的工作性，混凝土拌合物应具有较高的流动性，混凝土在成型过程中不分层、不离析、易充满模型；泵送混凝土、自密实混凝土还具有良好的可泵性、自密实性能。

（3）高性能混凝土的使用寿命长，对于一些特殊工程的特殊部位，控制结构设计的不是混凝土的强度，而是耐久性。能够使混凝土结构安全可靠地工作50～100年，是高性能混凝土应用的主要目的。

（4）高性能混凝土具有高的体积稳定性，即混凝土在硬化早期应具有较低的水化热，硬化后期具有较小的收缩变形。

单元四　钢筋混凝土用钢材

一、钢材的生产及组成

1. 钢材

钢以铁为主要元素，含碳量小于2.06%，并含有其他元素的铁碳合金，由生铁冶炼、脱氧而成。钢经过铸锭加工后成为型材、板材和钢筋，它们统称为钢材。钢材被用于各类混凝土及预应力混凝土结构中。要求其具有较高的强度、良好的塑性、可焊性和冲击韧性，以满足相应结构需要承受的车辆荷载作用和大气等各种自然因素的考验。

本单元只对钢筋混凝土和预应力混凝土结构中所用的钢材进行简单介绍。

（1）钢筋混凝土用热轧光圆钢筋

钢筋混凝土用热轧光圆钢筋是指经热轧成型并自然冷却的成品、横截面为圆形且表面光滑的钢筋混凝土配筋用钢材。

（2）钢筋混凝土用热轧带肋钢筋

钢筋混凝土用热轧带肋钢筋是指钢筋混凝土配筋用的直条或盘条状钢材，通常带有两道纵肋和沿长度方向均匀分布的横肋。此类钢筋在混凝土中主要承受拉应力。

（3）预应力混凝土用钢绞线

钢绞线是由2根、3根或7根钢丝捻制的，其中用得最多的是由7根圆形断面钢丝捻制而成，做预应力混凝土配筋用的钢绞线，简称预应力钢绞线。钢绞线按左捻制成，并经回火处理，消除内应力。它具有强度高、柔性好、质量稳定、成盘供应、不需接头等优点。适用于大型建筑、公路或铁路桥梁等大跨度预应力混凝土构件。

2. 钢材的特点

钢材具有强度高、塑性好、韧性高、能经受冲击、品种均匀、性能可靠等优点，可以对其进行热处理和冷加工，又可以进行焊接、铆接和切割，便于装配成大型构件和构筑物等。带肋钢筋由于表面肋的作用，和混凝土有较大的黏结能力，因而能更好地承受外力的作用。钢材广泛用于各种建筑结构，几乎在所有的混凝土结构物中都有应用，特别是大、中桥梁。其主要缺点是易锈蚀、维护费用高。

3. 钢材的组成

（1）碳

碳是钢中除铁之外含量最多的元素，是决定钢性能的主要元素。含碳量多时，钢的屈服强度、强度极限及硬度相应提高,而伸长率、断面收缩率及冲击韧性则相应降低。

(2)锰

锰是低合金钢的重要合金元素,它可减轻硫的有害作用,消除钢的热脆性,改善加工性能。钢中含锰量增加时,其强度、硬度和耐磨性都提高。碳钢中锰含量一般低于0.8%。

(3)硅

硅在钢中也是一种有益元素。硅含量少时,仅作为少量杂质存在,对钢的性能无显著影响。随硅含量的增高,钢的强度、弹性及硬度都升高,而韧性、塑性、锻造性和焊接性均降低。碳钢中含硅量通常小于0.35%。

(4)硫

硫是由炼钢原料带入钢中的有害元素。硫的含量虽然很低,但它的存在使钢质变脆,并降低抗蚀性,而且对焊接也不利。规定普通碳素钢含硫量不大于0.045%,优质钢含硫量不大于0.035%。

(5)磷

磷是由炼钢原料带入钢中的有害元素。磷会显著降低钢材的塑性、韧性、冷弯性能和可焊性,特别是在低温下冲击韧性下降更为明显,常把这种现象称为冷脆性。但磷可使钢材的强度、耐蚀性提高,因此钢中含磷量要严格控制。规定普通碳素钢含磷量不大于0.040%,优质钢含磷量不大于0.030%。

(6)氧、氮

氧、氮都是钢中的有害元素,可显著降低钢的塑性、韧性、冷弯性能和可焊性。

综上可知,化学元素对钢材的性能影响很大。其中,碳、锰、硅是碳素钢的有益元素,而硫、磷、氧、氮等微量元素则是钢材的有害元素,应严格按照规范控制其含量,以保证钢材的力学性能和工艺性能。

4.钢材的分类

钢材的分类方法很多,常用的分类方法如下:

(1)按化学成分分类

①碳素钢:含少量硫、磷杂质的铁碳合金。根据碳元素在钢中的含量不同,进一步分类如下:

a.低碳钢,碳含量<0.25%,软韧、易加工,是建筑工程的主要用钢,如Ⅰ级钢筋。

b.中碳钢,碳含量为0.25%~0.6%,较硬,多用于机械部件,如Ⅱ级钢筋。

c.高碳钢,碳含量>0.6%,很硬,是一般工具的主要用钢,如碳素钢丝。

②合金钢:在低碳素钢或中碳素钢冶炼时添加合金元素(锰、硅、钛、铬、铌等),获得强度高且综合性能好的钢种。其主要牌号有20锰硅和20锰铌的HRB335钢、25锰硅的HRB400钢。根据合金元素掺入的总量,又可分类如下:

a.低合金钢,合金元素总量<5%。

b.中合金钢,合金元素总量为5%~10%。

c.高合金钢,合金元素总量>10%。

(2)按有害杂质含量不同分类

根据钢中硫、磷杂质元素的含量不同,可分类如下:

①普通碳素钢:硫含量≤0.055%,磷含量≤0.040%。

②优质碳素钢:硫含量为0.030%~0.040%,磷含量≤0.040%。

③高级优质碳素钢:硫含量为0.020%~0.030%,磷含量≤0.035%。

(3)按生产工艺分类

①热轧钢筋:钢锭或连铸坯在高温时用轧钢机轧制,而不再经过任何处理的钢筋。

②冷拉钢筋:一般在工地上,将热轧钢筋在常温下,拉到屈服点以上、极限强度以下的一定强度,卸荷后可使原钢筋的屈服点、极限强度和硬度都得到提高。

③冷拔低碳钢丝:一般在厂内或有条件的工地,将直径为6~10mm的热轧光圆钢筋,通过拔丝模具多次强力冷拔卸荷后,使原钢筋直径减小,塑性降低,极限强度大为提高。

④热处理钢筋:将热轧螺纹钢筋经淬火和回火调质热处理而成。调质热处理提高了热轧螺纹钢筋的抗拉强度并改善了其性能,可使热轧普通钢筋的抗拉强度提高到预应力筋所需要的抗拉强度。

⑤碳素钢丝:通称高强钢丝,由含碳为0.25%~0.6%,含磷量及含硫量小于0.05%的优质碳素钢制成。分为矫直回火和冷拉两种,直径为3~5mm。

⑥刻痕钢丝:由碳素钢丝经压痕机轧制而成。

⑦钢绞线:一般由7根直径为2.5~5mm碳素钢丝编绞而成,成股直径为9~15mm。

(4)按用途分类

钢的用途与其形状有关,所以按用途分类实际上是按形状来分类。

桥梁用钢按其形状分类可分为型材、棒材(或线材)和异型材(特种形状)三类。型材主要包括型钢和钢板,主要用于钢桥建筑;线材主要包括钢筋、预应力钢筋、高强钢丝和钢绞线等,是钢筋混凝土建筑中使用的重要材料之一;异型材是为特殊用途制作的,如预应力混凝土桥梁中的锚具、夹具和大变形伸缩件中使用的异型钢梁等。

(5)按使用性能和力学性能分类

①普通钢筋:仅做非预应力钢筋使用。

②预应力混凝土用钢筋:目前使用的有热处理钢筋、矫直回火钢丝、冷拉钢丝、刻痕钢丝、钢绞线等,使用最多的是钢绞线,用7根钢丝捻制的为标准型钢绞线。

(6)按直径分类

①钢丝:直径为3~5mm。

②细钢筋:直径为6~10mm。

③中粗钢筋:直径为12~20mm。

④粗钢筋:直径大于20mm。

(7)按供应形式分类

可分为盘圆钢筋(直径为6~10mm)和直条钢筋(直径为6~12mm)。

(8)按钢筋的轧制外形分类

可分为光面圆钢筋、变形钢筋和刻痕钢筋。

二、钢材的技术性质

1. 钢材的使用性能和工艺性能

(1)使用性能是指能够保证钢筋制成的成品正常使用的能力,如物理性能、力学性能和化学性能等。

①物理性能是指钢材本质不发生变化而表现的性能,包括密度、熔点、强度、硬度、导电性、导热性、磁性、塑性等。

②力学性能是指在外力作用下所表现出的各种特性,包括弹性、塑性、韧性、强度、硬度等。

③化学性能主要是指其化学稳定性,即抵抗周围各种介质腐蚀的能力。

(2)工艺性能是指钢材在生产加工过程中,能承受各种加工制造工艺且不产生疵病或废品而应具备的性能,钢材应具有良好的工艺性能,以满足施工工艺的要求,如冷弯、冷拉、冷拔及焊接性能等。

2. 钢筋混凝土结构用钢筋的基本技术性能

(1)强度

强度是钢筋力学性能的主要指标,包括屈服强度和抗拉强度。

①屈服强度:也称屈服极限,它是钢材在承受抗拉试验时,开始失去对变形的抵抗能力,并产生大量塑性变形时所对应的应力。对于低碳钢,在屈服阶段有一锯齿形应力—应变曲线,对应于锯齿形最高点的应力称为上屈服点,对应于锯齿形最低点的应力称为下屈服点。上屈服点与试验过程中的许多因素有关,数据范围变化较大,而下屈服点较为稳定,所以我国现行规范中规定:取低碳钢的下屈服点所对应的应力为屈服强度。由于中碳钢和高碳钢没有明显的屈服阶段,故取中碳钢和高碳钢在受拉过程产生残余应变为 0.2% 时所对应的应力作为屈服强度。预应力钢筋混凝土用的钢材都无明显的屈服点。

当钢材中的实际应力达到屈服点时,虽未破坏,但却产生了比较明显的、不可恢复的塑性变形,这是为一般建筑结构的正常使用所不允许的,所以屈服强度是确定钢结构容许应力的主要依据。

②抗拉强度:它是钢材所承受的最大拉应力,即当拉应力达到强度极限时,钢材完全丧失了对变形的抵抗能力而断裂。抗拉强度不能直接利用。

③屈强比:它是屈服强度和抗拉强度的比值,通常用来比较结构的安全可靠性和钢材的有效利用率。屈强比越小,表明钢材越不易发生危险的脆性破坏,结构的安全性、可靠性越高。但太小则钢材强度的有效利用率低,造成浪费。所以,屈服强度和抗拉强度是钢材力学性能的主要检验指标。

建筑结构钢屈强比一般在 0.60~0.75 范围内较合理。普通碳素结构钢 Q235 的屈强比在 0.58~0.63 范围内;低合金结构钢的屈强比在 0.65~0.75 范围内;对有抗震要求的框架结构纵向受力钢材,要求屈强比不应大于 0.80。

(2)塑性

塑性是钢材在受力破坏前可以经受永久变形的性能,通常用伸长率和断面收缩率表示。

①伸长率:它是钢材在拉伸试验中发生断裂时所能承受的永久变形的能力。试件拉断后标距长度的增量与原标距长度之比的百分率即为伸长率。

伸长率是衡量钢材塑性的重要指标,伸长率越大,钢材的塑性越好。而有明显屈服点的钢材都有较高的伸长率和较大的塑性,塑性良好的钢材,偶尔遇到超载,将产生塑性变形,使内部应力重新分布,不致由于应力集中造成脆性断裂而发生突然破坏。相反,塑性小的钢材,钢质硬脆,超载后易脆断破坏。

伸长率的大小与试件尺寸有关,一般规定试件计算长度为其直径的 5 倍或 10 倍,伸长率分别用 δ_5、δ_{10} 表示。通常以伸长率的大小来区别钢材塑性的好坏,伸长率越大,表明钢材的塑性越好。当 $\delta > 5\%$ 时,称为塑性材料,如钢、铁等;当 $\delta < 5\%$ 时,称为脆性材料,如铸铁等。

通过拉伸实验可以测得屈服强度、抗拉强度和伸长率。

②断面收缩率:断面收缩率也是反映钢材塑性的指标,它是试件拉断后缩颈处横断面积的最大缩减量占横截面积的百分率。

(3)冲击韧性

冲击韧性是钢材抵抗冲击荷载作用的能力,用冲断试件所需的能量表示。它是衡量钢材抵抗脆性破坏的力学性能指标。将有缺口的试件放在冲击试验机的支座上,用摆锤打断试件,测得试件单位面积上所消耗的功,作为冲击韧性指标。值越大,钢材在断裂时所吸收的能量越多,则冲击韧性越好。

对于重要钢结构及使用时承受动荷载作用的结构,必须对其钢材的冲击韧性予以鉴定。

(4)硬度

钢材表面局部体积内抵抗更硬物体压入而引起塑性变形的抗力称为硬度。常用的测定钢材硬度的方法是布氏法,所测的硬度称为布氏硬度,此外还有洛氏法和维氏法。

布氏硬度试验是用直径为 $D(mm)$ 的硬钢球,在一定荷载 $P(N)$ 作用下压入钢材表面,并持续一定时间后卸荷,量出压痕直径 $d(mm)$,计算每单位压痕球面积所承受的荷载,即为布氏硬度(HB)。硬度的大小,既可判断钢材的软硬程度,也可以近似地估计钢材的抗拉强度。硬度越大,即表明钢材抵抗塑性变形能力越大,钢材产生塑性变形越困难。

(5)耐疲劳性

钢材若在交变应力(随时间做周期性交替变更的应力)的反复作用下,往往在工作应力远小于抗拉强度时发生骤然断裂,这种现象称为疲劳破坏。钢材抵抗疲劳破坏的能力称为耐疲劳性。

(6)冷弯性能

冷弯性能是钢材在常温条件下承受规定弯曲程度的弯曲变形能力,并可在弯曲中显示钢材缺陷的一种工艺性能。钢筋混凝土所用的钢材,多需进行弯曲加工,因此必须满足冷弯性能的要求。

冷弯性能是以规定尺寸试件,在常温下进行弯曲试验,弯曲性能用弯曲角度、弯心的直径与试件的厚度(或直径)比值表示。能承受的弯曲角度越大,弯心直径与试件厚度(或直径)比越小,则表示该钢材的弯曲性能越好。按规定试件弯曲处不产生裂纹、断裂和起层等现象即认为冷弯性能合格。

冷弯是检验钢材塑性的一种方法,并与伸长率存在着必然的联系。伸长率大的钢材,其冷弯性能必然好,但冷弯试验对钢材塑性的评定比拉伸试验更严格、更敏感。冷弯有助于暴露钢材中的气孔、杂质、裂纹等缺陷。钢材的局部脆性及接头缺陷都可在焊接中的冷弯发现,所以钢材的冷弯不仅是评定塑性、加工性能的要求,而且也是评定焊接质量的重要指标之一。对于重要结构和弯曲成型的钢材,冷弯必须合格。

(7)焊接性能

建筑工程中,钢材间的连接90%以上采用焊接方式。因此,要求钢材应有良好的焊接性能。焊接的质量取决于钢材与焊接材料的可焊性及其焊接工艺。可焊性是指在一定的焊接工艺条件下,在焊缝及附近过热区不产生裂缝及硬脆倾向。可焊性好的钢材,焊接后在焊缝处的力学性能,尤其是强度应与母材性质基本相同,以保证焊接牢固可靠。

焊接性受化学成分及其含量的影响。含碳量小的碳素钢具有良好的可焊性,硫、磷及气体杂质使可焊性降低,加入过多的合金元素,也可降低可焊性。一般焊接结构用钢应注意选用含碳量较低的氧气转炉钢或平炉镇静钢。对于高碳钢及合金钢,为了改善焊接性能,焊接时一般要采用焊前预热及焊后热处理等措施。

（8）腐蚀性

钢材因受周围介质的化学作用而逐渐破坏的现象称为腐蚀，也称锈蚀。产生腐蚀的原因有两种，即化学锈蚀和电化学锈蚀。

防治方法有制成合金钢、金属覆盖和涂覆油漆等。

以上几种性能是钢材的基本技术性能，其中常用的指标是强度和塑性，在建筑上使用的钢材应主要检测钢材的强度和塑性两项指标。

三、钢材的技术要求

1. 钢材应具备的技术要求

（1）良好的综合力学性能

钢材应具有较高的屈服点与较高的抗拉强度，并有良好的塑性、冷弯、冲击韧性、抵抗振动应力的抗疲劳强度和低温（-40℃）冲击韧性。

（2）良好的焊接性

由于近代焊接技术的发展，桥梁钢结构趋向于采用焊接结构代替铆接结构，以加快施工速度和节约钢材，因此要求钢材具有良好的焊接性能。

（3）良好的抗蚀性

桥梁长期暴露于大气中，故要求钢材具有良好的抵抗大气因素腐蚀的性能。

2. 钢制品

（1）普通钢筋的力学性能和表面质量要求

钢筋混凝土中的钢筋和预应力混凝土中的非预应力钢筋有光圆钢筋、热轧带肋钢筋、冷轧带肋钢筋、低碳钢热轧圆盘条。在工程中需要做拉伸试验和弯曲试验，其力学性能指标、强度标准见表3-25。常用单根圆钢筋横截面面积和理论质量见表3-26。

普通钢筋的力学性能指标、强度标准　　　　　表3-25

钢筋类别	牌号	公称直径（mm）	屈服强度 R_{el}(MPa)	抗拉强度 R_m(MPa)	断后伸长率 A(%)	最大力总伸长率 A_{gt}(%)	冷弯试验	
			不小于				弯心直径	弯曲角度(°)
热轧光圆钢筋	HPB235	6~22	235	370	25	10	d	180
	HPB300		300	420				
热轧带肋钢筋	HRB335 HRBF335	6~25	335	455	17	7.5	3d	180
		28~40					4d	
		>40~50					5d	
	HRB400 HRBF400	6~25	400	540	16	7.5	4d	180
		28~40					5d	
		>40~50					6d	
	HRB500 HRBF500	6~25	500	630	15		6d	180
		28~40					7d	
		>40~50					8d	

注：d为钢筋直径。

单根圆钢筋公称横截面面积和理论质量　　表3-26

公称直径（mm）	公称横截面面积（mm²）	理论质量（kg/m）	公称直径（mm）	公称横截面面积（mm²）	理论质量（kg/m）
6	28.27	0.222	22	380.1	2.98
8	50.27	0.395	25	490.9	3.85
10	78.54	0.617	28	615.8	4.83
12	113.1	0.888	32	804.2	6.31
14	153.9	1.21	36	1018	7.99
16	201.1	1.58	40	1257	9.87
18	254.5	2.00	50	1964	15.42
20	314.2	2.47			

表面质量要求：钢筋外表有严重锈蚀、麻坑、裂纹夹砂和夹层等缺陷时，应予剔除，不得使用。

（2）预应力钢筋的力学性能和表面质量要求

预应力钢筋的种类比较多，包括热处理钢筋、冷拉钢筋、精轧螺纹钢筋、冷拔钢丝、预应力混凝土用钢丝、钢绞线，分别简述如下。

①热处理钢筋：热处理钢筋由热轧螺纹钢筋经淬火和回火的调质处理而成，经热处理后改变了钢筋的内部组织结构，其性能得到改善，抗拉强度提高到预应力钢筋所需要的强度等级。热处理钢筋按其螺纹外形分有纵肋和无纵肋两种。热处理钢筋的力学性能见表3-27，尺寸及允许偏差和计算数值见表3-28和表3-29。

热处理钢筋的力学性能　　表3-27

公称直径（mm）	牌号	屈服强度$\sigma_{0.2}$（MPa）	抗拉强度σ_b（MPa）	伸长率δ_{10}（%）
		不小于		
6	40Si2Mn			
8.2	48SiMn	1325	1470	6
10	45Si2Cr			

热处理钢筋（有纵肋）的尺寸及允许偏差和计算数值　　表3-28

公称直径d(mm)	尺寸及允许偏差（mm）							截面计算面积F(mm²)	理论质量（kg/m）
	垂直内经d_1	水平内经d_2	肋距L	横肋高h_1	横肋宽b_2	纵肋高h_2	纵肋宽b_2		
8.2	$8.0^{+0.6}_{-0.2}$	$8.3^{+0.6}_{-0.2}$	$7.5^{+0.5}_{-0.5}$	$0.7^{+0.5}_{-0.2}$	$0.7^{+0.5}_{-0.2}$	$0.7^{+0.5}_{-0.2}$	$1.2^{+0.5}_{-0.5}$	52.81	0.432
10	$9.6^{+0.6}_{-0.2}$	$9.6^{+0.4}_{-0.4}$	$7.0^{+0.5}_{-0.5}$	$1.0^{+0.5}_{-0.5}$	$1.0^{+0.5}_{-0.3}$	$1.0^{+0.5}_{-0.3}$	$1.5^{+0.5}_{-0.5}$	78.54	0.617

热处理钢筋（无纵肋）的尺寸及允许偏差和计算数值　　表3-29

公称直径d(mm)	尺寸及允许偏差（mm）					截面计算面积F(mm²)	理论质量（kg/m）
	垂直内经d_1	水平内经d_2	肋距L	横肋高h_1	横肋宽b_2		
6	$5.8^{+0.6}_{-0.2}$	$6.3^{+0.6}_{-0.2}$	$7.5^{+0.5}_{-0.5}$	$0.4^{+0.3}_{-0.2}$	$0.7^{+0.5}_{-0.2}$	28.27	0.230
8.2	$7.9^{+0.6}_{-0.2}$	$8.5^{+0.4}_{-0.4}$	$7.5^{+0.5}_{-0.5}$	$0.7^{+0.5}_{-0.2}$	$0.7^{+0.5}_{-0.2}$	52.73	0.424

表面质量要求：钢筋表面不得有肉眼可见的裂纹、结疤、折叠；允许有凸块，但不得有超过

横肋高度的凸块;表面允许有不影响使用的缺陷,但不得沾有油污。

②冷拉钢筋:冷拉是将钢筋在常温下拉伸超过屈服点,以提高钢筋的屈服极限、强度极限和疲劳极限的一种加工工艺。但经冷拉后会降低钢筋的延伸率、断面收缩率、冷弯性能和冲击韧性。

预应力混凝土结构所用的钢筋,主要要求具有高的屈服极限、变形极限等强度性能,而延伸率、断面收缩率、冷弯性能要求不高,因此这就为采用冷拉加工工艺提供了可能性。冷拉钢筋的力学性能要求见表3-30。

冷拉钢筋力学性能 表3-30

钢筋级别	直径(mm)	屈服强度(MPa)	抗拉强度(MPa)	伸长率δ_{10}(%)	冷弯	
		不小于			弯心直径	弯曲角度(°)
冷拉Ⅳ级钢筋	10~28	700	835	6	5d	90

表面质量要求:钢筋冷拉后,其表面不应发生裂纹。冷弯试验后无裂纹、鳞落或断裂现象。

③精轧螺纹钢筋:精轧螺纹钢筋是用热轧方法直接生产的一种无纵肋的钢筋,钢筋的连接是在端部用螺纹套筒进行连接接长,其力学性能如表3-31所示。

表面质量要求:钢筋表面不得有横向裂纹、结疤和机械损伤,钢筋表面允许有不影响力学性能和连接的缺陷。

精轧螺纹钢筋力学性能 表3-31

钢筋级别	屈服强度$\sigma_{0.2}$(MPa)	抗拉强度σ_b(MPa)	伸长率δ_5(%)	冷弯		10h,松弛率(%)
	不小于			弯心直径	弯曲角度(°)	不大于
JL540	540	835	10	$D=6d$	90	
JL785	785	980	7	$D=7d$	90	1.5
JL930	930	1080	6			

注:1. d为钢筋直径(mm),其规格一般为18mm、25mm、32mm、40mm;D为弯心直径。
2. 除非生产厂家另有规定,弹性模量2×10^5MPa。
3. 冷弯指标不作为交货条件。

④冷拔钢丝:冷拔钢丝是把直径为6~8mm的普通碳素钢筋条用强力拉过比它本身直径还小的硬质合金拉丝模,这时钢筋同时受到纵向拉力和横向压力的作用,截面变小,长度拉长,经过几次拉丝,其强度有极大提高。冷拔钢丝的力学性能要求如表3-32所示。

表面质量要求:钢丝表面不得有裂纹和机械损伤。

冷拔低碳钢丝力学性能 表3-32

直径(mm)	抗拉强度σ_b(MPa)		伸长率δ_{10}(%)	180°反复弯曲次数
	不小于		不小于	
	Ⅰ组	Ⅱ组		
4	700	650	2.5	4
5	650	600	3.0	

注:冷拔低碳钢丝经机械调直后,抗拉强度标准值应降低50MPa。

⑤预应力混凝土用钢丝:预应力混凝土用钢丝包括冷拉钢丝、消除应力钢丝和消除应力刻痕钢丝。按《预应力混凝土用钢丝》(GB/T 5223—2002)的规定,钢丝按加工状态分为冷拉钢丝、消除应力钢丝两种。冷拉钢丝是用盘条通过拔丝模或轧辊经冷加工而成;消除应力钢丝是按下述一次性连续处理方法之一生产的钢丝。

钢丝在塑性变形下(轴应变)进行的短时热处理,得到的应是低松弛钢丝,其代号为WLR;钢丝通过矫直工序后在适当温度下进行的短时热处理,得到的应是普通松弛钢丝,其代号为WNR。桥涵工程用钢丝一般为低松弛钢丝。

冷拉钢丝的力学性能应符合表3-33的规定。规定非比例伸长应力$\sigma_{p0.2}$不小于公称抗拉强度的75%。除抗拉强度、规定非比例伸长应力外,对压力管道用钢丝还需进行断面收缩率、扭转次数、松弛率的检验;对其他用途钢丝还需进行断后伸长率、弯曲次数的检验。

冷拉钢丝的力学性能　　　　　　　　　　　　　　　　　　表3-33

公称直径 (mm)	抗拉强度 σ_b($\geq$) (MPa)	规定非比例伸长应力 $\sigma_{p0.2}$($\geq$) (MPa)	最大力下总伸长率 δ_{gt}($\geq$) (L_0=200mm) (%)	弯曲次数 ($\geq$) (此180°)	弯曲半径 R(mm)	断面收缩率 φ($\geq$) (%)	每210mm扭矩的扭转次数 n($\geq$)	初始应力相当于70%公称抗拉强度时,1000h后应力松弛率 r($\leq$) (%)
3.00	1470	1100	1.5	4	7.5	—	—	8
	1570	1180						
4.00	1670	1250		4	10	35	8	
5.00	1770	1330		4	15		8	
6.00	1470	1100		5	15		7	
	1570	1180						
7.00	1670	1250		5	20	30	6	
8.00	1770	1330		5	20		5	

消除应力的光圆及螺旋肋钢丝的力学性能应符合表3-34的规定。非比例伸长应力$\sigma_{p0.2}$值,对于低松弛钢丝,应不小于公称抗拉强度的88%;对于普通松弛钢丝,应不小于公称抗拉强度的85%。

消除应力光圆及螺旋肋钢丝的力学性能　　　　　　　　　　表3-34

公称直径 (mm)	抗拉强度 σ_b($\geq$) (MPa)	规定非比例伸长应力 $\sigma_{p0.2}$($\geq$)(MPa)		最大力下总伸长率 δ_{gt}($\geq$) (L_0=200mm) (%)	弯曲次数 ($\geq$) (此180°)	弯曲半径 R(mm)	松弛		
		WLR	WNR				初始应力相当于公称抗拉强度的百分数(%)	1000h后应力松弛率 r($\leq$)(%)	
								WLR	WNR
							对所有规格		
4.00	1470	1290	1250	3.5	3	10	60	1.0	4.5
	1570	1380	1330						
4.80	1670	1470	1410		4	15			
5.00	1770	1560	1500		4				
	1860	1640	1580		4				
6.00	1470	1290	1250		4	15	70	2.0	8
	1570	1380	1330		4	20			
6.25	1670	1470	1410		4	20			
7.00	1770	1560	1500		4				
8.00	1470	1290	1250		4	20			
9.00	1570	1380	1330		4				
10.00	1470	1290	1250		4	25	80	4.5	12
12.00					4	30			

消除应力的刻痕钢丝的力学性能应符合表3-35规定。非比例伸长应力$\sigma_{p0.2}$值,对于低松弛钢丝,应不小于公称抗拉强度的88%;对于普通松弛钢丝,应不小于公称抗拉强度的85%。

钢丝弹性模量为205GPa±10GPa,但不作为交货条件。允许用不少于100h的测试数据推算1000h的松弛值。

消除应力的刻痕钢丝的力学性能　　　　　表3-35

公称直径 (mm)	抗拉强度 $\sigma_b(\geqslant)$ (MPa)	规定非比例伸长应力 $\sigma_{p0.2}(\geqslant)$(MPa)		最大力下总伸长率 $\delta_{gt}(\geqslant)$ ($L_0=200mm$) (%)	弯曲次数($\geqslant$) 此180°	弯曲半径 R (mm)	松　　弛		
		WLR	WNR				初始应力相当于公称抗拉强度的百分数(%)	1000h后应力松弛率 $r(\leqslant)$(%)	
								WLR	WNR
							对所有规格		
≤5.0	1470	1290	1250	3.5	3	15	60	1.0	4.5
	1570	1380	1330						
	1670	1470	1410						
	1770	1560	1500				70	2.0	8
	1860	1640	1580						
>5.0	1470	1290	1250			20	80	4.5	12
	1570	1380	1330						
	1670	1470	1410						
	1770	1560	1500						

表面质量要求:钢丝表面不得有裂纹、小刺、机械损伤、氧化铁皮及油污;回火成品表面允许有回火颜色。除非另有协议,表面允许有浮锈,但不得锈蚀成目视可见的麻坑。

⑥钢绞线:钢绞线是钢厂用优质碳素结构钢经过冷加工、回火和绞捻等加工而成的,塑性好、无接头、使用方便,专供预应力混凝土结构使用。桥涵工程常用为1×7结构钢绞线,其力学性能要求见表3-36,尺寸、允许偏差和每米参考质量如表3-37所示。钢绞线弹性模量为195GPa±10GPa,但不作为交货条件。允许用不少于100h的测试数据推算1000h的松弛值。

表面质量要求:钢绞线表面不得带有降低钢绞线与混凝土黏结力的润滑剂、油渍等物质,允许有轻微的浮锈,但不得锈蚀成肉眼可见的麻坑。

四、各类钢筋区别

1. 热轧钢筋

热轧钢筋是钢筋混凝土结构或预应力混凝土结构的主要材料,共有四个牌号,其中Ⅰ级钢筋的强度较低,但塑性及焊接性能较好,便于加工,因而广泛用于普通钢筋混凝土构件,多用于中小型构件受力钢筋及其他构件的构造钢筋。在使用前一般经过冷拉处理,以达到调直、除锈及节约钢材的目的。盘圆Ⅰ级钢筋还可作为加工冷拔低碳钢丝及冷扭钢筋等的原料。Ⅱ级钢筋的强度、塑性、焊接性能等综合性能比较好,广泛用于建筑、桥梁及水坝等构筑物中,还可以在进行冷拉处理后用作预应力钢筋。Ⅲ级、Ⅳ级钢筋主要经冷拉后用作预应力钢筋。

2. 热处理钢筋

将热轧带肋钢筋经淬火及回火调质热处理工艺,使钢筋的强度大幅度提高成为热处理钢筋。其强度性能好,抗腐蚀性能有所提高。产品一般为17~20m长的弹性盘卷,开盘后能自然伸直,使用时可任意截断,不需冷拉和焊接,施工方便,价格便宜,是应用于预应力钢筋混凝土结构比较理想的钢筋。

1×7结构钢绞线力学性能

表 3-36

钢绞线结构	钢绞线公称直径 D(mm)	抗拉强度 R_m(≥)(MPa)	整根钢绞线的最大力 F_m(≥)(kN)	规定非比例延伸力 $F_{p0.2}$(≥)(kN)	最大力总伸长率 A_{gt}(≥) (L_0=500mm)(%)	应力松弛性能 初始应力相当于公称抗拉强度的百分数(%)	应力松弛性能 1000h后应力松弛率 r(≤)(%)
1×7	9.5	1720	94.3	84.9	3.5	60	1.0
		1860	102	91.8			
		1960	107	96.3			
	11.10	1720	128	115			
		1860	138	124			
		1960	145	131			
	12.70	1720	170	153			
		1860	184	166			
		1960	193	174			
	15.20	1470	206	185		70	2.5
		1570	220	198			
		1670	234	211			
		1720	241	217			
		1860	260	234			
		1960	274	247		80	4.5
	15.70	1770	266	239			
		1860	279	251			
	17.80	1720	327	294			
		1860	353	318			
(1×7)C	2.70	1860	208	187			
	15.20	1820	300	270			
	18.00	1720	384	346			

注：规定非比例延伸力 $\sigma_{p0.2}$ 不小于整根钢绞线公称最大负荷的90%。

1×7结构钢绞线尺寸、允许偏差和每米参考质量

表 3-37

钢绞线结构	公称直径 D_n(mm)	直径允许偏差(mm)	钢绞线参考截面积 S_n(mm²)	每米钢绞线参考质量(g/m)	中心钢丝直径 d_0 加大范围(≥)(%)
1×7	9.50	+0.30 −0.15	54.8	430	2.5
	11.10		74.2	582	
	12.70	+0.40 −0.20	98.7	775	
	15.20		140	1101	
	15.70		150	1178	
	17.80		191	1500	
(1×7)C	12.70	+0.40 −0.20	112	890	
	15.20		165	1295	
	18.00		223	1750	

3. 冷拉钢筋

将热轧钢筋冷拉加工后得到冷拉钢筋称为冷拉钢筋，冷拉加工一般由施工单位在现场进行。冷拉Ⅰ级钢筋一般用于普通混凝土结构，冷拉Ⅱ~Ⅳ级钢筋用于预应力钢筋混凝土结构，作为预应力钢筋。由于冷拉钢筋的冲击韧度有所降低，在承受冲击荷载的动力设备基础结构中不得使用冷拉钢筋。

4. 钢丝

钢丝直径通常为3~5mm，建筑上常用的有冷拉低碳钢丝和预应力钢丝。

(1) 冷拉低碳钢丝

将直径6.5~8mm的碳素结构钢Q235热轧圆钢筋，经多次冷拔而得，其直径一般为3~5mm。冷拉低碳钢丝的强度大大提高，一般可提高40%~60%，但塑性显著降低，屈服阶段不明显，属于硬钢类钢丝。冷拉低碳钢丝可分甲、乙两类，前者普遍用于中小型预应力构件中作预应力钢筋，后者主要用于作焊接骨架、焊接网及箍筋等。冷拉低碳钢丝加工方便，可在工厂生产，更多在现场施工单位自行拔制，质量波动较大，强度和塑性不够稳定，应用时要加强检验。

(2) 预应力钢丝

预应力钢丝是将优质碳素结构钢经高温淬火、酸洗、冷拔加工而成的高强钢丝。它具有强度高、柔性好、无需焊接、使用方便等优点，主要用于后张法的预应力钢筋混凝土结构，特别是大跨度屋架、吊车梁等大型结构。

(3) 刻痕钢丝

刻痕钢丝是为增加钢丝混凝土间接合力，将钢丝表面经压痕而成。它与混凝土之间有着良好的黏结性能，可充分发挥预应力钢丝的高强性能，适用于先张法预应力钢筋混凝土结构。

5. 钢绞线

钢绞线的特点是强度高，与混凝土黏结性好；与预应力钢丝相比，由于其截面面积大，使用根数少，在结构中排列布置比较方便，且易于锚固，因而多用于大跨度、重荷载的预应力钢筋混凝土结构。

复习思考题

1. 混凝土工程中，如何选用水泥品种与强度等级？
2. 影响新拌混凝土工作性因素有哪些？
3. 试述提高水泥混凝土强度的方法。
4. 水泥混凝土具有哪些主要性能？
5. 工程中常用的水泥混凝土外加剂有哪些？
6. 某公路修建钢筋混凝土梁式桥，要求混凝土设计强度等级为C20，受一般自然条件影响，配筋中等疏密程度，坍落度要求30~50mm，机械搅拌，求该混凝土的初步配合比。原材料的有关技术性质如下：

水泥：强度等级42.5号矿渣水泥，密度为$\rho = 3000 kg/m^3$；

砂：河砂，细度模数$m_x = 2.5$，表观密度$\rho_s = 2650 km/m^3$；

石子：卵石，最大粒径$=40mm$，表观密度$\rho_g = 2700 kg/m^3$；

水：饮用水。

模块四　路面基层材料

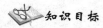

知识目标

1. 了解石灰的生产、消化、硬化、技术性质、技术标准和应用；
2. 掌握无机稳定材料的基本概念和技术性质。

能力目标

1. 能对石灰等半刚性基层材料的常规技术指标进行试验；
2. 能对无机稳定材料进行组成设计。

路面是用各种材料铺筑在路基上供车辆行驶的层状构造物。它的好坏直接影响行车速度、安全和运输成本。

行车荷载和自然因素对路面的影响，随路面深度的增加而逐渐减弱。因此对路面材料的强度、抗变形能力和稳定性的要求也随深度的增加而逐渐降低。为了适应这一特点，路面结构通常是分层铺筑的，按照使用要求、受力状况、土基支撑条件和自然因素影响程度的不同，分成若干层次。通常，按照各个层位功能的不同，划分为三个层次，即面层、基层和垫层。

基层主要承受由面层传来的车辆荷载垂直力，并扩散到下面的垫层和土基中去。因此基层是路面结构中的承重层，它应具有足够的强度和刚度，并具有良好的扩散应力的能力。

修筑基层的材料主要有各种结合料（如石灰、水泥或沥青等）稳定土或稳定土碎砾石、贫水泥混凝土、天然砂砾、各种碎石或砾石、片石、块石或圆石，以及各种工业废渣（如煤渣、粉煤灰、矿渣、石灰渣等）和土、砂、石所组成的混合料等。根据所用材料的力学性质，路面基层材料可分为三大类，即半刚性类、柔性类和刚性类，具体分类见表 4-1。

各种常用基层类型表　　　　　　　　　　　　　表 4-1

半刚性类	水泥稳定类		包括水泥稳定砂砾、砂砾土、碎石土、未筛分碎石、石渣、石屑、高炉矿渣、土等
	石灰稳定类		包括石灰稳定土（灰土）、天然砂砾土、天然碎石土以及石灰稳定级配砂砾和级配碎石等
	石灰工业废渣稳定类	石灰粉煤灰类	包括石灰粉煤灰、石灰粉煤灰土、二灰砂、二灰砂砾、二灰碎石等
		石灰煤渣类	包括石灰煤渣、石灰煤渣土、石灰煤渣碎石、石灰煤渣砂砾、石灰煤渣矿渣等
柔性类	粒料类		包括泥结碎石、泥灰结碎石、填隙碎石、级配碎石、级配砾石、级配砂砾等
	沥青稳定类		包括沥青稳定碎石、沥青贯入式碎石等
刚性类			包括碾压混凝土、贫混凝土等

水泥、土、集料已在前面做了介绍，本部分中只介绍石灰以及半刚性类稳定材料，对柔性类以及刚性类基层材料不作介绍。

单元一 石 灰

石灰是一种无机胶凝材料,它与松散的土、级配砂砾、级配碎石等按一定比例配合,形成石灰稳定土(石灰土)、天然砂砾土、天然碎石土以及石灰稳定级配砂砾和级配碎石等稳定材料。

一、石灰的生产及分类

1. 石灰的生产

将主要成分为碳酸钙和碳酸镁的岩石经高温煅烧(加热至900℃以上),溢出CO_2气体,得到白色或灰白色的块状材料即为块状生石灰。用于煅烧石灰的原料主要以富含氧化钙的岩石(如石灰石、白云石、白垩等)为主,亦可应用含有氧化钙和部分氧化镁的岩石。其化学反应可表示如下:

$$CaCO_3 \xrightarrow{900℃} CaO + CO_2 \uparrow \qquad (4\text{-}1)$$

碳酸钙在分解时,每100份质量的碳酸钙,失去44份质量的二氧化碳,而得到56份质量的氧化钙。但煅烧后得到的生石灰(CaO)体积,仅比原来石灰石($CaCO_3$)的体积减小10%~15%,所以石灰是一种多孔材料。

优质的石灰,色质洁白或略带灰色,质量较轻,其堆积密度为800~1000kg/m³。石灰在烧制过程中,往往由于石灰石原料的尺寸过大或窑中温度不均匀等原因,会生成欠火石灰。欠火石灰的颜色发青,内部含有未烧透的内核,未消化残渣含量高,有效氧化钙和氧化镁含量低,使用时缺乏黏结力。另一种情况是由于煅烧温度过高或时间过长,而生成过火石灰。过火石灰呈灰黑色,表面出现裂缝或玻璃状的外壳,体积收缩明显,块体密度大,消化缓慢。若将过火石灰用于工程中,可能在石灰浆硬化以后才发生水化反应,导致已成型的结构物体积膨胀,表面局部隆起、剥落或产生裂缝,严重影响工程质量。因此在生产中要严格控制煅烧质量,使用时应提前对过火石灰进行处理。

2. 石灰的分类

(1)根据加工方法的不同将石灰产品进行分类(表4-2)

石灰产品分类表　　　　　　表4-2

石灰产品的名称	产品状态	加工方式	主要成分
块状生石灰	块状	原料煅烧	CaO
生石灰粉	粉状	块状生石灰磨细	CaO
消石灰粉	粉状	生石灰用适量的水消化、干燥	$Ca(OH)_2$
石灰浆(亦称石灰膏)	膏状	生石灰加多量的水(为石灰体积的3~4倍)消化而成的可塑性浆体	$Ca(OH)_2$和水
石灰乳	乳状	生石灰加较多的水消化而得的白色悬浮液	$Ca(OH)_2$和水

(2)按氧化镁含量不同将石灰进行分类

煅烧石灰的岩石常常会含有少量碳酸镁,碳酸镁在650℃时分解生成氧化镁并排出二氧化碳,因此石灰中含有次要成分氧化镁。石灰按氧化镁含量不同分为钙质石灰和镁质石灰,其分类见表4-3。

钙质石灰和镁质石灰分类表　　　　　　表4-3

品　种	氧化镁含量(%)	
	钙质石灰	镁质石灰
生石灰	≤5	>5
生石灰粉	≤5	>5
消石灰粉	<4	≥4

二、石灰的消化与硬化

1. 石灰的消化

生石灰在使用时必须加水使其消解成为粉末状的消石灰,这一过程称为消化或熟化,故消石灰亦称熟石灰。其化学反应如下:

$$CaO + H_2O \longrightarrow Ca(OH)_2 + 64.9 kJ/mol \qquad (4-2)$$

消石灰的主要化学成分为氢氧化钙 $Ca(OH)_2$。此反应为放热反应,石灰加水后,放出大量的热,体积膨胀,消化过程中体积可增大 1～2.5 倍。

块状生石灰加水后,产生热量达到最高温度时所需要的时间称为消化速度。根据消化速度的快慢,石灰分为快熟、中熟和慢熟三种。快熟石灰 10min 就完成消化过程,中熟石灰 10～30min 完成消化过程,慢熟石灰则需 30min 以上的时间才能完成消化过程。

生石灰消化时,应严格控制加水速度和加水量。对于快熟石灰,熟化快,放热量大,加水量应大,加水速度应较快,并搅拌帮助散热,防止已消化的石灰颗粒生成氢氧化钙包围于未消化颗粒周围,使内部石灰不易消化,这种现象称为过烧现象;对于慢熟石灰,则加水量应少而慢,且保持较高温度,防止反应发热量少,水温过低,增加了未消化颗粒,这种现象称为过冷现象。生石灰消化的理论需水量为石灰质量的 32.13%,但由于消化过程中水分的损失,实际加水量通常为理论加水量的 2～3 倍。

石灰中含有过火石灰时,因过火石灰消化慢,在正常石灰已经硬化后,过火石灰颗粒才逐渐消化,体积膨胀,从而引起结构物隆起和开裂。为了消除过火石灰的危害,石灰消化后要"陈伏"两个星期,给予充分消化,然后才能使用。陈伏期间,石灰浆表面应有一层水分,使之与空气隔绝,以免碳化。

根据消石灰的用途不同,工地上有以下两种消化方法:

(1) 消化成石灰浆

石灰浆用于调制石灰砂浆或抹灰砂浆。一般把生石灰放在化灰池中加水消化成含水率较大的石灰乳,然后通过筛网流入储灰池中,经沉淀除去上层水分即为石灰浆。

(2) 消化成消石灰粉

石灰粉用于拌制石灰土(石灰、黏土)、三合土(石灰、黏土、砂石或炉渣)。将生石灰加适量的水,加水量以充分消化而又不过湿成团为准。工地上常用分层淋灰法进行消化,目前多在工厂中用机械法将生石灰消化成消石灰粉。

两种方法得到的消石灰,使用前均需陈伏两周以上,以消除过火石灰的危害。

2. 石灰的硬化

无机胶凝材料按其能否在水中结硬,可分为水硬性胶凝材料(如水泥)和气硬性胶凝材料。石灰属于气硬性胶凝材料,只能在空气中硬化。

石灰的硬化过程包括干燥硬化和碳化两部分。

(1) 石灰浆的干燥硬化

石灰浆体干燥过程中,由于水分逐渐蒸发或被周围砌体吸收形成网状孔隙,这时滞留在孔隙中的自由水由于表面张力的作用而产生毛细管压力,使石灰粒子更加密实而获得附加强度。另外,由于水分的蒸发或被砌体吸收,会引起溶液过饱和而结晶析出氢氧化钙,产生结晶强度。其化学反应式如下:

$$Ca(OH)_2 + nH_2O \xrightarrow{晶化} Ca(OH)_2 \cdot nH_2O \uparrow \tag{4-3}$$

(2) 硬化石灰浆的碳化

石灰的碳化是指石灰浆体中的氢氧化钙与空气中的二氧化碳作用生成碳酸钙晶体。石灰浆体经碳化后获得的最终强度,称为碳化强度。碳化反应只有在有水的条件下才能进行,其化学反应式如下:

$$Ca(OH)_2 + nH_2O + CO_2 \xrightarrow{碳化} CaCO_3 + (n+1)H_2O \tag{4-4}$$

碳化作用主要发生在与空气接触的石灰浆体表面,生成的碳酸钙结构较紧密。当在浆体表面形成的碳酸钙层达到一定厚度时,将阻碍内部水分的进一步蒸发和二氧化碳继续向内渗透,石灰的硬化随时间增加将逐渐减慢。

石灰浆体硬化包括上面两个同时进行的过程,表层碳化为主,内部以干燥硬化为主。

三、石灰的技术性质和技术标准

1. 石灰的技术性质

用于道路或桥梁工程的石灰,应符合下列技术性质:

(1) 消石灰粉的细度

细度是指消石灰粉颗粒的粗细程度。以消石灰粉在 0.71mm 和 0.125mm 方孔筛的筛余百分率控制。石灰越细,其活性越大。过量的筛余物直接影响石灰的黏结性,筛余物包括未消化的过火石灰和欠火石灰,以及含有大量钙盐的石灰颗粒或未燃尽的煤渣等。

(2) 有效氧化钙和氧化镁含量

石灰中产生黏结性的有效成分是活性氧化钙和氧化镁,它们的含量是评价石灰质量的主要指标。石灰中有效氧化钙和氧化镁的含量越高,石灰的活性越高,质量越好,黏结性也越好。有效氧化钙含量是石灰中活性的游离氧化钙质量占石灰试样质量的百分率,用中和滴定法测定;氧化镁含量是石灰中氧化镁质量占石灰试样质量的百分率,用络合滴定法测定。

(3) 生石灰产浆量和未消化残渣含量

生石灰产浆量是单位质量(1kg)的生石灰经消化后所产石灰浆体的体积(L)。石灰产浆量越高,则表明其质量越好。未消化残渣含量是生石灰消化后,未能消化而存留在 5mm 圆孔筛上的残渣质量占试样质量的百分率。其含量越高,石灰质量越差,须加以限制。

(4) 二氧化碳含量

控制生石灰或生石灰粉中二氧化碳的含量,是为了检测石灰石在煅烧时欠火造成产品中未分解完成的碳酸盐的含量。二氧化碳含量越高,表明未分解完全的碳酸盐含量越高,则氧化钙和氧化镁含量相对降低,导致石灰的黏结性下降。

(5) 消石灰粉游离水含量

游离水含量指除化学结合水以外的含水率。生石灰在消化过程中加入的水是理论需水量的 2~3 倍,除部分水被石灰在消化过程中放出的热蒸发掉外,多加的水残留于氢氧化钙(除结合水外)中。残余水蒸发后,留下的孔隙会加剧消石灰粉的碳化作用,以致影响石灰的质量,因此对消石灰粉的游离水含量须加以限制。

2. 石灰的技术标准

在公路工程中,石灰技术标准应符合我国行业标准《公路路面基层施工技术规范(附条文说明)》(JTJ 034—2000)的规定,见表4-4。

石灰的技术标准 表4-4

项目		钙质石灰			镁质石灰			钙质消石灰			镁质消石灰		
		等级											
		Ⅰ	Ⅱ	Ⅲ	Ⅰ	Ⅱ	Ⅲ	Ⅰ	Ⅱ	Ⅲ	Ⅰ	Ⅱ	Ⅲ
有效氧化钙和氧化镁含量(%)		≥85	≥80	≥70	≥80	≥75	≥65	≥65	≥60	≥55	≥60	≥55	≥50
未消化残渣含量(5mm 圆孔筛的筛余百分率)(%)		≤7	≤11	≤17	≤10	≤14	≤20	—	—	—	—	—	—
含水率(%)		—	—	—	—	—	—	≤4	≤4	≤4	≤4	≤4	≤4
细度	0.71mm 方孔筛的筛余百分率(%)	—	—	—	—	—	—	0	≤1	≤1	0	≤1	≤1
	0.125mm 方孔筛的筛余百分率(%)	—	—	—	—	—	—	≤13	≤20		≤13	≤20	

四、石灰的储存及应用

1. 石灰的储存

生石灰在空气中存放过久,会吸收空气中的水分自行消化成消石灰。消石灰粉又与空气中的 CO_2 结合而还原为 $CaCO_3$,碳化后的石灰失去了水化作用的能力,不宜在工程上使用。石灰在储运输中应注意以下事项:

(1)新鲜块状石灰应设法防潮防水,运到工地后最好储存在密闭的仓库中,存期不宜过久,一般以一个月为限。

(2)如必须长期储存时,最好先将生石灰在消化池内消化成石灰浆,然后用砂子、草席等覆盖,并且时常加水使石灰浆表面与空气隔绝,这样可较长期储存而不变质。

(3)块状石灰在运输时,应尽量用带盖的车船或用帆布盖好,以防中途水分浸入自行消化或放热过多,造成火灾。

(4)石灰能侵蚀呼吸器官及皮肤,所以在进行施工和装卸石灰时,应注意安全防护,佩戴必要的防护用品。

2. 石灰的应用

在道路工程中,石灰主要应用于拌制石灰砂浆、加固软土地基以及作为半刚性材料的结合料。

(1)拌制石灰砂浆:石灰砂浆主要用于地面以上部分的砌筑工程,并可用于抹面等装饰工程。

(2)加固软土地基:在软土地基中打入生石灰桩,可利用生石灰吸水产生膨胀对桩周土壤起挤密作用,利用生石灰和黏土矿物间产生的胶凝反应使周围的土固结,从而达到提高地基承载力的目的。

(3)作为半刚性材料的结合料:在道路工程中,随着半刚性基层材料在高等级路面中的应用,石灰稳定土、石灰粉煤灰稳定土及其稳定碎石等广泛用于路面基层。

在桥梁工程中,石灰砂浆、石灰水泥砂浆、石灰粉煤灰砂浆广泛用于圬工砌体。

单元二　无机结合料稳定材料

在粉碎的或原来松散的土中掺入一定量的无机结合料(包括水泥、石灰或工业废渣等)和水,经拌和得到的混合料在压实与养生后,其抗压强度符合规定要求的材料称为无机结合料稳定材料。粉碎的或原来松散的土按照土中单个颗粒(指碎石、砾石、砂和土颗粒)的粒径大小和组成,可分为细粒土、中粒土和粗粒土。不同的土与无机结合料拌和得到不同的稳定材料,例如石灰土、水泥土、水泥砂砾、石灰粉煤灰碎石等。

一、无机结合料稳定材料分类

1. 水泥稳定材料

在破碎或原来松散的土(包括各种粗、中、细粒土)中,掺入适量的水泥和水,经拌和得到的混合料,在压实和养生后,其抗压强度符合规定要求的混合料称为水泥稳定材料。水泥稳定材料是用水泥作为结合料所得混合料的一个广义的名称,它既包括用水泥稳定各种细粒土,也包括用水泥稳定各种中粒土和粗粒土。根据土的颗粒组成不同,可以将水泥稳定材料具体分为以下几类:

(1) 水泥稳定粗粒土

水泥稳定粗粒土指被水泥稳定颗粒的最大公称粒径大于 19mm 且不大于 37.5mm 的土或集料。

(2) 水泥稳定中粒土

水泥稳定中粒土指被水泥稳定颗粒的最大公称粒径大于 2.36mm 且不大于 19mm 的土或集料。

(3) 水泥稳定细粒土

水泥稳定细粒土指被水泥稳定颗粒的最大公称粒径小于 2.36mm 的土。

用水泥稳定细粒土得到的强度符合要求的混合料,视所用的土类而定,可简称为水泥土、水泥砂或水泥石屑等;用水泥稳定中粒土和粗粒土得到的强度符合要求的混合料,视所用原材料而定,可简称为水泥碎石、水泥砂砾等。

仅使用少量水泥改善级配砾石的塑性指数或提高级配砾石的强度,使其能适合用作轻交通道路上沥青面层的基层,而达不到规范规定的水泥稳定材料的强度要求时,这种材料称为水泥改善土;同时用水泥和石灰稳定某种土得到的强度符合要求的混合料,称为综合稳定材料。

水泥稳定材料是一种经济实用的筑路材料,具有优良的性能,可用于各种道路的基层和底基层。由于以水泥为主要胶结材料,通过水泥的水化、硬化将集料黏结起来,因此水泥稳定材料具有良好的力学性能和板体性。其强度随养护龄期的增加而增加,并且早期的强度较高,同时其强度的可调范围较大,由几兆帕到十几兆帕。水泥稳定材料的水稳定性和抗冻性也较其他稳定材料好。所不足的是,水泥稳定材料在温度、湿度变化时,易产生裂缝而影响面层的稳定性;当细颗粒含量高、水泥用量大时开裂更为严重。

2. 石灰稳定材料

在粉碎或原来松散的土(包括各种粗、中、细粒土)中,掺入足量的石灰和水,经拌和得到的混合料,在压实及养生后,其抗压强度符合规定的混合料称为石灰稳定材料。用石灰稳定细粒土得到的混合料简称石灰土。

用石灰稳定中粒土和粗粒土得到的混合料,视所用原材料而定,原材料为天然砂砾土时简称石灰稳定砂砾土;原材料为天然碎石土时简称石灰稳定碎石土;用石灰稳定级配砂砾(砂砾中无土)和级配碎石(包括未筛分碎石)时,也分别简称石灰稳定砂砾土和石灰稳定碎石土。

仅使用少量石灰改善级配砾石的塑性指数或提高级配砾石的强度,使其能适应做轻交通道路上沥青面层的基层,但达不到规范规定的石灰稳定材料的强度要求时,这种材料称为石灰改善土。

用石灰稳定材料铺筑的路面基层和底基层,分别称石灰稳定材料基层和石灰稳定材料底基层或分别简称为石灰稳定基层和石灰稳定底基层,也可在基层或底基层前标以土体简称,如石灰稳定碎石土基层、石灰稳定土底基层等。

石灰土在我国道路上的应用已有几十年历史。在缺乏砂石材料的地区,广泛应用石灰土作为各种路面的基层和底基层。

石灰稳定材料具有良好的力学性能,并有较好的水稳性和一定程度的抗冻性,它的初期强度和水稳性较低,后期强度较高。由于干缩、温度收缩系数较大,易产生裂缝。石灰稳定材料适用于各级公路路面的底基层,可用作二级和二级以下公路的基层,但石灰土不应用作高级路面的基层。在冰冻地区,当石灰土用于潮湿路段时,冬季石灰土层中可能产生聚冰现象,从而使石灰土的结构遭受破坏,强度明显下降,使沥青路面产生过早破坏。在非冰冻地区,如石灰土经常处于过分潮湿状态,也不易形成较高强度的板体。因此,在冰冻地区的潮湿路段以及其他地区的过分潮湿路段,不宜采用石灰土做基层。在只能采用石灰土时,应采取措施防止水分侵入石灰土层。

此外,石灰常与其他结合料(如水泥)一起作为综合稳定土,此时,石灰起活化剂的作用。有时,在加石灰的同时,还掺加工业废渣(粉煤灰、煤渣等)或少量的化学添加剂($CaCl_2$、NaOH、Na_2CO_3等)以改善石灰和土之间的相互作用以及石灰稳定材料的硬化条件。

3. 石灰工业废渣稳定材料

工业废渣包括粉煤灰、煤渣、高炉矿渣、钢渣(已经过崩解达到稳定)及其他冶金矿渣、煤矸石等。一定数量的石灰和粉煤灰或石灰和煤渣与其他集料相配合,加入适量的水(通常为最佳含水率),经拌和、压实及养生后得到的混合料,当其抗压强度符合规范规定的要求时,称为石灰工业废渣稳定材料。

一定数量的石灰和粉煤灰,一定数量的石灰、粉煤灰和土以及一定数量的石灰、粉煤灰和砂相配合,加入适量的水(通常为最佳含水率),经拌和、压实及养生后得到的混合料,当其抗压强度符合规定的要求时,分别简称为二灰、二灰土、二灰砂。

用石灰和粉煤灰稳定级配碎石或级配砾石得到的混合料,当其强度符合要求时,分别称为石灰、粉煤灰级配碎石和石灰、粉煤灰级配砾石或二灰级配碎石、二灰级配砾石。这两种混合料又统称为石灰、粉煤灰级配集料或二灰级配集料。

用石灰、煤渣和土以及石灰、煤渣和集料得到的强度符合要求的混合料,分别称为石灰煤渣土和石灰煤渣集料。

石灰工业废渣稳定材料,特别是二灰稳定材料,具有良好的力学性能、板体性、水稳定性和一定的抗冻性,其抗冻性较石灰土高得多。石灰工业废渣的初期强度低,但随龄期的增长强度的增长幅度大,后期强度与水泥稳定材料基本类似。一般二灰土中粉煤灰用量越多,初期强度越低,3个月龄期的强度增长幅度也越大。在二灰土中加入粒料或少量水泥可提高其早期强度,但由于干缩、冷缩易产生裂缝。石灰工业废渣稳定材料的抗水损害的能力较水泥稳定材料抗水损害的能力差,但是其在温度、湿度变化时的温度收缩、干缩系数较水泥稳定材料的温度收缩、干缩系数小。

石灰工业废渣稳定材料是一种经济实用的筑路材料,具有较优良的性能。所以,近年来修筑高等级公路时,常选用石灰稳定工业废渣做高级或次高级路面的基层或底基层。

石灰工业废渣稳定材料适用于各级公路的基层和底基层。但二灰土不应用作高级沥青路面的基层,而只用作底基层。在高速和一级公路上的水泥混凝土面层下,二灰土也不应用作基层。

二、无机结合料稳定材料的组成材料

1. 土

土的矿物成分对无机结合料稳定材料的性质有重要影响。试验表明,除有机质或硫酸盐含量高的土以外,各类砂砾土、砂土、粉土和黏土都可用无机结合料稳定。一般规定用于稳定材料的液限不大于40,塑性指数不大于20。级配良好的土用无机结合料稳定时,既可节约无机结合料用量,又可取得满意的效果。重黏土中黏土颗粒含量多,不易粉碎和拌和,用石灰稳定时,容易使路面造成缩裂。粉质黏土的稳定效果最佳。用水泥稳定重黏土时,不易粉碎和拌和,会造成水泥用量过高,经济性差。级配良好的砾石—砂—黏土稳定效果最佳。

2. 水泥

各种类型的水泥都可用于稳定材料。对于同一种土,硅酸盐水泥比铝酸盐水泥稳定效果好。稳定土的强度还与水泥的用量有关,不存在最佳水泥剂量,而存在一个经济用量。通常,在保证土的性质能起根本变化,且能保证稳定土达到所规定的强度和稳定性的前提下,取尽可能低的水泥剂量。一般水泥剂量为 4%~6% 较为合理。

水泥的作用是在水泥加入塑性土中后,能大大降低土的塑性,增加土的强度和稳定性。水泥稳定材料的强度随水泥剂量增加而增加。

3. 石灰

各种化学组成的石灰均可用于稳定材料。在剂量不大的情况下,钙质石灰比镁质石灰稳定土的初期强度高。镁质石灰稳定土在剂量较大时后期强度优于钙质石灰稳定土。石灰的最佳剂量,对于黏性土和粉性土,为干土质量的 8%~16%;对于砂性土为干土质量的 10%~18%。石灰可使土粒胶结成整体,密实性、水稳定性、强度均提高。

4. 粉煤灰

粉煤灰本身很少或没有黏结性,但它以细分散状态与水和消石灰或水泥混合,可以发生反应形成具有黏结性的化合物。所以,石灰粉煤灰可用来稳定各种粒料和土,又称二灰土。粉煤灰加入土中能起填充作用,与石灰反应的产物也起胶结作用,从而达到改善稳定材料的水稳定性、提高强度与密实度的目的。

5. 水

水是用来满足稳定材料形成强度的需要,同时使稳定材料在压实时具有一定的塑性,以达到所需要的压实度。水便于土的粉碎、拌和与压实,并且有利于养生。不同的无机结合料稳定材料有不同的最佳含水率,最佳含水率可通过重型击实试验法确定。所用水应是干净可供饮用的水。

三、无机结合料稳定材料的技术性质

1. 强度形成原理

(1)石灰稳定材料强度形成原理

在土中掺入适量的石灰,并在最佳含水率下拌匀压实,使石灰与土发生一系列的物理、化学作用,从而使土的性质发生根本的变化。该变化一般分四个方面,第一是离子交换作用,第二是结晶硬化作用,第三是火山灰作用,第四是碳化作用。

(2)水泥稳定材料强度形成原理

在利用水泥稳定材料的过程中,水泥、土和水之间发生了多种非常复杂的作用,从而使土的性能发生了明显的变化。这些作用可以分为:

①化学作用:如水泥颗粒的水化、硬化作用;有机物的聚合作用,以及水泥水化产物与黏土矿物之间的化学作用等。

②物理—化学作用:如黏土颗粒与水泥及水泥水化产物之间的吸附作用;微粒的凝聚作用;水及水化产物的扩散、渗透作用;水化产物的溶解、结晶作用等。

③物理作用:如土块的机械粉碎作用;混合料的拌和、压实作用等。

2. 无机结合料稳定材料的物理力学特性

无机结合料稳定材料的物理力学特性主要包括应力—应变特性、疲劳特性、收缩(温度收缩和干缩)特性等。

(1)无机结合料稳定材料的应力—应变特性

无机结合料稳定材料的重要特点之一是强度和模量随龄期的增长而不断增长,逐渐具有一定的刚性性质。一般规定水泥稳定类材料设计龄期为3个月,石灰或石灰粉煤灰(简称二灰)稳定类材料设计龄期为6个月。

半刚性材料应力—应变特性试验方法有顶面法、粘贴法、夹具法和承载板法等。试件有圆柱体试件和梁式(分大、中、小梁)试件。试验内容有抗压强度、抗压回弹模量、劈裂强度和劈裂模量、抗弯拉强度和抗弯拉模量等。

由于材料的变异性和试验过程的不稳定性,同一种材料不同的试验方法、同一种试验方法不同的材料及同一种试验方法不同龄期试验结果存在差异性。通过各种试验方法的综合比较,认为抗压试验和劈裂试验较符合实际。表4-5给出了水泥稳定碎石抗压强度(R)、抗压回弹模量(E_p)、劈裂强度(σ_{sp})和劈裂模量(E_{sp})与龄期之间的关系。表4-6则为石灰粉煤灰稳定碎石的测试结果。

水泥稳定碎石的力学特性指标与龄期的关系　　　　表4-5

力学特性指标(MPa)	龄期(d) 28	90	180	28/180	90/180
R	4.99	5.57	6.33	0.71	0.88
E_p	2039	3097	3872	0.54	0.80
σ_{sp}	0.413	0.634	0.813	0.51	0.78
E_{sp}	533	926	1287	0.41	0.72

石灰粉煤灰稳定碎石的力学特性指标与龄期的关系　　　　表4-6

力学特性指标(MPa)	龄期(d) 28	90	180	28/180	90/180
R	3.10	5.75	8.36	0.37	0.69
E_p	1086	1993	2859	0.38	0.70
σ_{sp}	0.219	0.536	0.913	0.41	0.59
E_{sp}	359	960	1720	0.37	0.56

无机结合料稳定材料的应力—应变特性与原材料的性质、结合料的性质和剂量及密实度、含水率、龄期、温度等有关。

(2)无机结合料稳定材料的疲劳特性

材料的抗压强度是材料组成设计的主要依据,由于无机结合料稳定材料的抗拉强度远小于其抗压强度,材料的抗拉强度是路面结构设计的控制指标。

抗拉强度试验方法有直接抗拉试验、间接抗拉试验和弯拉试验。常用的疲劳试验有弯拉疲劳试验和劈裂疲劳试验。

材料从开始至出现疲劳破坏的荷载作用次数称为材料的疲劳寿命,无机结合料稳定材料的疲劳寿命主要取决于重复应力与极限应力之比。原则上当重复应力与极限应力之比小于50%时,无机结合料稳定材料可经受无限次重复加荷次数而无疲劳破裂,但是,由于材料的变异性,实际试验时其疲劳寿命要小得多。

在一定的应力条件下,材料的疲劳寿命取决于材料的强度和刚度。强度越大刚度越小,其疲劳寿命就越长。试验表明,石灰粉煤灰稳定材料的抗疲劳性能优于水泥砂砾。

(3)无机结合料稳定材料的干缩特性

无机结合料稳定材料经拌和、击实后,由于水分挥发和混合料内部的水化作用,混合料的水分会不断减少。由此发生的毛细管作用、吸附作用、分子间力的作用、材料矿物晶体或凝胶体间层间水的作用和碳化收缩作用等会引起无机结合料稳定材料体积收缩。

无机结合料稳定材料的干缩特性(最大干缩应变和平均干缩系数)的大小与结合料的类型、剂量、被稳定材料的类别、粒料含量、小于0.5mm的细颗粒的含量、试件含水率和龄期等有关。

对于稳定粒料类材料,半刚性材料的干缩特性的大小次序为石灰稳定材料 > 水泥稳定材料 > 石灰粉煤灰稳定材料。

对于稳定细粒土,半刚性材料的收缩性的大小排列为石灰土 > 水泥土和水泥石灰土 > 石灰粉煤灰土。

(4)无机结合料稳定材料的温度收缩特性

无机结合料稳定材料是由固相(组成其空间骨架的原材料的颗粒和其间的胶结物)、液相(存在于固相表面与空隙中的水和水溶液)和气相(存在于空隙中的气体)组成。所以,无机结合料稳定材料的外观胀缩性是三种相不同的温度收缩性进行综合效应的结果。一般气相大部分与大气贯通,在综合效应中影响较小,可以忽略,原材料中砂粒以上颗粒的温度收缩系数较小,粉粒以下的颗粒温度收缩系数较大。

无机结合料稳定材料温度收缩的大小与结合料类型和剂量、被稳定材料的类别、粒料含量、龄期等有关。

四、无机结合料稳定材料技术要求

1.水泥稳定材料技术要求

(1)对于二级和二级以下的公路,水泥稳定土所用的粗粒土、中粒土、细粒土应满足如下要求:水泥稳定土用做底基层时,单个颗粒的最大粒径不应超过53mm,水泥稳定土的颗粒组成应在表4-7所列范围内,土的均匀系数应大于5。细粒土的液限不应超过40,塑性指数不应超过17。对于中粒土和粗料土,如土中小于0.6mm的颗粒含量在30%以下,塑性指数可稍大。实际工作中,宜选用均匀系数大于10、塑性指数小于12的土。塑性指数大于17的土,宜采用石灰稳定,或用水泥和石灰综合稳定。

用做底基层时水泥稳定土的颗粒组成范围 表4-7

筛孔尺寸(mm)	53	4.75	0.6	0.075	0.002
通过质量百分率(%)	100	50~100	17~100	0~50	0~30

注：本表中所列用筛均为均匀方孔筛。在无相应尺寸方孔筛的情况下，可先将颗粒组成在半对数坐标纸上画出两根级配曲线，然后在对数坐标上查找所需筛孔的位置或点，从此点引一垂直线向上与两根曲线相交。从此两交点画水平线与垂直坐标相交，即可得到所需颗粒尺寸的通过百分率。

水泥稳定土用做基层时，单个颗粒的最大粒径不应超过37.5mm。水泥稳定土的颗粒组成应在表4-8范围内。集料中不宜含有塑性指数的土。对于二级公路，宜按接近级配范围的下限组配混合料或采用表4-8中的2号级配。

级配碎石、未筛分碎石、砂砾、碎石土、砂砾土、煤矸石和各种粒状矿渣均适宜用水泥稳定。碎石包括岩石碎石、矿渣碎石、破碎砾石等。

用做基层时水泥稳定土的颗粒组成范围 表4-8

筛孔尺寸(mm)	通过质量百分率(%)	筛孔尺寸(mm)	通过质量百分率(%)
37.5	90~100	2.36	20~70
26.5	66~100	1.18	14~57
19	54~100	0.6	8~47
9.5	39~100	0.075	0~30
4.75	28~84		

（2）高速公路和一级公路，水泥稳定土所用的粗粒土和中粒土要求。水泥稳定土用做底基层时，单个颗粒的最大粒径不应超过37.5mm。水泥稳定土的颗粒组成应在表4-9所列1号级配范围内，土的均匀系数应大于5。细粒土的液限不应超过40%，塑性指数不应超过17。对于中粒土和粗粒土，如土中小于0.6mm的颗粒含量在30%以下，塑性指数可稍大。实际工作中，宜选用均匀系数大于10、塑性指数小于12的土。塑性指数大于17的土，宜采用石灰稳定，或用水泥和石灰综合稳定。对于中粒土和粗粒土，宜采用表4-11中2号级配，但小于0.075mm的颗粒含量和塑性指数可不受限制。

水泥稳定土的颗粒组成范围 表4-9

项目		编号	1	2	3
筛孔尺寸(mm)	37.5		100	100	
	31.5			90~100	100
	26.5				90~100
	19			67~90	72~89
	9.5			45~68	47~67
	4.75		50~100	29~50	29~49
	2.36			18~38	17~35
	0.6		17~100	8~22	8~22
	0.075		0~30	0~7[①]	0~7[①]
液限(%)					<28
塑性指数					<9

注：①集料中0.5mm以下细粒土有塑性指数时，小于0.075mm的颗粒含量不应超过5%；细粒土无塑性指数时，小于0.075mm的颗粒含量不应超过7%。

水泥稳定土用做基层时，单个颗粒的最大粒径不应超过31.5mm。水泥稳定土的颗粒组成应在表 4-9 所列 3 号级配范围内。

水泥稳定土用做基层时,对所用的碎石或砾石,应预先筛分成 3~4 个不同粒级,然后配合,使颗粒组成符合表 4-9 所列级配范围。

(3)水泥稳定粒径较均匀的砂时,宜在砂中添加少部分塑性指数小于 10 的黏性土或石灰土,也可添加部分粉煤灰,加入比例可按使混合料的标准干密度接近最大值确定,一般为 20%~40%。

(4)水泥稳定土中碎石或砾石的压碎值应符合下列要求:

基层:

    高速公路和一级公路 不大于 30%
    二级和二级以下公路 不大于 35%

底基层:

    高速公路和一级公路 不大于 30%
    二级和二级以下公路 不大于 40%

(5)有机质含量超过 2% 的土,必须先用石灰进行处理,闷料一夜后再用水泥稳定;硫酸盐含量超过 0.25% 的土,不应用水泥稳定;普通硅酸盐水泥、矿渣硅酸盐水泥和火山灰质硅酸盐水泥都可用于稳定土,但应选用初凝时间 3h 以上和终凝时间较长(宜在 6h 以上)的水泥。不应使用快硬水泥、早强水泥以及已受潮变质的水泥。宜采用标号 325 或 425 的水泥;综合稳定土中用的石灰应是消石灰粉或生石灰粉;凡是饮用水(含牲畜饮用水)均可用于水泥稳定土施工。

2. 石灰稳定材料技术要求

塑性指数为 15~20 的黏性土以及含有一定数量黏性土的中粒土和粗粒土均适宜于用石灰稳定;用石灰稳定无塑性指数的级配砂砾、级配碎石和未筛分碎石时,应添加 15% 左右的黏性土;塑性指数在 15 以上的黏性土更适宜于用石灰和水泥综合稳定;塑性指数在 10 以下的亚砂土和砂土用石灰稳定时,应采取适当的措施或采用水泥稳定;塑性指数偏大的黏性土,应加强粉碎,粉碎后土块的最大尺寸不应大于 15mm。可以采用两次拌和法,第一次加部分石灰拌和后,闷放 1~2d,再加入其余石灰,进行第二次拌和。

使用石灰稳定土时,应遵守下列规定:

(1)石灰稳定土用做高速公路和一级公路和底基层时,颗粒的最大粒径不应超过 37.5mm,用做其他等级公路的底基层时,颗粒的最大粒径不应超过 53mm。

(2)石灰稳定土用做基层时,颗粒的最大粒径不应超过 37.5mm。

级配碎石、未筛分碎石、砂砾、碎石土、砂砾土、煤矸石和各种粒状矿渣等均适宜用做石灰稳定土的材料。石灰稳定土中碎石、砂砾或其他粒状材料的含量应在 80% 以上,并应具有良好的级配。

(3)石灰稳定土中碎石或砾石的压碎值应符合下列要求:

基层:

    二级公路 不大于 30%
    二级以下公路 不大于 35%

底基层:

    高速公路和一级公路 不大于 30%
    二级和二级以下公路 不大于 35%

(4)硫酸盐含量超过 0.8% 的土和有机质含量超过 10% 的土,不宜用石灰稳定。

石灰技术指标应符合表 4-10 的规定。应尽量缩短石灰的存放时间。石灰在野外堆放时间较长时,应覆盖防潮。使用贝壳石灰、珊瑚石灰等,应进行试验。对于高速公路和一级公路,宜采用磨细生石灰粉。

凡饮用水(含牲畜饮用水)均可用于石灰土施工。

石灰的技术指标　　　　　表4-10

指标\项目	类别	钙质生石灰			镁质生石灰			钙质消石灰			镁质消石灰		
		等级											
		Ⅰ	Ⅱ	Ⅲ	Ⅰ	Ⅱ	Ⅲ	Ⅰ	Ⅱ	Ⅲ	Ⅰ	Ⅱ	Ⅲ
有效钙加氧化镁含量(%)		≥85	≥80	≥70	≥80	≥75	≥65	≥65	≥60	≥55	≥60	≥55	≥50
未消化残渣含量(5mm圆孔筛的筛余,%)		≤7	≤11	≤17	≤10	≤14	≤20						
含水率(%)								≤4	≤4	≤4	≤4	≤4	≤4
细度	0.71mm方孔筛的筛余(%)							0	≤1	≤1	0	≤1	≤1
	0.125mm方孔筛的筛余(%)							≤13	≤20	—	≤13	≤20	—
钙镁石灰的分类界限,氧化镁含量(%)		≤5			>5			≤4			>4		

注:硅、铝、镁氧化物含量之和大于5%的生石灰,有效钙加氧化镁含量指标,Ⅰ等≥75%,Ⅱ等≥70%,Ⅲ等≥60%;未消化残渣含量指标与镁质生石灰指标相同。

3. 石灰工业废渣稳定材料要求

(1)石灰工业废渣稳定材料所用石灰质量应符合表4-4规定的Ⅲ级消石灰或Ⅲ级生石灰的技术指标,应尽量缩短石灰的存放时间,如存放时间较长,应采取覆盖封存措施,妥善保管。

(2)粉煤灰中SiO_2、Al_2O_3和Fe_2O_3的总含量应大于70%,粉煤灰的烧失量不应超过20%;粉煤灰的比表面积宜大于2500cm^2/g(或90%通过0.3mm筛孔,70%通过0.075mm筛孔)。干粉煤灰和湿粉煤灰都可以应用。湿粉煤灰的含水率不宜超过35%。

(3)煤渣的最大粒径不应大于30mm,颗粒组成宜有一定级配,且不宜含杂质;宜采用塑性指数12~20的黏性土(亚黏土);土块的最大粒径不应大于15mm。有机质含量超过10%的土不宜选用。

用于二级及二级以下公路的二灰稳定材料应符合下列要求:

①二灰稳定材料用作底基层时,石料颗粒的最大粒径不应超过53mm。

②二灰稳定材料用作基层时,石料颗粒的最大粒径不应超过37.5mm;碎石、砾石或其他粒状材料的质量宜占80%以上,并符合表4-11或表4-12的级配范围。

二灰级配砂砾中集料的颗粒组成范围　　　　　表4-11

通过质量百分率(%) 级配编号\筛孔尺寸(mm)	1	2
37.5	100	
26.5	85~100	100
19	65~85	85~100
9.5	50~70	55~75
4.75	35~55	39~59
2.36	25~45	27~47
1.18	17~35	17~35
0.6	10~27	10~25
0.075	0~15	0~10

二灰级配砂砾石中集料的颗粒组成范围　　　表 4-12

通过质量百分率(%) 级配编号 筛孔尺寸(mm)	1	2
37.5	100	
26.5	90~100	100
19	72~90	81~98
9.5	48~68	52~70
4.75	30~50	30~50
2.36	18~38	18~38
1.18	10~27	10~27
0.6	6~20	6~20
0.075	0~7	0~7

用于高速公路和一级公路的二灰稳定土应符合下列要求：

①二灰稳定材料用作底基层时，土中碎石、砾石颗粒的最大粒径不应超过37.5mm。各种细粒土、中粒土和粗粒土都可用二灰稳定材料作为底基层。

②二灰稳定材料用作基层时，二灰的质量应占15%，最多不超过20%，石料颗粒的最大粒径不应超过31.5mm，其颗粒组成宜符合表4-12或表4-13中2号级配的范围，粒径小于0.075mm的颗粒含量宜接近0。

对所用的砾石或碎石，应预先筛分成3~4个不同粒级，然后再配合成颗粒组成符合表4-12或表4-13所列级配范围的混合料。

(4)碎石或砾石的压碎值应符合下列要求：

用作基层：

　　　　　　　　高速公路和一级公路　不大于30%
　　　　　　　　二级和二级以下公路　不大于35%

用作底基层：

　　　　　　　　高速公路和一级公路　不大于35%
　　　　　　　　二级和二级以下公路　不大于40%

五、无机稳定材料组成设计

1. 水泥混定材料组成设计

(1)一般规定

①各级公路用水泥稳定土的7d浸水抗压强度应符合表4-13的规定。

水泥稳定土的抗压强度标准　　　表 4-13

公路等级 层位	二级和二级以下公路	高速公路和一级公路
基层(MPa)	2.5~3[2]	3~5[1]
底基层(MPa)	1.5~2.0[2]	1.5~2.5[1]

注：①设计累计标准轴次小于 12×10^6 的公路可采用低限值；设计累计标准轴次超过 12×10^6 的公路可用中值；主要行驶重载车辆的公路应用高限值。某一具体公路应采用一个值，而不是某一范围。

②二级以下公路可取低限值；行驶重载车辆的公路，应取较高的值；二级公路可取中值；行驶重载车辆的二级公路应取高限值。某一具体公路应采用一个值，而不用某一范围。

②水泥稳定土的组成设计应根据表 4-13 的强度标准,通过试验选取最适宜于稳定的土,确定必需的水泥剂量和混合料的最佳含水率,在需要改善混合料的物理力学性质时,还应确定掺加料的比例。

③综合稳定土的组成设计应通过试验选取最适宜于稳定的土,确定必需的水泥和石灰剂量以及混合料的最佳含水率。

④采用综合稳定时,如水泥用量占结合料总量的 30% 以上,应按技术要求进行组成设计。水泥和石灰的比例宜取 60:40、50:50 或 40:60。

⑤水泥稳定土的各项试验应按《公路工程无机结合料稳定材料试验规程》(JTG E51—2009)进行。

(2)原材料的试验

①在水泥稳定土层施工前,应取所定料场中有代表性的土样,按《公路土工试验规程》(JTG E40—2007)进行颗粒分析、液限和塑性指数、相对密度、击实试验、碎石或砾石的压碎值、有机质含量(必要时做)和硫酸盐含量(必要时做)试验。

②对级配不良的碎石、碎石土、砂砾、砂砾土、砂等,宜改善其级配。

③应检验水泥的标号和终凝时间。

(3)混合料的设计步骤

①配制土样。

a. 做基层用混合料:中粒土和粗粒土分别按 3%、4%、5%、6%、7% 水泥计量配制土样;塑性指数小于 12 的细粒土分别按 5%、7%、8%、9%、11% 水泥计量配制土样;其他细粒土分别按 8%、10%、12%、14%、16% 水泥计量配制土样。

b. 做底基层用混合料:中粒土和粗料土分别按 3%、4%、5%、6%、7% 水泥计量配制土样;塑性指数小于 12 的细粒土分别按 4%、5%、6%、7%、9% 水泥计量配制土样;其他细粒土分别按 6%、8%、9%、10%、12% 水泥计量配制土样。

②确定各种混合料的最佳含水率和最大干(压实)密度,至少应做三个不同水泥剂量混合料的击实试验,即最小剂量、中间剂量和最大剂量。其他两个剂量混合料的最佳含水率和最大干密度用内插法确定。

③按规定压实度分别计算不同水泥剂量的试件应有的干密度。

④按最佳含水率和计算得的干密度制备试件。进行强度试验时,作为平行试验的最少试件数量应不小于表 4-14 的规定。如试验结果的偏差系数大于表中规定的值,则应重做试验,并找出原因,加以解决。如不能降低偏差系数,则应增加试件数量。

最少试件数量　　　　　　　　　　　　　　　　　表 4-14

试件数量　偏差系数　土类	<10%	10%~15%	15%~20%
细粒土	6	9	
中粒土	6	9	13
粗粒土		9	13

⑤试件在规定温度下保湿养生 6d,浸水 24h 后,按《公路工程无机结合料稳定材料试验规程》(JTG E51—2009)进行无侧限抗压强度试验。

⑥计算试验结果的平均值和偏差系数。

⑦根据表4-15的强度标准,选定合适的水泥剂量,此剂量试件室内试验结果的平均抗压强度 $\bar{R}$ 应符合公式(4-5)的要求:

$$\bar{R} \geq R_d/(1 - Z_a C_v) \tag{4-5}$$

式中:R_d——设计抗压强度;
C_v——试验结果的偏差系数(以小数计);
Z_a——标准正态分布表中随保证率(或置信度 a)而变的系数,高速公路和一级公路应取保证率95%,即水泥改善土的塑性指数应不大于6,承载比应不小于240。

⑧工地实际采用的水泥剂量应比室内试验确定的剂量多 0.5% ~ 1.0%。
采用集中厂拌法施工时,可只增加 0.5%;采用路拌法施工时,宜增加 1%。
⑨水泥的最小剂量应符合表4-15的规定。

水泥的最小剂量　　　　　　　　　　　表4-15

土类	拌和方法	路拌法	集中厂拌法
中粒土和粗粒土		4%	3%
细粒土		5%	4%

⑩综合稳定土的组成设计与上述步骤相同。

2. 石灰稳定材料组成设计
(1)一般规定
①各级公路用石灰稳定土的7d浸水抗压强度应符合表4-16的规定。

石灰稳定土的抗压强度标准　　　　　　　表4-16

层位	公路等级	二级和二级以下公路	高速公路和一级公路
基层(MPa)		≥0.8①	—
底基层(MPa)		0.5 ~ 0.7②	≥0.8

注:①在低塑性土(塑性指数小于7)地区,石灰稳定砂砾土和碎石土的7d浸水抗压强度应大于0.5MPa(100g平衡锥测液限)。
②低限用于塑性指数小于7的黏性土,且低限值宜仅用于二级以下公路。高限用于塑性指数大于7的黏性土。

②石灰稳定土的组成设计应根据表4-18的强度标准,通过试验选取最适宜于稳定的土,确定必需的或最佳的石灰剂量和混合料的最佳含水率,在需要改善混合料的物理力学性质时,还应确定掺加料的比例。
③采用综合稳定土时,如水泥用量占结合料总量的30%以下,则技术要求进行组成设计。
④石灰稳定土的各项试验应按《公路工程无机结合料稳定材料试验规程》(JTG E51—2009)进行。

(2)原材料试验
①在石灰稳定土层施工前,应取所定料场中有代表性的土样进行颗粒分析、液限和塑性指数、击实试验、碎石或砾石的压碎值、有机质含量(必要时做)和硫酸盐含量(必要时做)试验。
②如碎石、碎石土、砂砾、砂砾土等的级配不好,宜先改善其级配。
③应检验石灰的有效钙和氧化镁含量。

(3)混合料的设计步骤
①配制土样。

a. 做基层用混合料:砂砾土和碎石土分别按3%、4%、5%、6%、7%石灰计量配制土样;塑性指数小于12的黏性土分别按10%、12%、13%、14%、16%石灰计量配制土样或按5%、7%、9%、11%、13%石灰计量配制土样。

b. 做底基层用混合料:塑性指数小于12的黏性土分别按8%、10%、11%、12%、14%石灰计量配制土样或按5%、7%、8%、9%、11%石灰计量配制土样。

②确定混合料的最佳含水率和最大干(压实)密度,至少应做三个不同石灰剂量混合料的击实试验,即最小剂量、中间剂量和最大剂量,其余两个混合料的最佳含水率和最大干密度用内插法确定。

③按规定的压实度,分别计算不同石灰剂量的试件应有的干密度。

④按最佳含水率和计算得的干密度制备试件。进行强度试验时,作为平行试验的最少试件数量应不小于表4-17中的规定。如试验结果的偏差系数大于表中规定的值,则应重做试验,并找出原因,加以解决。如不能降低偏差系数,则应增加试件数量。

最少试件数量 表4-17

试件数量 偏差系数 土类	<10%	10%~15%	15%~20%
细粒土	6	9	
中粒土	6	9	13
粗粒土		9	13

⑤试件在规定温度下保温养生6d,浸水24h后,按《公路工程无机结合料稳定材料试验规程》(JTG E51—2009)进行无侧限抗压强度试验。

⑥计算试验结果的平均值和偏差系数。

⑦根据表4-18的强度标准,选定合适的石灰剂量。此剂量试件室内试验结果的平均抗压强度 $\overline{R}$ 应符合公式(4-6)的要求:

级配碎石或级配碎砾石的颗粒组成范围 表4-18

通过质量百分率(%) 项目	编号	1	2
筛孔尺寸(mm)	37.5	100	
	31.5	90~100	100
	19.0	73~88	85~100
	9.5	49~69	52~74
	4.75	29~54	29~54
	2.36	17~37	17~37
	0.6	8~20	8~20
	0.075	0~7②	0~7②
液限(%)		<28	<28
塑性指数		<6(或9①)	<6(或9①)

注:①潮湿多雨地区塑性指数宜小于6,其他地区塑性指数宜小于9。

②对于无塑性的混合料,小于0.075的颗粒含量应接近高限。

$$\bar{R} \geqslant R_d/(1 - Z_a C_v) \tag{4-6}$$

式中：R_d——设计抗压强度；

C_v——试验结果的偏差系数（以小数计）；

Z_a——标准正态分布表中随保证率（或置信度 a）而变的系数，高速公路和一级公路应取保证率 95%，即 $Z_a = 1.645$；其他公路应取保证率 90%，即 $Z_a = 1.282$。

⑧工地实际采用的石灰剂量应比室内试验确定的剂量多 0.5%～1.0%。采用集中厂拌法施工时，可只增加 0.5%；采用路拌法施工时，宜增加 1%。

⑨石灰稳定不含黏性土的级配碎石、未筛分碎石和级配砂砾用做高级沥青路面的基层时，碎石和砂砾的颗粒组成应符合表 4-18 级配碎石或级配碎砾石的颗粒组成范围，或表 4-19 未筛分碎石底基层颗粒组成范围，或表 4-20 级配砾石基层的颗粒组成范围，并应添加黏性土。石灰和所加土的总质量与碎石或砂砾的质量比宜为 1:4～1:5，即碎石或砾石在混合料中的质量应不少于 80%。

未筛分碎石底基层颗粒组成范围　　　　表 4-19

通过质量百分率(%) 项目	编号	1	2
筛孔尺寸 (mm)	53	100	
	37.5	85～100	100
	31.5	69～88	83～100
	19.0	40～65	54～84
	9.5	19～43	29～59
	4.75	10～30	17～45
	2.36	8～25	11～35
	0.6	6～18	6～21
	0.075	0～10	0～10
液限(%)		<28	<28
塑性指数		<6(或9[①])	<6(或9[①])

注：①在潮湿多雨地区，塑性指数宜小于 6，其他地区塑性指数宜小于 9。

⑩综合稳定土的组成设计与上述步骤相同。

3. 石灰工业废渣稳定材料组成设计

(1) 一般规定

①石灰工业废渣稳定土的 7d 浸水抗压强度应符合表 4-21 的规定。

②石灰工业废渣稳定土的组成设计应根据表 4-20 的强度标准，通过试验选取最适宜于稳定的土，确定石灰与粉煤灰或石灰与煤渣的比例，确定石灰粉煤灰或石灰煤渣与土的质量比例，确定混合料的最佳含水率。

③对于 CaO 含量 2%～6% 的硅铝粉煤灰，采用石灰粉煤灰做基层或底基层时，石灰与粉煤灰的比例可以是 1:2～1:9。

④采用二灰土做基层或底基层时，石灰与粉煤灰的比例可用 1:2～1:4（对于粉土，以 1:2 为宜），石灰粉煤灰与细粒土的比例可以是 30:70～90:10（采用此比例时，石灰与粉煤灰之比宜为 1:2～1:3）。

级配砾石基层的颗粒组成范围   表 4-20

通过质量百分率(%) 项目	编号	1	2
筛孔尺寸(mm)	53		
	37.5	100	
	31.5	81~94	100
	19.0	63~81	85~100
	9.5	45~66	52~74
	4.75	27~51	29~54
	2.36	16~35	17~37
	0.6	8~20	8~20
	0.075	0~7[②]	0~7[②]
液限(%)		<28	<28
塑性指数		<6(或 9[①])	<6(或 9[①])

注:①潮湿多雨地区塑性指数宜小于6,其他地区塑性指数宜小于9。
②对于无塑性的混合料,小于0.075的颗粒含量应接近高限。

二灰混合料的抗压强度标准   表 4-21

公路等级 层位	二级和二级以下公路	高速公路和一级公司
基层(MPa)	0.6~0.8	0.8~1.1[①]
底基层(MPa)	≥0.5	≥0.6

注:①设计累计标准轴次小于 $12×10^6$ 的高速公路用低限值;设计累计标准轴次大于 $12×10^6$ 的高速公路用中值;主要行驶重载车辆的高速公路用高限值。对于具体的某一高速公路,应根据交通状况采用某一强度标准。

⑤采用二灰级配集料做基层时,石灰与粉煤灰的比例可用1:2~1:4,石灰粉煤灰与集料的比应是20:80~15:85。

⑥采用石灰煤渣做基层或底基层时,石灰与煤渣的比例可用20:80~15:85。

⑦采用石灰煤渣土做基层或底基层时,石灰与煤渣的比例可选用1:1~1:4,石灰煤渣与细粒土的比例可以是1:1~1:4。混合料中石灰不应少于10%,或通过试验选取强度较高的配合比。

⑧采用石灰煤渣集料做基层或底基层时,石灰:煤渣:集料可选用(7~9):(26~33):(67~58)。

⑨为提高石灰工业废渣的早期强度,可外加1%~2%的水泥。

⑩各种混合料的各项试验应按《公路工程无机结合料稳定材料试验规程》(JTG E51—2009)进行。

(2)原材料的试验

在石灰工业废渣稳定土施工前,应取有代表性的样品进行土的颗粒分析、液限和塑性指数、石料的压碎值试验、有机质含量(必要时做)、石灰的有效钙和氧化镁含量和收集或粉煤灰的相关试验。

(3)混合料的设计步骤

①制备不同比例的石灰粉煤灰混合料(如 10:90,15:85,20:80,25:75,30:70,35:65,40:60,

45:55 和 50:50),确定其各自的最佳含水率和最大干密度,确定同一龄期和同一压实度试件的抗压强度,选用强度最大时的石灰粉煤灰比例。

②根据上款所得的二灰比例,制备同一种土样的 4~5 种不同配合比的二灰土或二灰级配集料。

③确定各种二灰土或二灰级配集料的最佳含水率和最大干密度(用重型实试验法)。

④按规定达到的压实度,分别计算不同配合比时二灰土、二灰级配集料试件应有的干密度。

⑤按最佳含水率和计算得的干密度制备试件。进行强度试验时,作为平行试验的试件数量应符合表 4-22 中的规定。如试验结果的偏差系数大于表中规定的值,则应重做试验,并找出原因,加以解决。如不能降低偏差系数,则应增加试件数量。

最 少 试 件 数 量　　　　　　　　　表 4-22

土类＼偏差系数 试件数量	<10%	10%~15%	15%~20%
细粒土	6	9	
中粒土	6	9	13
粗粒土		9	13

⑥试件在规定温度下保湿养生 6d,浸水 24h 后,按《公路工程无机结合料稳定材料试验规程》(JTG E51—2009)进行无侧限抗压强度试验。

⑦计算试验结果的平均值和偏差系数。

⑧根据表 4-20 的强度标准,选定混合料的配合比。在此配合比下,试件室内试验结果的平均抗压强度 $\bar{R}$ 应符合公式(4-7)的要求:

$$\bar{R} \geq R_d / (1 - Z_a C_v) \tag{4-7}$$

式中:R_d——设计抗压强度;

C_v——试验结果的偏差系数(以小数计);

Z_a——标准正态分布表中随保证率(或置信度 a)而变的系数,高速公路和一级公路应取保证率 95%,即 $Z_a = 1.645$;其他公路应取保证率 90%,即 $Z_a = 1.282$。

⑨石灰煤渣混合料的设计可参照上述石灰粉煤灰混合料的设计步骤。

复习思考题

1. 何谓无机结合料稳定材料?它具有什么特点?
2. 简述水泥稳定土组成设计的基本步骤。
3. 水泥稳定材料用作基层时,对组成材料有什么要求?

模块五 路面面层材料

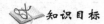知识目标

1. 了解石油沥青的分类和组成结构；
2. 掌握石油沥青的基本技术性质、技术标准和试验检测方法；
3. 了解乳化沥青和改性沥青的性质、技术标准和应用；
4. 掌握沥青路面用集料的质量要求和试验检测方法；
5. 了解沥青混合料的特点、分类和使用性能；
6. 掌握沥青混合料的组成结构、技术性质、组成材料和设计方法；
7. 了解其他沥青混合料的特点和应用；
8. 掌握水泥路面原材料的技术要求。

能力目标

1. 能进行沥青和沥青混合料性能常用技术指标的检测，并独立完成试验报告；
2. 能进行沥青混合料矿质组成材料性能检测，并独立完成试验报告；
3. 能进行沥青混合料和道路水泥混凝土的配合比设计；
4. 能进行水泥混凝土抗弯拉强度试验。

面层位于整个路面结构的最上层，是最直接反映路面使用性能的层次，应具有高的结构强度、刚度和稳定性，并且具有耐磨、不透水、良好的抗滑性和平整度。修筑面层所用的材料主要有：水泥混凝土、沥青混凝土、沥青碎（砾）石混合料、砂砾或碎石掺土或不掺土的混合料以及块料等。修筑高等级道路面层所用的材料主要有沥青混凝土和水泥混凝土。

单元一 沥 青

沥青是一种有机胶凝材料，是由一些极其复杂的高分子碳氢化合物及这些碳氢化合物的非金属（氧、硫、氮等）衍生物组成的混合物。在常温下呈褐色或黑褐色液态、固态或半固态，也有一些沥青以气态形式存在，能溶于二硫化碳、四氯化碳、三氯甲烷等有机溶剂。

沥青材料是一种黏—弹性体，具有良好的憎水性、黏结性和塑性，因而广泛用于道路、水利及防水、防潮工程中。沥青品种很多，按其在自然界中获取的方式不同，分为地沥青和焦油沥青两大类。地沥青可以是天然形成的，也可以是石油工业的副产品。按其产源不同可分为天然沥青和石油沥青。各种有机物干馏而得的焦油，经再加工所得的产物，统称焦油沥青。焦油沥青按其加工的有机物名称而命名。如煤沥青、页岩沥青、木沥青等。具体分类见表5-1。

在表5-1中的各类沥青，道路建筑上最常用的是石油沥青。通常所说的沥青都是石油沥青，而其他沥青都要在沥青两字前加上名称以示区别，如煤沥青、木沥青等。

沥青分类　　　　　　　　　表 5-1

沥青	地沥青	天然沥青	石油在天然条件下,经长时间地球物理作用形成的产物。其中常混有一定量的矿物质,包括湖沥青、岩沥青、海底沥青等
		石油沥青	石油经过常压、减压蒸馏、深拔、氧化等工艺得到的产品
	焦油沥青	煤沥青	干馏煤得到的焦油经再加工得到的产物
		页岩沥青	干馏页岩得到的焦油经再加工得到的产物
		木沥青	干馏木材得到的焦油经再加工得到的产物

一、石油沥青分类及胶体结构

从油井中开采出来的石油,一般简称原油,它是由各种分子量大小不同的烃类组成的复杂混合物,炼油厂将原油分馏而提炼出汽油、煤油、柴油和润滑油后所剩残渣,再进行加工可以制成各种石油沥青。

1. 石油沥青的分类

(1)按沥青在常温下的稠度分类

常温下按稠度一般将石油沥青分为液体沥青和黏稠沥青两大类。

液体沥青在常温下多呈黏稠液体或液体状态,针入度一般大于 300。按液体沥青的凝固速度分级划分为慢凝、中凝和快凝液体沥青三种类型。在生产应用中,常在黏稠沥青中掺入一定比例的溶剂,得到稠度较低的液体沥青。液体沥青的来源主要有两方面,一是蒸馏石油时直接得到的产品,如渣油。二是用稀释剂将黏稠沥青稀释而得到的产品,这是制取液体沥青最常用的方法。

黏稠沥青在常温下呈固态或半固态,按针入度分级,针入度小于 40 为固体沥青;针入度在 40~300 范围内为半固体沥青。黏稠沥青用途很广,如沥青混凝土、沥青碎石等都是用黏稠沥青配制的。黏稠沥青的来源主要是将液体沥青减压、蒸馏处理后得到稠度较大的沥青。

(2)按原油成分分类

①石蜡基沥青:由石蜡基原油制成,这种沥青含蜡量一般大于 5%,有的高达 10% 以上。蜡的存在降低了沥青的黏结性、塑性和温度稳定性。

②环烷基沥青:由环烷基原油制成,含有较多的环烷烃和芳香烃,含蜡量一般小于 2%,其黏滞度高,延伸性好。

③中间基沥青:也称混合基沥青,由中间基原油制成,其含蜡量为 2%~5%,它的特征也介于石蜡基沥青和环烷基沥青之间。

上述 3 种沥青中,路用性能最好的是环烷基沥青,这类沥青含有较多的脂环烃,黏滞度高,延伸性好。但目前我国这类原油的数量较少,70% 以上是石蜡基沥青和中间基沥青。因此,尽管我国的原油储量较多,但目前能直接用于道路上的沥青却较少。

(3)按加工方法分类

①直馏沥青:是由原油经过常压蒸馏、减压蒸馏或深拔装置提取后得到的产品,在常温下是黏稠液体或半固体。一般情况下,低稠度原油生产的直馏沥青温度稳定性和气候稳定性较差,一般不能直接使用。但当针入度不大时,其延伸度较好。

②氧化沥青:是由减压渣油(或加入其他组分)为原料经吹风氧化得到的产品,在常温下是固体。氧化沥青具有良好的温度稳定性,在道路工程中使用的沥青,氧化程度不能太深,称为半氧化沥青。

③溶剂沥青:是减压渣油经溶剂沉淀法得到的脱油沥青产品或半成品,在常温下是半固体或固体。在溶剂萃取过程中,一些石蜡成分溶解在萃取溶剂中随之被拔出,因此,溶剂沥青中石蜡成分相对较少。其性质较之由石蜡基原油生产的渣油或氧化沥青有很大改善。

除此之外,还有裂化沥青、调和沥青等。

(4)按用途分类

根据用途可分为道路石油沥青、建筑石油沥青和普通石油沥青。

2.石油沥青的组成

由于石油沥青中的化学成分复杂,难以分离为纯粹的化合物单体,因此常将沥青中物理和化学性质相近的化合物归类分析,划分出若干组,这些组称为组分。沥青中各组分的含量与沥青的技术性质有直接的关系。

沥青组分的分析方法有很多种,这里介绍"四组分"分析法中各组分的含义及其含量对路用性能的影响分析。

(1)油分

油分是淡黄色至红褐色透明黏性液体,是沥青中最轻的馏分。油分能减小沥青的稠度,增大沥青的流动性,使沥青柔软、抗裂性好;同时,油分会降低沥青的黏滞度和软化点。在氧、温度、紫外线等作用下油分会转化为树脂,使沥青的性能发生变化。

(2)树脂

树脂为红褐色至黑褐色的黏稠状半固体物质,相对密度比油分大。树脂中绝大部分属于中性树脂,其含量高沥青品质就好,另有少量酸性树脂(即沥青酸和沥青酸酐),是沥青中的表面活性物质,能增强沥青与矿料的黏结力。树脂使沥青具有良好的塑性和黏结性。

(3)沥青质

沥青质是深褐色至黑色的固体脆性粉末状微粒,是沥青中分子量最高的组分,相对密度比树脂大。沥青质决定沥青的热稳定性和黏结性,其含量越高,沥青软化点越高,黏性越大,但也越硬越脆。

(4)沥青中的蜡

沥青中的蜡是指在油分中含有的、经冷冻能结晶析出的,熔点在25℃以上的混合成分。沥青中的蜡对沥青的路用性能有一定的影响,主要是高温时融化,使沥青的黏度降低,沥青的温度敏感性增大,导致沥青路面的高温稳定性降低,出现车辙。低温时易结晶析出,使沥青的低温延展能力降低,沥青变得脆硬,使路面的低温抗裂性降低,出现裂缝。此外,蜡还会使沥青与石料的黏附性降低,导致集料与沥青产生剥落现象。含蜡沥青还能降低路面的抗滑性,影响行车的安全,所以蜡是沥青中的有害成分。我国现行规范《公路沥青路面施工技术规范》(JTG F40—2004)中对沥青的蜡含量有明确规定。

3.石油沥青的胶体结构

沥青的组分还不能完全反映沥青的性质,沥青的结构与沥青的性质有着密切的联系。

(1)胶体理论

现代胶体理论认为,大多数沥青属于胶体结构,沥青中沥青质是分散相,芳香分和饱和分是分散介质,但分子量很大的沥青质不能直接分散在分子量较小的芳香分和饱和分中,沥青质吸附了极性较强的胶质在周围而形成胶团,由于胶团的胶溶作用,而使胶团弥散和溶解于分子量较低、极性较弱的芳香分和饱和分中,形成稳定的胶体结构。

（2）胶体结构类型

石油沥青中各组分的数量比例不同,可以形成不同的胶体结构,沥青的性质也随之发生变化。沥青的胶体结构类型分为溶胶结构、溶—凝胶结构和凝胶结构。

①溶胶结构:沥青中油分和树脂含量较多,而沥青质含量很少,胶团外膜较厚,胶团相对运动较自由,就形成了溶胶结构图(5-1a)。溶胶型沥青的流动性、塑性、黏结性较好,开裂后自行愈合能力较强,但温度稳定性较差,如直馏沥青。

②凝胶结构:当沥青中油分和树脂含量很少,而沥青质含量很高,胶团外膜较薄,胶团靠近团聚,其相互吸引力增大,就形成了凝胶结构图(5-1b)。凝胶结构的沥青的弹性和温度稳定性较高,但黏结性和开裂后的自愈能力较差,如氧化沥青。

③溶—凝胶结构:当沥青中沥青质含量适当,并有较多的树脂起保护作用,胶团的浓度增加,胶团间具有一定的吸引力,这种介于溶胶结构和凝胶结构之间的结构称为溶—凝胶结构(图5-1c)。溶凝胶结构的沥青在高温时温度稳定性好,低温时的变形能力也较好,现代高级沥青路面所用的沥青,都属于这类胶体结构类型,如半氧化沥青等。

  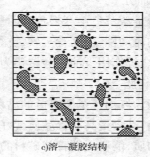

a)溶胶结构　　　　　b)凝胶结构　　　　　c)溶—凝胶结构

图5-1　沥青胶体结构示意图

二、石油沥青的技术性质

沥青作为一种胶结材料,具有一定的技术性质。沥青的性质对沥青路面的使用性能影响很大,用于现代沥青路面的沥青材料,应具备下列主要技术性质。

1. 黏滞性

沥青的黏滞性(又称黏性)是指沥青材料在外力作用下,沥青粒子产生相互位移抵抗剪切变形的能力。各种石油沥青的黏滞性变化很大,这种变化主要是由沥青中各组分的含量和温度决定的,当沥青质含量较高,又有适量的树脂和少量的油分时,沥青的黏滞性就大。在一定的温度范围内,当温度升高时,黏滞性降低,反之则增大。

沥青的黏滞性是与沥青路面力学性质联系最密切的一种性质,通常用黏度来表示,分绝对黏度和相对黏度(条件黏度,由于绝对黏度测定条件复杂,实际应用多测定相对黏度)。

测定沥青相对黏度的方法主要是针入度仪法和标准黏度计法。

（1）针入度:黏稠石油沥青的相对黏度用针入度仪测定的针入度表示。

沥青针入度是在规定温度和时间内,附加一定质量的标准针垂直贯入试样的深度,以0.1mm表示。试验结果以 $P_{T,m,t}$ 表示,其中 P 为针入度,T 为试验温度,m 为荷重,t 为贯入时间。针入度越小,表示黏度越大。

沥青针入度是道路黏稠沥青黏滞性的常用指标,是划分黏稠沥青技术等级的主要指标。相同的试验条件下,针入度越大,表示沥青越软(稠度越小)。

（2）黏度：黏度是在规定温度条件下，通过规定的流孔直径流出 50mL 沥青所需的时间（s），采用标准黏度计测定。试验结果以 $C_{T,d}$ 表示，其中 C 为黏度，T 为试验温度，d 为流孔直径。

黏度是测定液体沥青（包括液体石油沥青和软煤沥青）黏滞性的常用技术指标，是划分液体沥青技术等级的标准。相同的温度和流孔条件下，流出时间越长，表示沥青黏度越大。

2. 塑性

塑性是指沥青在外力作用下发生变形而不破坏的能力。沥青的塑性与沥青的化学组分及温度有关。塑性好的沥青不易产生裂缝，摩擦时的噪声小，抵抗低温开裂的性能高。

沥青的塑性用延度表示。沥青延度是将沥青试样制成"∞"形标准试模，在规定速度 5cm/min 和规定温度15℃或10℃下拉断时的长度，以厘米（cm）为单位表示，沥青延度越大，塑性越好，柔性和抗断裂性能越好。

3. 温度稳定性

温度稳定性是指沥青的黏性和塑性随温度升降而变化的性能。当温度升高时，沥青由固态或半固态逐渐软化成半流状态，当温度降低时由黏流状态转变成固态至变脆。在工程上使用的沥青要求有较好的温度稳定性。目前，软化点和脆点是表示沥青温度稳定性的主要指标。

（1）高温稳定性——软化点

沥青软化点是将沥青试样装入规定尺寸的铜环内，试样上放置标准钢球（质量大约 3.5g）浸入水中或甘油中，以规定的升温速度（5℃/min）加热，使沥青软化下垂至规定距离时的温度（℃）。软化点越高，表明沥青的耐热性越好，即温度稳定性越好。

研究认为，多数沥青在软化点时的黏度约为 1200Pa·s，或相当于针入度为 800（0.1mm）。软化点试验实际上是测量沥青在一定外力（钢球）作用下开始流动并达到一定变形时的温度，可以认为软化点是一种人为的等黏温度。由此可见，针入度是在规定温度下测定沥青的条件黏度，而软化点则是在达到规定条件黏度时的温度。所以软化点既是反映沥青材料热稳定性的一个指标，也是沥青条件黏度的一种度量。

（2）低温抗裂性——脆点

脆点是指沥青材料由黏稠状态转变为固体状态达到条件脆裂时的温度，采用弗拉斯脆点仪测定。

在工程实际应用中，要求沥青具有较高的软化点和较低的脆点，否则容易发生沥青材料夏季流淌或冬季变脆甚至开裂等现象。

以上所讲的针入度、延度、软化点是评价黏稠石油沥青路用性能最常用的经验指标，通称三大指标。

4. 加热稳定性

加热稳定性是指沥青在过热或过长时间加热过程中，会发生轻质馏分挥发、氧化、裂化、聚合等一系列物理及化学变化，使沥青的化学组成及性质相应地发生变化的性能。

我国现行行业标准《公路工程沥青及沥青混合料试验规程》（JTG E20—2011）规定沥青材料要进行加热质量损失和加热后残渣性质的试验，用以评定沥青在路面施工及使用过程中的耐久性。对于道路石油沥青，采用沥青薄膜加热试验和沥青旋转薄膜加热试验；对于液体石油沥青，采用蒸馏试验。

5. 安全性

沥青在使用中通常要加热，而当加热到一定温度时，沥青材料中挥发的油分蒸气与周围空气组成的混合气体,遇火焰极易燃烧,以致引起火灾,为此,须测定沥青的闪点和燃点。

闪点是指加热沥青挥发出可燃气体与空气组成混合气体,在规定的条件下与火接触,产生闪光的沥青温度。

燃点指沥青加热产生的混合气体与火接触能持续燃烧5s以上的沥青温度。

闪点和燃点的温度值越高,表示沥青的使用越安全。

6. 含水率

沥青含水率是沥青试样内含有水分的数量,以质量百分率表示。沥青中如含有水分,在施工中当沥青加热时,含有的水分挥发慢,影响施工速度,且加热过程中,水分过多,易产生溢锅现象,引起火灾,使材料受损失,故沥青中的含水率不宜过多。

7. 黏附性

沥青与石料的黏附性是路用沥青的重要性能之一,直接影响沥青路面的使用质量和耐久性,与沥青和集料的性质都有关。随着集料中SiO_2含量的增加,剥落度增加,因此集料优先用碱性集料。黏附性目前采用水煮法和水浸法测定。

8. 老化

老化是指沥青在自然因素作用下,产生不可逆的化学变化,导致路用性能劣化。沥青老化后,在物理力学性质方面,表现为针入度减少,延度降低,软化点升高,绝对黏度提高,脆点升高等。在化学组分含量方面,表现为饱和分变化较少,芳香分明显转变为胶质(速度较慢),而胶质又转变为沥青质(速度较快),由于芳香分转变为胶质,不足以补偿胶质转变为沥青质,所以最终胶质明显减少,而沥青质显著增加。

9. 其他性能

(1)针入度指数(PI):针入度指数是根据沥青在25℃的针入度(0.1mm)和软化点(℃)来表达沥青感温性和胶体结构的流变学参数。

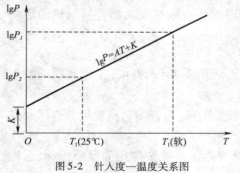

图5-2 针入度—温度关系图

经过大量的试验研究发现,沥青的针入度随温度不同而变化,若以针入度的对数为纵坐标,温度为横坐标,可以得到如图5-2所示的线性关系,即:

$$\lg P = AT + K \tag{5-1}$$

式中:P——沥青针入度,0.1mm;

A——针入度温度感应性系数,由针入度和软化点确定;

T——试验温度,℃;

K——常数。

根据试验研究发现,沥青达到软化点时的针入度值恒等于800,由式(5-2)计算。

$$A = \frac{\lg 800 - \lg P_{(25℃,100g,5s)}}{T_{R\&B} - 25} \tag{5-2}$$

式中:$P_{(25℃,100g,5s,)}$——在25℃、100g、5s条件下测定的针入度,0.1mm;

$T_{R\&B}$——环球法测定的软化点温度,℃。

因为达到软化点时的针入度常与800相距甚大,因此斜率A应根据不同温度的针入度确定,常采用的温度为15℃、25℃、30℃(或5℃),由式(5-3)计算。

$$A = \frac{\lg P_1 - \lg P_2}{T_1 - T_2} \tag{5-3}$$

通过回归求取 A 值,有 3 个温度的针入度回归的相关系数 R 应在 0.997 以上,有 4 个温度的针入度回归的相关系数应不小于 0.995,否则说明试验误差太大,试验结果不能采用。

针入度指数可以通过式(5-4)计算,也可以通过针入度指数诺模图求得。

$$P_1 = \frac{30}{1+50A} - 10 \tag{5-4}$$

胶体结构类型与沥青路用性能之间有密切的关系,一般工程中常采用沥青针入度指数(PI)来划分沥青的胶体结构类型。PI < -2 时沥青为溶胶结构;PI > +2 时沥青为凝胶结构;-2≤PI≤+2 时沥青为溶—凝胶结构。

(2)劲度模量:路用沥青大多数为溶—凝胶结构,在低温时表现为弹性,高温时表现为黏性,在相当宽的范围内表现为黏性和弹性共存,是一种典型的黏弹性物体。劲度模量即在一定荷载作用时间和温度条件,应力与应变的比值,是表征沥青黏性和弹性联合效应的指标。

三、石油沥青的技术标准

1. 道路黏稠石油沥青的技术标准

道路石油沥青分为 A 级、B 级、C 级三个等级,各自的适用范围见表 5-2。

道路石油沥青的适用范围　　　　表 5-2

沥青等级	适　用　范　围
A 级	各个等级的公路,适用于任何场合和层次
B 级	高速公路、一级公路沥青下面层以及以下的层次,二级及二级以下公路的各个层次; 用做改性沥青、乳化沥青、改性乳化沥青、稀释沥青的基质沥青
C 级	三级及三级以下公路的各个层次

道路石油沥青的技术标准:道路石油沥青按针入度划分为 160、130、110、90、70、50、30 号等标号,对各标号的延度、软化点、闪点、含蜡量等技术指标有不同的要求。我国现行行业标准《公路沥青路面施工技术规范》(JTG F40—2004)规定其各项质量应符合表 5-3 的规定。

在同一品种黏稠石油沥青中,标号越大,沥青越软,此时针入度、延度越大,软化点降低;标号越小,沥青越硬,则针入度、延度越小,软化点升高。

(2)道路液体石油沥青的技术标准

道路液体石油沥青适用于透层、黏层及拌制冷拌沥青混合料。按其凝结速度分为快凝[AL(R)]、中凝[AL(M)]和慢凝[AL(S)]三个标号,每个标号按照黏度又分为不同等级。除黏度外,对蒸馏的馏分及残留物性质,闪点和水分等也提出相应的要求。我国现行行业标准《公路沥青路面施工技术规范》(JTGF40—2004)规定其各项质量应符合表 5-4 的规定。

2. 乳化沥青

乳化沥青是当沥青经机械作用,使其分裂成为粒径 0.1~5μm 的微粒,并分散到含有表面活性剂(乳化剂、稳定剂)的水介质中,由于乳化剂能定向吸附在沥青微粒表面,因而降低了水与沥青的界面张力,使沥青微粒能在水中形成稳定的分散体系。这种分散系呈茶褐色,沥青为分散相,水为连续相,常温下具有良好的流动性。

乳化沥青具有许多优越性能,其主要优点如可冷态施工,节约能源,保护环境;常温下有较好的流动性,能保证洒布的均匀性;与矿料表面具有良好的黏附性和工作性,可节约沥青用量;稳定性差,储存期不超过半年(储存期长易产生分层);修筑路面成型期长。

表 5-3 道路石油沥青技术要求

指标	单位	等级	160号④	130号④		110号			90号				70号③				50号	30号④	试验方法①
针入度(25℃,5s,100g) 0.1mm			140~200	120~140		100~120			80~100				60~80				40~60	20~40	T0604
适用的气候分区⑥			注④	注④		2-1	2-2	2-3	1-1	1-2	1-3	2-2 2-3 2-4	1-3	1-4	2-2	2-3	1-4	注④	附录A⑤
针入度指数PI②									−1.5~+1.0										T0604
									−1.8~+1.0										
软化点(R&B),不小于	℃	A	38	40		43			45				46		45		49	55	T0606
		B	36	39		42			43				44		43		46	53	
		C	35	37		41			42				43				45	50	
60℃动力黏度②不小于	Pa·s	A	—	60		120			160				180				200	260	T0620
10℃延度②,不小于	cm	A	50	50		40			45				30				20	20	T0605
		B	30	30		30			30				20		20		15	15	
15℃延度,不小于	cm	A,B	80	80		60			50								40		
		C							50								30	20	
蜡含量(蒸馏法)不大于	%	A							2.2										T0615
		B							3.0										
		C							4.5										
闪点,不小于	℃		230						245				260						T0611
溶解度,不小于	%		99.5																T0607
密度(15℃)	g/cm³		实测记录																T0603
TFOT(或RTFOT)后⑤																			T0610或T0609
质量变化,不大于	%		±0.8																
残留针入度(10℃),不小于	%	A	48	54		55			57				61				63	65	T0604
		B	45	50		52			54				58				60	62	
		C	40	45		48			50				54				58	60	
残留延度(10℃),不小于	cm	A	12	12		10			8				6				4	—	T0605
		B	10	10		8			6				4				2	—	
残留延度(15℃),不小于	cm		40	35		30			20				15				10	20	T0605

注：①试验方法按照现行《公路工程沥青及沥青混合料试验规程》(JTG E20—2011)规定的方法执行。用于仲裁试验求取PI时的5个温度的针入度关系的相关系数不得小于0.997。
②经建设单位同意，表中PI值、60℃动力黏度、10℃延度可作为选择性指标，也可不作为施工质量检验指标。
③70号沥青可根据需要要求供应商提供针入度范围为60~70或70~80的沥青，50号沥青可要求提供针入度范围为40~50或50~60的沥青。
④30号沥青仅适用于沥青稳定基层。130号和160号沥青除寒冷地区可直接在中低级公路上直接应用外，通常用作乳化沥青、稀释沥青、改性沥青的基质沥青。
⑤老化试验以TFOT为准，也可以RTFOT代替。
⑥气候分区见附录A。

表 5-4 道路用液体石油沥青技术要求

试验项目		单位	快凝		中凝						慢凝						试验方法
			AL(R)-1	AL(R)-2	AL(M)-1	AL(M)-2	AL(M)-3	AL(M)-4	AL(M)-5	AL(M)-6	AL(S)-1	AL(S)-2	AL(S)-3	AL(S)-4	AL(S)-5	AL(S)-6	
黏度	$C_{25,5}$	S	<20	—	—	—	—	—	—	—	—	—	—	—	—	—	T0621
	$C_{60,5}$	S	5~15	5~15	5~15	16~25	26~40	41~100	101~200	—	5~15	16~25	26~40	41~100	101~200	—	
蒸馏体积	225℃前	%	>20	>15	<10	<7	<3	0	0	—	—	—	—	—	—	—	T0632
	315℃前	%	>35	>30	<35	<25	<17	<14	<8	<5	—	—	—	—	—	—	
	360℃前	%	>45	>35	<50	<35	<30	<20	<15	<5	<35	<25	<20	<15	<5	—	
蒸馏后残留物性质	针入度(25℃)	0.1mm	60~200	60~200	100~300	100~300	100~300	100~300	100~300	100~300	—	—	—	—	—	—	T0604
	延度(25℃)	cm	>60	>60	>60	>60	>60	>60	>60	>60	—	—	—	—	—	—	T0605
	浮漂度(5℃)	s	—	—	—	—	—	—	—	—	<20	20	30	40	45	<50	T0631
闪电(TOC)		℃	>30	>30	>65	>65	>65	>65	>65	>65	>70	>70	>100	>100	>120	>120	T0633
含水率(不大于)		%	0.2	0.2	0.2	0.2	0.2	0.2	0.2	0.2	2.0	2.0	2.0	2.0	2.0	2.0	T0612

1. 乳化沥青的组成材料

(1) 沥青

在乳化沥青中,沥青比例为 50%~70%。乳化沥青中使用的沥青材料基本是石油沥青,在选择时,首先考虑沥青的易乳化性,一般来说,针入度大的沥青宜乳化。但是石油沥青是复杂的碳氢混合物,由于油源和生产方法不同,其组分的胶体结构和特性有很大的区别,乳化的程度就不同,如低活性的石蜡基、中间—石蜡基沥青,通常要求乳化剂具有较长的烷基链,应通过试验加以选择。根据工程需要也可采用改性沥青进行乳化。

制备乳化沥青用的基质沥青,对高速公路和一级公路,宜符合《公路沥青路面施工技术规范》(JTG F40—2004)道路石油沥青 A、B 级的要求,其他情况可采用 C 级沥青。

(2) 乳化剂

乳化剂在乳化沥青中用量很小,但是乳化沥青形成的关键材料。从化学结构上看,它由极性部分和非极性部分组成,极性部分是亲水的,非极性部分是憎水的亲油部分。这两个基团具有使互不相溶的沥青与水连接起来的特殊功能。极性的亲水基团结构差异较大,因而乳化剂分类也是根据亲水基的结构而划分的,各类乳化剂具有不同的特点。乳化剂按其亲水基在水中是否电离而分为离子型乳化剂(阴离子、阳离子、两性离子)和非离子型乳化剂。

(3) 稳定剂

为使乳液具有良好的储存稳定性和施工喷洒或拌和的机械作用下的稳定性,必要时加入适量的稳定剂。稳定剂分为无机稳定剂和有机稳定剂,无机稳定剂稳定效果较好的是氯化铵和氯化钙;有机稳定剂主要有聚乙烯醇等,在沥青表面可形成保护膜,有利于微粒的分散。

(4) 水

水是乳化沥青的主要组成部分,在乳化沥青中起着湿润、溶解及化学反应的作用。水中含有的各种矿物质对乳化沥青的形成具有一定的影响,因此,生产乳化沥青的水应为不含钙、镁等杂质的 pH 约为 7.4 的纯净水。水的用量一般为 30%~50%。

2. 乳化沥青的技术性质

(1) 筛上剩余量

筛上剩余量是检验乳液中沥青微粒的均匀程度,是确定乳化沥青质量的重要指标。检测方法为:待乳液完全冷却或基本消泡后,将乳液过 1.18mm 筛,求出筛上残留物占过筛乳液质量的百分比。

(2) 蒸发残留物含量及残留物性质

蒸发残留物含量是将一定量的乳液脱水后,求出其蒸发残留物占乳液的百分比,用以检验乳液中实际的沥青含量。乳液中沥青含量过高会使乳液黏度变大,储存稳定性不好,不利于施工和储存;乳液中沥青含量过低,则使乳液黏度较低,施工时容易流失,不能保证沥青用量的要求,同时增加乳液的运输成本,提高乳化剂用量。

蒸发残留物的性质以针入度、延度和软化点表征,比较沥青乳化后与原沥青在技术性能上有何变化。

(3) 黏度

不同的施工方法、施工季节和路面结构层次,对沥青乳液的黏度要求不同。乳液黏度不当就可能造成路面的过早损坏。

(4)黏附性

阳离子乳化沥青的黏附性是将干净的粒径为19~31.5mm集料5颗在水中浸泡1min,随后立即放入乳液中浸泡1min,然后将集料悬挂在室温中放置24h。将集料逐个用线提起,浸入微沸水中3min,观察集料颗粒表面上沥青膜的裹覆面积;阴离子乳化沥青和非离子乳化沥青是将干净的粒径为13.2~19mm碎石50g排列在滤筛上,将滤筛连同石料一起浸入阴离子乳液1min后,然后取出在室温下置放24h,在40℃±1℃水中浸泡5min,观察集料颗粒表面上沥青膜的裹覆面积,作出综合评定。

(5)储存稳定性

储存稳定性是检验乳液的存放稳定性。将乳液在容器中置放规定的储存时间后,检测容器上下乳液的浓度变化。一般采用5d的储存稳定性,如时间紧迫也可用1d的稳定性。

(6)低温储存稳定性

低温储存稳定性是检测乳液经受冰冻后,其状态发生的变化。将乳液过1.18mm筛后在-5℃的温度下放置30min,再在25℃下放置10min,循环两次后,观察乳液试样状态与原试样有无变化,并做筛上剩余量试验,检查有无粗颗粒或结块情况。

(7)微粒离子电荷性

用于确定乳液是否属于阳离子或阴离子类型。在乳液中放入两块电极板,通入6V直流电,3min后观察电极板上沥青微粒的黏附量。如果负极板上吸附大量沥青微粒,表明沥青微粒带正电荷,则该乳液为阳离子型,反之亦然。

(8)破乳速度

破乳速度试验是将乳液与规定级配的矿料拌和后,由矿料表面被乳液薄膜裹覆的均匀程度,判断乳液的拌和效果,并鉴别乳液属于快裂、中裂或慢裂类型。

(9)水泥拌和试验与矿料的拌和试验

水泥拌和试验的目的是评定慢裂型乳液在与水泥的拌和过程中乳液的凝结情况,是乳化沥青用于加固稳定砂石土基层、稀浆封层等施工的一项重要性能。将50g水泥与50g乳液试样拌和均匀后,加入150mL蒸馏水拌匀,然后过1.18mm筛,结果用筛上残留物占水泥和沥青总质量的百分比表示。

矿料的拌和试验是乳液试样与规定级配的混合料在室温下拌和后,以矿料裹覆乳液均匀状态来判断乳液类型的另一种试验方法,也是检验乳化沥青的拌和稳定性的方法。

3. 乳化沥青的应用

乳化沥青适用于沥青表面处治路面、沥青贯入式路面、冷拌沥青混合料路面、修补裂缝、喷洒透层、黏层及封层等。乳化沥青的品种及适用范围宜符合表5-5的规定。

乳化沥青类型根据集料品种及使用条件选择。阳离子乳化沥青可适用于各种集料品种,阴离子乳化沥青适用于碱性集料。目前,有些国家已不用阴离子乳化沥青,如美国、日本等。

乳化沥青的破乳速度、黏度宜根据用途与施工方法选择。

4. 改性沥青

改性沥青是指在普通沥青(又称基质沥青)中加入一定量的改性剂(如橡胶、树脂、高分子聚合物或其他填料等外掺剂),使沥青在感温性、稳定性、耐久性、黏附性、抗老化性等方面得到全面改善,提高沥青的路用性能。在本教材中我们只简单介绍一下改性沥青的分类。

乳化沥青品种及适用范围 表 5-5

分　类	品种及代号	适　用　范　围
阳离子乳化沥青	PC-1	表处、贯入式路面及下封层用
	PC-2	透层油及基层养生用
	PC-3	黏层油用
	BC-1	稀浆封层或冷拌沥青混合料用
阴离子乳化沥青	PA-1	表处、贯入式路面及下封层用
	PA-2	透层油及基层养生用
	PA-3	黏层油用
	BA-1	稀浆封层或冷拌沥青混合料用
非离子乳化沥青	PN-2	透层油用
	BN-1	与水泥稳定集料同时使用（基层路拌或再生）

（1）热塑性橡胶类改性沥青

改性剂主要是苯乙烯嵌段共聚物，如苯乙烯—丁二烯—苯乙烯（SBS）、苯乙烯—异戊二烯—苯乙烯（SIS）、苯乙烯—聚乙烯/丁基—聚乙烯（SE/SB）。其中，SBS 常用于路面沥青混合料；SIS 用于热溶黏结料；SE/BS 用于抗氧化、抗高温变形要求高的道路。SBS 类改性沥青最大的特点是高温稳定性和低温抗裂性能都好，并具有良好的弹性恢复性能和抗老化性能。

（2）橡胶类改性沥青

橡胶类改性沥青使用最多的是丁苯橡胶（SBR）和氯丁橡胶（CR）。这类改性剂常以乳胶的形式加入沥青中，制成橡胶沥青，可以提高沥青的黏度、韧性、软化点、降低脆点，使沥青的延度和感温性得到改善。

SBR 改性沥青最大特点是低温性能得到改善，但老化试验后其延度严重降低，所以主要在寒冷气候条件下使用。其具有极性，常渗入煤沥青中使用，已成为煤沥青的改性剂。

（3）热塑性树脂类改性沥青

热塑性树脂类改性沥青常用的有聚乙烯（PE）、聚丙烯（PP）、聚氯乙烯、聚苯乙烯和乙烯—乙酸乙烯共聚物（EVA）等，这类沥青的共同特点是加热后软化，冷却时变硬。在常温下使沥青混合料黏度增大，从而使高温稳定性增加，同时可增大沥青的韧性，但对沥青的低温性能改善有时不是很明显。

（4）掺加天然沥青的改性沥青

掺加天然沥青的改性沥青有湖沥青（如特立尼达湖沥青 TLA）、岩石沥青和海底沥青（如 BMA）。TLA 有良好的高温稳定性及低温抗裂性能，耐久性好；岩石沥青有抗剥离、耐久性、高温抗车辙、抗老化等特点；BMA 适用于重交通道路、飞机场跑道、抗磨耗层等。

（5）其他改性沥青

其他改性沥青有掺多价金属皂化物的改性沥青、掺炭黑的改性沥青和掺玻纤格栅的改性沥青等。

单元二　沥青混合料

沥青混合料是经人工合理选择级配组成的矿质混合料与适量沥青结合料拌和而成的混合料的总称。

一、沥青混合料特点、分类

1. 沥青混合料的特点

（1）沥青混合料是一种弹塑黏性材料，因而它具有一定的高温稳定性和低温抗裂性。无需设置施工缝和伸缩缝，路面平整且有弹性，行车比较舒服。

（2）沥青混合料路面有一定的粗糙度，雨天具有良好的抗滑性，而且沥青路面为黑色，无强烈反光，行车比较安全。

（3）施工方便，速度快，养护期短，能及时开放交通。

（4）沥青混合料路面可分期改造和再生利用。随着道路交通量的增大，可以对原有路面拓宽和加厚。对旧有的沥青混合料，可以运用现代技术，再生利用，以节约原材料。

（5）晴天无尘，雨天不泞，便于汽车高速行驶。

由于具有以上优点，沥青混合料广泛应用于各类道路路面。但是沥青混合料也有一些缺点：如老化现象引起路面破坏；另外，温度稳定性差，夏季高温时易软化，路面易产生车辙、波浪等现象。冬季低温时易脆裂，在车辆重复荷载作用下易产生裂缝。

2. 沥青混合料的分类

沥青混合料一般由矿质混合料和沥青组成，有时还有外加剂，其性能好坏与其组成材料有关。

通常，根据沥青混合料中材料的组成特性、施工方式等，沥青混合料有以下几种分类方法：

（1）按矿质混合料级配类型分类

矿料由适当比例的粗集料、细集料和填料组成，根据矿料级配组成可以将沥青混合料分为：

①连续级配混合料。沥青混合料中的矿料从大到小各级粒径都有，按比例相互搭配组成的混合料，称为连续级配混合料。

②间断级配混合料。矿料中缺少一个或者几个粒径而形成的沥青混合料，称为间断级配混合料。

（2）按集料公称最大粒径分类

①特粗式沥青混合料。集料公称最大粒径等于或大于 31.5mm 的沥青混合料。

②粗粒式沥青混合料。集料公称最大粒径等于或大于 26.5mm 的沥青混合料。

③中粒式沥青混合料。集料公称最大粒径为 16mm 或 19mm 的沥青混合料。

④细粒式沥青混合料。集料公称最大粒径为 9.5mm 或 13.2mm 的沥青混合料

⑤砂粒式沥青混合料。集料公称最大粒径等于或小于 4.75mm 的沥青混合料。

（3）按矿料级配组成及空隙率大小分类

①密级配沥青混合料。按密实级配原理设计组成的各种粒径颗粒的矿料与沥青结合料拌和而成，设计空隙率较小的密实式沥青混凝土混合料（以 AC 表示）和密实式沥青稳定碎石混

合料(以 ATB 表示)。按关键性筛孔通过率的不同又可分为粗型(C 型)和细型(F 型)。

②半开级配沥青碎石混合料。由适当比例的粗集料、细集料及少量填料(或不加填料)与沥青结合料拌和而成,剩余空隙率在6%～12%的半开式沥青碎石混合料(以 AM 表示)。

③开级配沥青混合料。矿料级配主要由粗集料嵌挤组成,细集料及填料较少,设计孔隙率为18%的混合料。

(4)按沥青混合料拌和及铺筑温度分类

①热拌热铺沥青混合料。采用黏稠沥青作为结合料,将沥青与矿料在热态下拌和、热态下铺筑施工的沥青混合料。由于在高温下拌和,沥青与矿质集料能形成良好的黏结,因而具有较高的强度。高等级公路和城市干道多采用这种沥青混合料。

②冷拌冷铺沥青混合料。采用乳化沥青、稀释沥青或者低黏度的沥青材料,在常温下与集料直接拌和成混合料,在常温下摊铺、碾压成路面。这种沥青混合料由于沥青与集料裹覆性差、黏结不良,路面成型慢,强度低,一般只适用于低交通道路,或者路面局部维修。

③热拌冷铺沥青混合料。用黏度较低的沥青与集料在热态下拌和成混合料,在常温下储存起来,使用时在常温下直接在路面上摊铺压实。这种混合料一般用作为沥青路面的养护材料。

二、沥青混合料使用性能的气候分区

沥青混合料的物理力学性质与使用环境,如气候温度和湿度关系密切。因此,在选择沥青胶结材料、进行沥青混合料配合比设计、检验沥青混合料的使用性能时,应考虑沥青路面工程所处的环境因素,尤其是温度和湿度。所以,应按照不同气候分区特点对沥青混合料的技术性能提出相应的要求。沥青路面使用性能气候分区见表5-6。

沥青路面使用性能气候分区 表5-6

高温分区	高温气候区	1	2	3	
	气候区名称	夏炎热区	夏热区	夏凉区	
	最热月平均最高气温(℃)	>30	20～30	<20	
低温分区	低温气候区	1	2	3	4
	气候区名称	冬严寒区	冬寒区	冬冷区	冬温区
	年降雨量(mm)	<-37.5	(-3.75)～(-21.5)	(-21.5)～(-9.0)	>(-9.0)
雨量分区	雨量气候区	1	2	3	4
	气候区名称	潮湿区	湿润区	半干区	干旱区
	年降雨量(mm)	>100	1000～500	500～250	<250

1. 气候分区指标

(1)按工程所在地最近30年内最热月份平均日最高气温的平均值,作为反映沥青路面在高温和重载条件下出现车辙等流动变形的气候因子,并作为气候分区的一级指标,按照设计高温指标,一级区划分为3个区。

(2)按工程所在地最近30年内的极端最低气温,作为反映沥青路面由于温度收缩产生裂缝的气候因子,并作为气候分区的二级指标,按照设计低温指标,二级区划分为4个区。

(3)按工程所在地最近30年内的年降雨量的平均值,作为反映沥青路面受水影响的气候因子,并作为气候分区的三级指标,按照设计雨量指标,三级区划分为4个区。

2. 气候分区的确定

沥青路面使用性能气候分区由一、二、三级区划组合而成,以综合反映该地区的气候特征。每个气候分区用3个数字表示,第一个数字代表高温分区,第二个数字代表低温分区,第三个数字代表雨量分区。每级区的数值越小,表示该气候因子对沥青路面的影响越恶劣。如我国上海市属于1-3-1气候区,即为夏炎热冬冷潮湿区,对沥青混合料的高温稳定性和水稳定性要求较高。青海西宁市属于2-3-3气候区,即为夏热冬冷半干区,对沥青混合料水稳定性要求较高。

三、沥青混合料组成结构和强度理论

1. 结构理论

目前,沥青混合料组成结构理论有两种:

第一种为表面理论,指沥青混合料由粗集料、细集料和填料组成密实的矿质骨架,沥青分布在矿质骨架的表面,将它们胶结成为具有一定强度的整体型材料。

第二种为胶浆理论,指沥青混合料是多级空间网络状结构的多级分散系,主要分为三分散系:粗分散系、细分散系和微分散系。

在这两种理论中,前一种理论强调的是矿质集料的骨架作用,起主导作用的是矿料的强度及其级配的密实度;后一种理论是强调沥青胶结物在混合料中的作用,起主导作用的是沥青与填料之间的关系。

2. 结构类型

(1)悬浮—密实结构。悬浮—密实结构是指密级配的混合料结构。混合料中粒径较大的颗粒被较小的颗粒挤开,不能直接形成骨架结构,彼此分离悬浮于较小颗粒和沥青胶浆之间,而较小颗粒与沥青胶浆较为密实,形成了悬浮—密实结构,如图5-3a)所示。这种结构的沥青混合料密实度较大,水稳定性、低温抗裂性和耐久性较好,但是热稳定性差。

(2)骨架—空隙结构。骨架—空隙结构是一种连续开级配的混合料。混合料中粗集料较多,彼此接触可以形成骨架,细集料较少,不足以填满骨架空隙,压实后混合料中的空隙较大,形成骨架—空隙结构,如图5-3b)所示。该结构沥青混合料空隙率较大,渗透性较大,耐久性差,但是热稳定性好。

(3)骨架—密实结构。骨架—密实结构是一种间断级配的混合料。混合料中有足够的粗集料形成骨架,同时又有足够的细集料和沥青胶浆充填骨架空隙,形成骨架—密实结构,如图5-3c)所示。该结构沥青混合料具有上述两种结构的优点,是一种较为理想的结构类型。

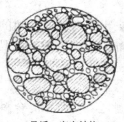
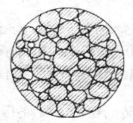
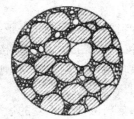

a)悬浮—密实结构　　　b)骨架—空隙结构　　　c)骨架—密实结构

图5-3　沥青混合料的组成结构

3. 沥青混合料结构强度及影响因素

(1)沥青混合料结构强度的构成

沥青混合料的抗剪强度主要由集料颗粒之间嵌锁力(内摩阻角)以及沥青与集料之间产生的黏聚力及沥青自身的黏聚力构成,一般采用库伦式(5-5)进行分析。

$$\tau = c + \sigma \tan\varphi \tag{5-5}$$

式中:τ——沥青混合料的抗剪强度,MPa;

c——沥青混合料的黏聚力,MPa;

φ——沥青混合料的内摩阻角,rad;

σ——试验时的正应力,MPa。

(2)影响沥青混合料抗剪强度的因素

①沥青黏度的影响。

沥青混合料中的集料是分散在沥青中的分散系,因此它的抗剪强度与分散相的浓度和分散介质黏度有着密切的关系,在其他因素固定的条件下,沥青的黏度越大,则沥青混合料黏聚力越大,沥青混合料的强度越大,抗变形能力越强。

②矿料的级配类型和表面性质的影响。

沥青混合料的抗剪强度与集料在沥青混合料中的分布情况有密切关系。沥青混合料有密级配、开级配和间断级配等不同组成结构类型,集料级配类型是影响沥青混合料抗剪强度的因素之一。

此外,集料的种类、粗度、颗粒形状和表面粗糙度等特性对沥青混合料的抗剪强度也有较大影响。通常具有棱角,形状接近立方体,表面有明显的粗糙度的集料,配制的沥青混合料的抗剪强度较高。集料越粗,配制的沥青混合料内摩阻角也越大,相同粒径组成的集料,卵石的内摩阻角比碎石的内摩阻角低。

③沥青与集料性质的影响。

沥青混合料黏聚力除了与沥青材料自身的内聚力有关,还取决于集料的交互作用。集料颗粒对于包裹其表面的沥青分子具有一定的化学吸附作用,这种化学吸附比集料与沥青间的分子吸附作用要强得多,并使集料表面吸附沥青组分重新分布,形成一层结构膜,即结构沥青。结构沥青膜层较薄,黏度较高,与矿料之间有着较强的黏聚力。在结构沥青层之外未与矿料发生交互作用的是自由沥青。

沥青与集料相互作用不仅与沥青的化学性质有关,而且与集料的性质有关。不同性质集料表面形成不同组成结构和厚度的结构膜。石灰岩颗粒表面形成的结构膜较好,而在石英岩颗粒表面形成的结构膜发育较差。所以在沥青混合料中,当采用石灰石集料时,沥青混合料具有较高的黏聚力。

沥青混合料的黏聚力既取决于结构沥青的比例,也取决于集料颗粒之间的距离。当集料之间距离很近,并由黏度增加的结构沥青相互黏结时,沥青混合料具有较高的黏聚力,反之,如果集料颗粒以自由沥青相互黏结,则沥青混合料的黏聚力较低。

④沥青用量的影响。

在沥青和集料的质量不变的情况下,沥青与集料的比例是影响沥青混合料抗剪强度的重要因素,沥青用量过少,沥青不足以在集料颗粒表面形成结构沥青,沥青混合料的黏聚力较低。随着沥青用量的增加,逐渐形成结构沥青,沥青混合料的黏聚力随着沥青用量的增加而增大,当沥青用量适宜时,沥青混合料具有最大的黏聚力。随后,如沥青用量继续增加,由于沥青用量过多,逐渐将集料颗粒推开,在矿料颗粒之间形成自由沥青,则沥青混合料的黏聚力随着沥青用量的增加而降低,此时,沥青不仅是黏结剂,而且起着润滑剂的作用,因此沥青混合料的黏聚力降低。

⑤温度和荷载作用速率的影响。

a. 温度的影响:随着温度的升高,沥青的黏度降低,沥青混合料的黏聚力显著降低,内摩阻角同时也受温度变化的影响,但变化幅度小。

b. 变形速率的影响:沥青的黏度随着变形速率的增加而增加,沥青混合料的黏聚力也随着变形速率的增加而显著提高,而内摩阻角随变形速率的变化相对较小。

四、沥青混合料的技术性质

沥青混合料受自然环境因素和交通荷载作用,要求混合料必须具有高温稳定性、低温抗裂性、耐久性、抗滑性和施工和易性。

1. 高温稳定性

沥青混合料的高温稳定性是指混合料在夏季高温(通常为60℃)的条件下,经车辆荷载长期重复作用后,不产生车辙和波浪等病害的性能。

(1)高温稳定性的评价方法及评价指标

我国现行行业标准《公路沥青路面施工技术规范》(JTG F40—2004)规定,采用马歇尔稳定度试验来评价沥青混合料高温稳定性;对于高速公路、一级公路、城市快速路、主干路用沥青混合料,还应通过车辙试验检验其抗车辙能力。

①马歇尔稳定度试验:马歇尔稳定度试验用于测定沥青混合料试件在规定温度和荷载速度下的破坏荷载和抗变形能力。目前,普遍是测定马歇尔稳定度(MS)、流值(FL)两项指标。稳定度是指试件破坏时承受的最大荷载(kN);流值是指达到最大破坏荷载时试件的垂直变形(mm)。

②车辙试验:车辙试验是一种模拟车辆轮胎在路面上滚动形成车辙的工程试验方法,试验结果较为直观,且与沥青路面车辙深度之间有着较好的相关性。目前,我国的车辙试验是用标准成型方法,制成 300mm×300mm×50mm 的沥青混合料试件,在60℃的温度条件下,以一定荷载的轮子在同一轨迹上做一定时间的反复行走,形成一定的车辙深度,然后计算产生1mm车辙变形所需要的行走次数,即为动稳定度(次/mm)。

我国现行行业标准《公路沥青路面施工技术规范》(JTG F40—2004)规定,对用于高速公路、一级公路的公称最大粒径等于或小于19mm 的密级配沥青混合料(AC)及 SMA、OGFC 混合料,必须在规定的试验条件下进行车辙试验。

(2)影响高温稳定性的主要因素

沥青混合料高温稳定性的形成主要来源于矿料颗粒间的嵌锁作用及沥青的高温黏度。在沥青混合料中,矿料性质对沥青混合料高温性能影响至关重要。采用表面粗糙、有棱角、颗粒接近立方体的碎石集料,经压实后集料颗粒间能够形成紧密的嵌锁作用,增大沥青混合料的内摩阻角,有利于增强沥青混合料的高温稳定性。相反采用表面光滑的砾石、卵石集料拌制的沥青混合料颗粒之间缺乏嵌锁力,在荷载作用下容易产生滑移,使路面出现车辙。沥青的黏度越大,与集料的黏附性越好,沥青混合料的抗高温变形能力越强。可以采用合适的改性剂来提高沥青的高温黏度,从而改善沥青混合料的高温稳定性。

沥青混合料的高温稳定性还与沥青用量有关,随着沥青用量的增加,矿料表面的沥青膜增厚,自由沥青比例增加,在高温条件下,这部分沥青在荷载作用下发生明显的流动变形,从而导致沥青混合料抗高温变形能力降低。对于细粒式和中粒式密级配沥青混合料,适当减少用量有利于抗车辙能力的提高。但对于粗短式或开级配沥青混合料,不能简单地靠采用减少沥青用量来提高抗车辙能力。

细粒式和中粒式密级配沥青混合料,适当减少沥青用量有利于抗车辙能力的提高,当采用马歇尔试验进行沥青混合料配合比设计时,沥青用量应选择最佳沥青用量范围下限。但对于粗粒式或开级配沥青混合料,不能简单地靠采用减少沥青用量来提高抗车辙能力。

2. 低温抗裂性

沥青混合料的低温抗裂性是指沥青混合料在低温下抵抗断裂破坏的能力。当冬季气温降低时,沥青面层将产生体积收缩,而在基层结构与周围材料的约束作用下,沥青混合料不能自由收缩。当降温速率较慢时,不会对沥青路面产生较大的危害。但当气温骤降时,导致沥青路面出现裂缝造成路面的损坏。因此要求沥青混合料具有一定的低温抗裂性。

我国现行行业标准《公路沥青路面施工技术规范》(JTG F40—2004)规定,采用低温弯曲试验的破坏应变指标作为评价改性沥青混合料的低温抗裂性的指标。

影响沥青混合料低温性能的主要因素是沥青黏度和温度敏感性。因此在沥青混合料组成设计中,应选用黏度和温度敏感性较低的沥青,以提高沥青混合料的低温抗裂能力。级配对沥青混合料的低温抗裂性能没有显著的影响。

3. 耐久性

沥青混合料的耐久性,是指其在长期使用过程中抵抗环境因素及行车荷载反复作用下保持正常使用状态而不出现剥落和松散等损坏的能力。

影响沥青混合料耐久性的因素很多,如沥青的化学性质、矿料的矿物成分、沥青混合料的组成结构(残留空隙率、沥青饱和度)等。沥青的化学性质和矿料的矿物成分对耐久性的影响如前所述。就沥青混合料的组成结构而言,影响其耐久性的首要因素是沥青混合料的空隙率。空隙率越小,越可以有效地防止水分渗入和减少日光紫外线对沥青的老化作用等,但一般沥青混合料中均应残留一定的空隙,以备夏季沥青材料膨胀。

我国现行行业标准《公路沥青路面施工技术规范》(JTG F40—2004)规定,采用空隙率、饱和度和残留稳定度等指标来表征沥青混合料的耐久性。

4. 沥青混合料的水稳定性

沥青混合料水稳定性不足,沥青混合料压实空隙率较大,沥青路面排水系统不完善,动水压力对沥青产生剥离作用,将加剧沥青路面的"水损害"病害。另外,沥青混合料中沥青剥离,黏结强度降低,集料松散,易形成坑槽,即发生"水损害"。

沥青混合料水稳定性影响因素:沥青和集料的黏附性;混合料压实空隙率大小及沥青膜厚度;成型方法;沥青混合料级配。

5. 抗滑性

沥青路面的抗滑性对于保障道路交通安全至关重要,沥青路面的抗滑性与所用矿料的表面性质、颗粒形状与尺寸、混合料的级配组成以及沥青用量等因素有关。为了提高沥青路面的抗滑性,配料时应选用表面粗糙、坚硬、耐磨、抗冲击性好、磨光值大的碎石和破碎砾石集料。此外,应严格控制沥青混合料中的沥青用量,特别是应选用含蜡量低的沥青,以免沥青表层出现滑溜现象。

6. 施工和易性

沥青混合料应具备良好的施工和易性,能够在拌和、摊铺与碾压过程中,使集料颗粒保持分布均匀,表面被沥青膜完整地包裹,并被压实到规定的密度,这是保证沥青路面使用质量的必要条件。影响沥青混合料施工和易性的因素很多,诸如当地气温、施工条件及混合料性质等。我们主要从组成材料、施工条件两方面来分析。

(1)组成材料的影响。当组成材料确定后,沥青混合料和易性的主要影响因素是矿料级配和沥青用量。在间断级配的矿质混合料中,粗细集料的颗粒尺寸相差过大,缺乏中间尺寸颗粒,沥青混合料容易离析。如果细集料太少,沥青层就不容易均匀地分布在粗颗粒表面;反之,则使拌和困难。当沥青用量过少,或矿粉用量过多时,混合料容易产生疏松且不易压实;反之,则容易使混合料黏结成团块,不易摊铺。

(2)施工条件的影响。沥青混合料应在一定的温度下进行施工,以使沥青混合料达到要求的流动性,在拌和过程中能够充分均匀地黏附在矿料颗粒表面;沥青混合料需要一定的时间进行拌和,以保证各种组成材料在混合料中分布均匀,并使所有矿料颗粒全部被沥青所包裹。此外,拌和设备、摊铺机械和压实工具都对沥青混合料的施工和易性有一定的影响,应结合施工方式和施工条件考虑。

五、沥青混合料的技术标准

我国的现行行业规范《公路沥青路面施工技术规范》(JTG F40—2004),采用马歇尔试验配合比设计方法的沥青混合料的技术标准列于表5-7,沥青稳定碎石等混合料马歇尔试验配合比设计技术标准列于表5-8~表5-10。

密级配沥青混凝土混合料马歇尔试验技术标准

(本表适用于公称最大粒径≤26.5mm的密级配沥青混凝土混合料)   表5-7

试验指标		单位	高速公路、一级公路				其他等级公路	行人道路
			夏炎热区 (1-1、1-2、1-3、1-4区)		夏热区及夏凉区 (2-1、2-2、2-3、2-4、3-2区)			
			中轻交通	重载交通	中轻交通	重载交通		
击实次数(双面)		次	75				50	50
试件尺寸		mm	φ101.6mm×63.5mm					
空隙率 VV	深约90mm以内	%	3~5	4~6①	2~4	3~5	3~6	2~4
	深约90mm以下	%	3~6		2~4	3~6	3~6	—
稳定度 MS 不小于		kN	8				5	3
流值 FL		mm	2~4	1.5~4	2~4.5	2~4	2~4.5	2~5
矿料间隙率 VMA (%)不小于	设计空隙率(%)	相应于以下公称最大粒径(mm)的最小VMA及VFA技术要求(%)						
		26.5	19	16	13.2	9.5	4.75	
	2	10	11	11.5	12	13	15	
	3	11	12	12.5	13	14	16	
	4	12	13	13.5	14	15	17	
	5	13	14	14.5	15	16	18	
	6	14	15	15.5	16	17	19	
沥青饱和度 VFA(%)			55~70		65~75		70~85	

注:1.对空隙率大于5%的夏炎热区重载交通路段,施工时应至少提高压实度1%。
2.对改性沥青混合料,马歇尔试验的流值可适当放宽。
①当设计的空隙率不是整数时,由内插确定要求的VMA最小值。

沥青稳定碎石混合料马歇尔试验配合比设计技术标准　　　　表 5-8

试验指标	单位	密级配基层（ATB）		半开级配面层（AM）	排水式开级配磨耗层（OGFC）	排水式开级配基层（ATPB）
公称最大粒径	mm	26.5mm	等于或大于31.5mm	等于或小于26.5mm	等于或小于26.5mm	所有尺寸
马歇尔试件尺寸	mm	ϕ101.6mm×63.5mm	ϕ152.4mm×95.3mm	ϕ101.6mm×63.5mm	ϕ101.6mm×63.5mm	ϕ152.4mm×95.3mm
击实次数（双面）	次	75	112	50	50	75
空隙率 VV①	%	3~6		6~10	不小于18	不小于18
稳定度，不小于	kN	7.5	15	3.5	3.5	—
流值	mm	1.5~4		实测		
沥青饱和度 VFA	%	55~70		40~70		
密级配基层 ATB 的矿料间隙率 VMA 不小于(%)		设计空隙率(%)	ATB-40	ATB-30	ATB-25	
		4	11	11.5	12	
		5	12	12.5	13	
		6	13	13.5	14	

注：①在干旱地区，可将密级配沥青稳定碎石基层的空隙率适当放宽到 8%。

SMA 混合料马歇尔试验配合比设计技术要求　　　　表 5-9

试验项目	单位	技术要求		试验方法
		不使用改性沥青	使用改性沥青	
马歇尔试件尺寸	mm	ϕ101.6mm×63.5mm		T0702
马歇尔试件击实次数①		两面击实 50 次		T0702
空隙率 VV②	%	3~4		T0708
矿料间隙率 VMA②，不小于	%	17.0		T0708
粗集料骨架间隙率 VCA_{mix}③，不大于		VCA_{DRC}		T0708
沥青饱和度 VFA	%	75~85		T0708
稳定度④，不小于	kN	5.5	6.0	T0709
流值	mm	2~5	—	T0709
谢伦堡沥青析漏试验的结合料损失	%	不大于 0.2	不大于 0.1	T0732
肯塔堡飞散试验的混合料损失或浸水飞散试验	%	不大于 20	不大于 15	T0733

注：①对集料坚硬不易击碎，通行重载交通的路段，也可将击实次数增加为双面 75 次。
②对高温稳定性要求较高的重交通路段或炎热地区，设计空隙率允许放宽到 4.5%，VMA 允许放宽到 16.5%（SMA-16）或 16%（SMA-19），VFA 允许放宽到 70%。
③试验粗集料骨架间隙率 VCA 的关键性筛孔，对于 SMA-19、SMA-16 是指 4.75mm，对于 SMA-13、SMA-10 是指 2.36mm。
④稳定度难以达到要求时，容许放宽到 5.0kN（非改性）或 5.5kN（改性），但动稳定度检验必须合格。

对用于高速公路和一级公路的公称最大粒径等于或小于 19mm 的密级配沥青混合料（AC）及 SMA、OGFC 混合料，需在配合比设计的基础上按《公路沥青路面施工技术规范》（JTG F40—2004）的规定进行动稳定度、水稳定性、低温弯曲试验破坏应变（$\mu\varepsilon$）、渗水性、活性和膨胀性的等各种使用性能检验,不符要求的沥青混合料,必须更换材料或重新进行配合比设计。二级公路参照此要求执行。

OGFC 混合料技术要求　　　　　　　　表 5-10

试验项目	单位	技术要求	试验方法
马歇尔试件尺寸	mm	$\phi 101.6mm \times 63.5mm$	T0702
马歇尔试件击实次数		两面击实 50 次	T0702
空隙率	%	18～25	T0708
马歇尔稳定度,不小于	kN	3.5	T0709
析漏损失	%	<0.3	T0732
肯特堡飞散损失	%	<20	T0733

单元三　沥青混合料对组成材料要求

沥青混合料的原材料主要有:粗集料、细集料、填料、沥青。要保证沥青混合料的质量,原材料技术指标必须符合有关规范的要求,这也是在沥青混合料配合比设计前必不可少的一个重要环节。原材料选择应根据设计文件对路面结构和使用品质的要求,按照《公路沥青路面施工技术规范》的相关规定,结合材料的供应情况,按照《公路工程沥青及沥青混合料试验规程》和《公路工程集料试验规程》的要求进行检验,然后择优选材。

一、沥青材料

沥青是沥青混合料的重要组成材料,其性能直接影响沥青混合料的各种技术性质。沥青路面所用沥青应根据气候条件、道路等级、沥青混合料类型、交通条件、路面类型及在结构层中层位、施工方法等,结合当地的使用经验,经技术论证后确定。

(1)对于高速公路、一级公路、夏季温度高、高温持续时间长、重载交通、山区及丘陵区上坡路段、服务区、停车场等行车速度慢的路段,宜采用黏度大的沥青;对于冬季寒冷的地区或交通量小的公路、旅游公路宜采用稠度小、低温延度大的沥青;对于日温差、年温差较大的地区宜选用针入度指数较大、感温性较低的沥青。当高温要求与低温要求发生矛盾时,应优先考虑满足高温性能的要求。

(2)当缺乏所需标号的沥青时,可采用不同标号掺配的调和沥青,其掺配比例由试验确定。在沥青的使用上,一般上面层宜用较稠的沥青,下层或连接层宜用较稀的沥青。对于渠化交通的道路,宜采用较稠的沥青。随着沥青用量的增加,矿料颗粒之间的相互位移越容易,沥青混合料的内摩阻角也就越小。

二、粗集料

1. 粗集料的物理力学性质要求

(1)选择原则

①粗集料可采用碎石、破碎砾石、筛选砾石、矿渣等。

②用于高速公路、一级公路、城市快速公路、主干路沥青路面表层用粗集料,应选用坚硬、耐磨、抗冲击型号的碎石或破碎砾石,不得使用筛选砾石、矿渣及软质集料,该类粗集料应符合表 5-11 对磨光值和黏附性的要求。

粗集料磨光值及其沥青的黏附性的技术要求   表5-11

雨量气候分区		1(潮湿区)	2(湿润区)	3(半干区)	4(干旱区)
年降雨量(mm)		>1000	1000~500	500~250	<250
高速公路、一级公路表面层粗集料磨光值(PsV)		≥42	≥40	≥38	≥36
粗集料与沥青黏附性	高速公路、一级公路表面层	≥5	≥5	≥4	≥3
	高速公路、一级公路其他层次及其他等级公路的各个层次	≥4	≥4	≥3	≥3

③当坚硬石料来源缺乏时,允许掺加一定比例较小粒径的普通粗集料,掺加比例根据试验确定。在以骨架原则设计的沥青混合料中不得掺加其他粗集料。

(2)基本要求

①洁净、干燥、表面粗糙、形状接近立方体,且无风化、不含杂质,并具有足够的强度、耐磨耗性。粗集料的质量应符合表5-12的要求。

②破碎砾石应采用粒径大于50mm的颗粒轧制,破碎前必须清洗,含泥量不大于1%。

③经过破碎且存放期超过6个月以上的钢渣作为粗集料使用,除吸水率允许适当放宽外,各项指标应符合表5-12的要求。

沥青混合料用粗集料质量技术要求   表5-12

技术指标		高速公路、一级公路、城市快速路、主干路		其他等级公路与城市道路	试验方法
		表面层	其他层面		
石料压碎值(≤)(%)		26	28	30	T0316
洛杉矶磨耗损失(≤)(%)		28	60	35	T0317
表观密度(≥)(t/m³)		2.60	2.50	2.45	T0304
吸水率(≤)(%)		2.0	3.0	3.0	T0304
坚固性(≤)(%)		12	12	—	T0314
软石含量(≤)(%)		3	5	5	T0320
<0.075mm颗粒含量(水洗法)(≤)(%)		1	1	1	T0310
针片状颗粒含量(≤)(%)	混合料	12	15	—	T0312
	其中粒径>9.5mm	12	15	—	
	其中粒径<9.5mm	18	20	—	
破碎砾石的破碎面积(≥)(%)	1个破碎面	100	90	80	T0346
	2个破碎面	90	80	60	

注:1. 坚固性试验可根据需要进行。
  2. 用于高速公路、一级公路和主干路时,多孔玄武岩的表观密度可以放宽至2.45t/m³,吸水率可放宽至3%;但须得到主管部门的批准,且不得用于SMA路面。
  3. 对于S14即3~5mm规格的粗集料,针片状颗粒含量可不予要求;<0.075mm时,含量可放宽到3%。

2. 与沥青的黏附性要求

在高速公路、一级公路、城市快速路和主干路沥青路面中,需要使用坚硬的粗集料,当使用花岗岩、石英岩等酸性岩石轧制的粗集料时,若达不到表5-13对粗集料与沥青黏附性等级的要求,则必须采取抗剥离措施。工程中常用的抗剥离方法包括使用高黏度沥青;在沥青中掺加抗剥离剂;用干燥的生石灰、消石灰粉或水泥作为填料的一部分,其用量为矿料总量的1%~2%;将粗集料用石灰浆处理后使用等。

3. 粗集料的粒径规格

粗集料的粒径规格应按照表5-13进行生产和使用。如某一档粗集料不符合表5-13的规格,但确认与其他集料组配后的合成级配符合设计级配的要求时,也可以使用。

沥青面层用粗集料规格　　　　　　　　　　　　　　　　　　　表5-13

规格名称	公称粒径(mm)	通过下方筛孔(方孔筛)(mm)的质量分数(%)								
		37.5	31.5	26.5	19	13.2	9.5	4.75	2.36	0.6
S6	15~30	100	90~100			0~15		0~5		
S7	10~30	100	90~100				0~15	0~5		
S8	15~25		100	90~100		0~15		0~5		
S9	10~20			100	90~100		0~15	0~5		
S10	10~15				100	90~100	0~15	0~5		
S11	5~15				100	90~100	15~70	0~15	0~5	
S12	5~10					100	90~100	0~15	0~5	
S13	3~10					100	90~100	40~70	0~20	0~5
S14	3~5						100	90~100	0~15	0~3

三、细集料

1. 细集料的物理力学性能要求

①可以采用天然砂、机制砂或石屑。

②应洁净、干燥、无风化、无杂质,并有适当的颗粒级配,物理力学指标要求见表5-14。

沥青混合料用细集料质量技术要求　　　　　　　　　　　　　　表5-14

技术指标	高速公路、一级公路	其他等级公路	试验方法
表观密度(≥)	2.5	2.45	T0328
坚固性(>0.3mm部分)(≥)(%)	12	—	T0340
含泥量(小于0.075mm含量)(≤)(%)	3	5	T0330
砂当量(≥)(%)	60	50	T0334
亚甲蓝值(≤)(g/kg)	25	—	T0346
棱角性(流动时间)(≥)(s)	30	—	T0345

③与沥青有良好的黏结能力,在高速公路、一级公路、城市快速路、主干路沥青面层用与沥青黏结性能差的天然砂或用花岗岩、石英岩等酸性岩石破碎的人工砂及石屑时,应采取前述粗集料的抗剥离措施对细集料进行处理。

2. 细集料的粒径规格

(1)天然砂:天然砂宜采用河砂或海砂,当使用山砂时应经过清洗,天然砂的规格应符合表5-15的规定,经筛洗法测定的砂中小于0.075mm颗粒含量不得大于3%(高速公路、一级公路、城市快速路、主干路)和5%(其他等级道路)。

沥青混合料用天然砂规格　　　　　表5-15

筛孔尺寸	通过下力筛孔（方孔筛）(mm)的质量分数（%）							
	9.5	4.75	2.36	1.18	0.6	0.3	0.15	0.075
粗砂	100	90~100	65~95	35~65	15~30	5~20	0~10	0~5
中砂	100	90~100	75~90	50~90	30~60	8~30	0~10	0~5
细砂	100	90~100	85~100	75~100	60~84	15~45	0~10	0~5

（2）石屑是破碎碎石料过程中通过4.75mm或2.36mm筛的部分，强度一般较低，针片状颗粒含量较高。所以，在生产石屑的过程中应特别注意，避免山体覆盖或夹层的泥土混入石屑。

规格应符合表5-16的要求。不得使用泥土、细粉、细薄碎片颗粒含量高的石屑。对于高速公路、一级公路、城市快速路、主干路，应将石屑加工成S14（3~5mm）和S16（0~3mm）两档使用，在细集料中石屑含量不宜超过总量的50%。

沥青混合料用机制砂或石屑规格　　　　　表5-16

规格	公称粒径（mm）	通过下力筛孔（方孔筛）(mm)的质量分数（%）							
		9.5	4.75	2.36	1.18	0.6	0.3	0.15	0.075
S15	0~5	100	90~100	60~90	40~75	20~55	7~40	2~20	0~10
S16	0~3	—	100	80~100	50~80	25~60	8~45	0~25	0~15

细集料的级配在沥青混合料中的适用性，应将其与粗集料及填料配制成矿质混合料后，再判断其是否符合矿料设计级配的要求再作决定。当一种细集料不能满足级配要求时，可采用两种或两种以上的细集料掺和使用。

四、填料

填料必须采用石灰岩或岩浆中的强基性岩石等憎水性石料经磨细得到的矿粉，粉煤灰等矿物质有时也可以作为填料使用。

矿粉作为沥青混合料中的一种主要材料，其掺量虽仅7%，但其表面积却占矿质混合料的总表面积的80%以上。因此，矿粉能显著扩大沥青与矿料进行物理—化学作用的表面积，通过交互作用，增加结构沥青的数量，提高沥青混合料的黏结力。

试验表明，沥青与矿粉的交互作用，不仅与沥青的化学性质有关，而且还与矿粉的自身性质有关，这些性质主要有矿粉的级配、密度、亲水性、塑性指数及加热稳定性等。生产矿粉的原石料中泥土杂质应清除。矿粉要求干燥、洁净，能自由地从石粉仓中流出，其质量应符合表5-17的要求。

沥青混合料用矿粉质量要求　　　　　表5-17

技术指标		高速公路、一级公路	其他等级公路	试验方法
表观密度（≥）(t/m³)		2.50	2.45	T0352
含水率（≤）（%）		1	1	T0103 烘干法
粒度范围（%）	<0.6mm	100	100	T0351
砂当量（≥）（%）	<0.6mm	90~100	90~100	
亚甲蓝值（≤）(g/kg)	<0.6mm	75~100	70~100	
外观		无团粒结块		
塑性指数（%）		<4		T0354
亲水系数		<4		T0353
加热安定性		实测记录		T0355

1. 矿粉的级配

矿粉的级配是指矿粉大小颗粒的搭配情况。如果矿粉偏细,则可增大矿粉的比表面积,因此,对于矿粉的级配,要求小于 0.075mm 粒径的含量不能太少,但同时也不宜太多,否则会因过细使沥青混合料结成团块,不易施工。

2. 矿粉的密度

矿粉的密度是指单位实体体积的质量。密度不仅可以反映矿粉的质量,而且也是沥青混合料配合比设计的重要参数,用李氏比重瓶法检测。

3. 亲水系数

矿粉的亲水系数是指矿粉试样在水(极性介质)中膨胀的体积与同一试样在煤油(非极性介质)中膨胀的体积之比。亲水系数大于 1 的矿粉,表示矿粉对水的亲和力大于对沥青的亲和力,称为憎油矿粉。这种矿粉在水和沥青都存在的情况下,矿粉易与水发生反应,而与沥青的黏结力却很弱;相反,当亲水系数小于 1 时,表明矿粉对沥青有大于水的亲和力,由于矿粉憎水,故与沥青的黏结力很好。因此,在工程中必须选用亲水系数小于 1 的矿粉。为了鉴别矿粉的亲水性,必须检测矿粉的亲水系数。

4. 矿粉加热安定性

矿粉的加热安定性是指矿粉在加热过程中受热而不变质的性能。对于热拌沥青混合料,在施工中须对矿粉进行加热,而有些矿粉在受热后易发生变质,从而影响矿粉的质量,尤其是火成岩石粉,在受热拌和过程中会发生较严重的变质,因此,必须检测矿粉的加热安定性。

5. 矿粉塑性指数

矿粉的塑性指数是指矿粉液限含水率与塑限含水率之差,以百分率表示。它是评价矿粉中黏性土成分含量的指标。用于热拌沥青混合料的矿粉大部分是通过 0.075mm 筛的非塑性的矿质粉末,即石灰石粉,为了增强沥青与酸性岩石的黏结力,有时需掺入适量的消石灰粉或水泥,但这样又会使矿粉的塑性指数增加,由于塑性指数高的石粉具有较大的吸水性和吸油性,并会由此产生膨润,使沥青混合料的强度降低,或者在水的作用下发生剥离。因此,用于沥青混合料的矿粉,其塑性指数不宜过高,按现行规范其最大值必须小于 4%。

在拌和厂采用干法除尘回收的粉尘可以代替一部分矿粉使用,湿法除尘的应经过干燥粉碎处理,且不得含有杂质。用量不得超过填料总量的 25%,塑性指数不得大于 4%,其余质量要求与矿粉相同。

粉煤灰烧失量应小于 12%,与矿粉混合后的塑性指数应小于 4%,其余质量要求与矿粉相同。粉煤灰的用量不宜超过填料总量的 50%,与沥青黏聚力好,且水稳定性应满足要求。高速公路、一级公路、城市快速路和主干路的沥青面层不宜采用粉煤灰作为填料。

为改善水稳定性,可采用干燥的磨细生石灰粉、消石灰粉或水泥作为填料,用量不宜超过矿料总量的 1%~2%。

单元四 沥青混合料组成设计

本单元主要介绍热拌沥青混合料的组成设计。

热拌沥青混合料(HMA)包括沥青混凝土和热拌沥青碎石,适用于各种等级公路的沥青路面。沥青混合料配合比设计是采用马歇尔试验进行配合比设计的方法,适用于密级配沥青混凝土及沥青稳定碎石混合料。热拌沥青混合料的配合比设计应通过目标配合比设计、生产配合比设计及生产配合比验证三个阶段,确定沥青混合料的材料品种及配比、矿料级配、最佳沥青用量。各个阶段的工作内容虽有所不同,但每个阶段最终要解决的问题是相同的,一是确定矿料的配合比例,二是确定沥青用量。这就是说,沥青混合料配合比设计是建立在试验、检验、调整、完善基础上的一项技术工作,只有分阶段,并结合试验、施工设备反复进行验证、调整,才能获得满意的配合比设计结果。

一、矿质混合料级配

矿质混合料是指不同粒径的集料或矿粉组成的混合材料,简称矿料。矿质混合料一般和各种结合料(如水泥或沥青等)组成混合料在工程中使用,如水泥混凝土、砂浆、沥青混凝土和无机结合料稳定土等,但也有单独使用的,如级配碎石。在矿质混合料中各档集料是相互搭配使用的,欲使混合料具备优良的性能,除各种矿质集料的技术性质应符合技术要求外,矿质混合料还必须满足最小空隙率和最大摩擦力的基本要求。

最小空隙率就是不同粒径的集料按一定比例搭配,使其组成一种具有最大密实度的矿质混合料。在混合料中是以结合料(水泥或沥青)来填充集料的空隙并包裹集料。集料空隙越大,填充集料颗粒空隙所需的结合料越多;集料的总表面积越大,包裹集料颗粒所需的结合料越多。从节约结合料的角度考虑,最好采用空隙较小,总表面积也较小的集料。

最大摩擦力就是不同粒径的集料在进行比例搭配时,应使不同粒径的集料排列紧密,形成一个多级空间骨架结构且具有最大摩擦力。其摩擦力主要来源于集料间棱角的相互咬合力。

矿质混合料进行组成设计的主要内容包括级配理论和级配范围的确定以及基本组成的设计方法。

1. 级配类型

不同粒径的集料按照一定的比例组合搭配在一起,以达到较高的密实度,根据搭配组成的结果,可得到以下几种不同级配形式。

连续级配是指某种矿料在标准套筛中进行筛分后,矿料的颗粒由大到小连续分布,每一级都占有适当的比例。这种由大到小逐级粒径都有,并按比例互相搭配组成的矿质混合料,称为连续级配混合料,也称密级配。

间断级配就是指矿料颗粒分布的整个区间里,从中间剔除一个或连续几个粒级,形成一种不连续的级配。

连续开级配就是指整个矿料颗粒分布范围较窄,从最大粒径到最小粒径仅在数个粒级上以连续的形式出现,也称开级配。

2. 级配理论

目前,常用的级配理论主要有最大密度曲线理论和粒子干涉理论。前一理论主要描述了连续级配的粒径分布,可用于计算连续级配;后一理论不仅可用于计算连续级配,而且也可用于计算其他级配类型。

(1)最大密度曲线理论

最大密度曲线是通过试验提出的一种理想曲线。富勒和他的同事研究认为:固体颗粒按粒度大小,有规则地组合排列,粗细搭配,可以得到密度最大、空隙最小的混合料。他们经过大量研究后提出抛物线最大密度理想曲线理论。该理论认为:矿质混合料的颗粒级配曲线越接近抛物线,其密度越大。

(2)最大密度曲线的 n 幂公式

最大密度曲线是一种理想的级配曲线。在实际应用中，矿质混合料的级配曲线应该允许在一定范围内波动，级配范围 n 幂常在 $0.3 \sim 0.7$ 范围内。

(3) 魏茅斯粒子干涉理论

魏茅斯提出的粒子干涉理论认为：颗粒之间的空隙应由次小一级颗粒填充，其所余空隙又由再次小颗粒填充。填隙的颗粒不得大于间隙的距离，否则大小颗粒粒子之间势必发生干涉现象。为避免干涉现象出现，大小粒子之间应按一定数量进行分配。

3. 级配曲线和级配范围

理论级配曲线是以级配理论公式计算出的质量通过百分率(%)为纵坐标，以粒径(mm)为横坐标绘制而成的曲线。由于矿料在轧制过程中的不均匀性，以及混合料配制时的误差等，所以配制的混合料的级配曲线必定在一定范围内波动。

由于标准套筛的筛孔分布是按 1/2 递减的方式设置，在描绘横坐标的筛孔位置时，会造成前疏后密的问题，以致到小孔径时无法清楚地将其位置确定，所以在绘制级配曲线的横坐标时，采用对数坐标(而相应纵坐标上的质量通过百分率仍采用常数坐标)以方便级配曲线的绘制。级配曲线的绘制采用泰勒曲线，横坐标按 $x = d_i^{0.45}$ 计算，见表5-18，纵坐标为普通坐标。

泰勒曲线的横坐标 表5-18

d_i	0.075	0.15	0.3	0.6	1.18	2.36	4.75	9.5
$x = d_i^{0.45}$	0.312	0.426	0.582	0.795	1.077	1.472	2.016	2.754
d_i	13.2	16	19	26.5	31.5	37.5	53	63
$x = d_i^{0.45}$	3.193	3.482	3.762	4.370	4.723	5.109	5.969	6.452

在级配曲线中，只有理论曲线要求是光滑曲线，以后用到的规范标准曲线和实际曲线都是折线。

二、沥青混合料类型和矿质级配的确定

高速公路、一级公路和城市快速路、主干路的沥青面层的上、中、下面层和其他等级公路的沥青面层的上面层宜采用沥青混凝土混合料铺筑，沥青碎石混合料仅适用于过渡层及整平层。其种类按集料公称最大粒径、矿料级配、空隙率划分，分类见表5-19。

沥青混合料类型 表5-19

混合料类型	密级配		开级配		半开级配	公称最大粒径(mm)	最大粒径(mm)
	连续级配	间断级配	间断级配		沥青稳定碎石		
	沥青混凝土	沥青稳定碎石	沥青玛蹄脂碎石	排水式沥青磨耗层	排水式沥青基层			
特粗式		ATB-40			ATPB-40		37.5	53
粗粒式		ATB-30			ATPB-30		31.5	37.5
	AC-25	ATB-25			ATPB-25		26.5	31.5
中粒式	AC-20		SMA-20			AM-20	19	26.5
	AC-16		SMA-16	OGFC-16		AM-16	16	19
细粒式	AC-13		SMA-13	OGFC-13		AM-13	13.2	16
	AC-10		SMA-10	OGFC-10		AM-10	9.5	13.2
砂粒式	AC-5					AM-5	4.75	9.5
设计空隙率(%)	3~5	3~6	3~4	>18	>18	6~12		

沥青混合料必须在对同类公路配合比设计和使用情况调查研究的基础上,充分借鉴成功的经验,选用符合要求的材料,进行配合比设计。

沥青混合料的矿料级配应符合工程规定的设计级配范围。密级配沥青混合料宜根据公路等级、气候及交通条件按表5-20选择采用粗型(C型)或细型(F型)混合料,并在表5-21范围内确定工程设计级配范围,通常情况下工程设计级配范围不宜超出表5-21的要求。其他类型的混合料宜直接以表5-22～表5-26作为工程设计级配范围。

粗型和细型密级配沥青混凝土的关键性筛孔通过率 表5-20

混合料类型	公称最大粒径(mm)	用以分类的关键性筛孔(mm)	粗型密级配 名称	粗型密级配 关键性筛孔通过率(%)	细型密级配 名称	细型密级配 关键性筛孔通过率(%)
AC-25	26.5	4.75	AC-25C	<40	AC-25F	>40
AC-20	19	4.75	AC-20C	<45	AC-20F	>45
AC-16	16	2.36	AC-16C	<38	AC-16F	>38
AC-13	13.2	2.36	AC-13C	<40	AC-13F	>40
AC-10	9.5	2.36	AC-10C	<45	AC-10F	>45

密级配沥青混凝土混合料矿料级配范围 表5-21

级配类型		通过下列筛孔(mm)的质量百分率(%)											
		31.5	26.5	19	16	13.2	9.5	4.75	2.36	1.18	0.6	0.3	0.15	0.075
粗粒式	AC-25	100	90~100	75~90	65~83	57~76	45~65	24~52	16~42	12~33	8~24	5~17	4~13	3~7
中粒式	AC-20		100	90~100	78~92	62~80	50~72	26~56	16~44	12~33	8~24	5~17	4~13	3~7
	AC-16			100	90~100	76~92	60~80	34~62	20~48	13~36	9~26	7~18	5~14	4~8
细粒式	AC-13				100	90~100	68~85	38~68	24~50	15~38	10~28	7~20	5~15	4~8
	AC-10					100	90~100	45~75	30~58	20~44	13~32	9~23	6~16	4~8
砂粒式	AC-5						100	90~100	55~75	35~55	20~40	12~28	7~18	5~10

沥青玛蹄脂碎石混合料矿料级配范围 表5-22

级配类型		通过下列筛孔(mm)的质量百分率(%)											
		26.5	19	16	13.2	9.5	4.75	2.36	1.18	0.6	0.3	0.15	0.075
中粒式	SMA-20	100	90~100	72~92	62~82	40~55	18~30	13~22	12~20	10~16	9~14	8~13	8~12
	SMA-16		100	90~100	65~85	45~65	20~32	15~24	14~22	12~18	10~15	9~14	8~12
细粒式	SMA-13			100	90~100	50~75	20~34	15~26	14~24	12~20	10~16	9~15	8~12
	SMA-10				100	90~100	28~60	20~32	14~26	12~22	10~18	9~16	8~13

开级配排水式磨耗层混合料矿料级配范围 表5-23

级配类型		通过下列筛孔(mm)的质量百分率(%)										
		19	16	13.2	9.5	4.75	2.36	1.18	0.6	0.3	0.15	0.075
中粒式	OGFC-16	100	90~100	70~90	45~70	12~30	10~22	6~18	4~15	3~12	3~8	2~6
	OGFC-13		100	90~100	60~80	12~30	10~22	6~18	4~15	3~12	3~8	2~6
细粒式	OGFC-10			100	90~100	50~70	10~22	6~18	4~15	3~12	3~8	2~6

密级配沥青碎石混合料矿料级配范围　　　　　表 5-24

级配类型		通过下列筛孔(mm)的质量百分率(%)												
		53	37.5	31.5	26.5	19	16	13.2	9.5	4.75	2.36	1.18	0.6	0.3	0.15	0.075
特粗式	ATB-40	100	90~100	75~92	65~85	49~71	43~63	37~57	30~50	20~40	15~32	10~25	8~18	5~14	3~10	2~6
	ATB-30		100	90~100	70~90	53~72	44~66	39~60	31~51	20~40	15~32	10~25	8~18	5~14	3~10	2~6
粗粒式	ATB-25			100	90~100	60~80	48~68	42~62	32~52	20~40	15~32	10~25	8~18	5~14	3~10	2~6

半开级配沥青碎石混合料矿料级配范围　　　　　表 5-25

级配类型		通过下列筛孔(mm)的质量百分率(%)											
		26.5	19	16	13.2	9.5	4.75	2.36	1.18	0.6	0.3	0.15	0.075
中粒式	AM-20	100	90~100	60~85	50~75	40~65	15~40	5~22	2~16	1~12	0~10	0~8	0~5
	AM-16		100	90~100	60~85	45~68	18~40	6~25	3~18	1~14	0~10	0~8	0~5
细粒式	AM-13			100	90~100	50~80	20~45	8~28	4~20	2~16	0~10	0~8	0~6
	AM-10				100	90~100	35~65	10~35	5~22	2~16	0~12	0~9	0~6

开级配沥青碎石混合料矿料级配范围　　　　　表 5-26

级配类型		通过下列筛孔(mm)的质量百分率(%)													
		53	37.5	31.5	26.5	19	16	13.2	9.5	4.75	2.36	1.18	0.6	0.3	0.15	0.075
特粗式	ATPB-40	100	70~100	65~90	55~85	43~75	32~70	20~65	12~50	0~3	0~3	0~3	0~3	0~3	0~3	0~3
	ATPB-30		100	80~100	70~95	53~85	36~80	26~75	14~60	0~3	0~3	0~3	0~3	0~3	0~3	0~3
粗粒式	ATPB-25			100	80~100	60~100	45~90	30~82	16~70	0~3	0~3	0~3	0~3	0~3	0~3	0~3

三、矿质混合料设计方法

在生产中,天然的或人工轧制的单一集料级配一般很难完全符合某一合适级配范围的要求。其中,天然的集料往往是通过多种天然集料搭配使集料级配符合规范级配要求,如级配碎石往往是由卵石和砂相互掺配而达到要求。而人工轧制的碎石则往往是通过将碎石加工成几种不同规格(粒度)后再进行掺配,使其混合料的级配符合规范要求。

矿质混合料的组成设计方法主要采用试算法和图解法(修正平衡面积法)。两种矿料级配设计方法各有特点,试算法快速简便,需熟知级配参数的意义,但一般只适用于三、四种矿料的级配合成,当由多种矿料组成时,计算就会非常复杂;图解法易于掌握,且矿料数量不限,但操作过程稍显繁杂,两种方法可根据自身掌握熟练程度选择应用。不管用哪种方法,在应用设计方法时应具备两项条件:各种集料的筛分结果;技术规范(或理论级配)要求的矿质混合料级配范围。

1. 试算法设计步骤

(1)建立基本计算方程。欲配制矿质混合料 M,混合料 M 在相应筛孔上的分计筛余百分率为 $a_{M(i)}$。设有 A、B、C 三种集料在某一筛孔上的分计筛余百分率分别为 $a_{A(i)}$、$a_{B(i)}$、$a_{C(i)}$,设 A、B、C 三种集料在混合料中所占的比例(用量)分别是 X、Y、Z,则得到式(5-6)和式(5-7)。

$$X + Y + Z = 100\% \tag{5-6}$$

$$a_{A(i)}X + a_{B(i)}Y + a_{C(i)}Z = a_{M(i)} \tag{5-7}$$

(2)基本假设。在矿质混合料中,假设某一级粒径的颗粒仅由这三种集料中的一种集料(称为优势材料)来提供,而其他两种集料中不含有这一粒径的颗粒,此时这两种集料相应的分计筛余百分率为零。假设在 i 粒级上仅 A 集料存在分计筛余，其他两个 B 和 C 集料的分计筛余百分率全部是零，从而简化计算过程。

(3) 计算。根据上述假设，得 $a_{B(i)} = a_{C(i)} = 0$，代入式(5-7)得：

$$a_{A(i)} X = a_{M(i)} \tag{5-8}$$

则 A 集料在混合料中所占比例为：

$$X = \frac{a_{M(i)}}{a_{A(i)}} \times 100\% \tag{5-9}$$

同理，按此假设可计算 C 集料在混合料中的比例，假设在 j 粒径上其他两个 A 和 B 集料的分计筛余百分率也是零，则有：

$$a_{C(j)} Z = a_{M(j)} \tag{5-10}$$

即 C 集料在混合料中所占比例为：

$$Z = \frac{a_{M(j)}}{a_{C(j)}} \times 100\% \tag{5-11}$$

最后根据式(5-12)得到 B 集料在混合料中所占比例为

$$Y = 100\% - X - Z \tag{5-12}$$

(4) 校核调整。对以上计算得到的各集料比例即配合比进行验算，如得到的合成级配不在所要求的级配范围内，应调整初步配合比重新验算，直到满足级配要求。

调整配合比时，通常情况下，合成级配曲线宜尽量接近设计级配中值，尤其应使0.075mm、2.36mm、4.75mm 筛孔的通过量尽量接近设计级配范围中限；对于高速公路、一级公路、城市快速道、主干道等交通量大、轴载重的道路，合成级配可以考虑偏向级配范围的下限，而对于中、轻交通量或人行道路等，合成级配宜于偏向级配范围上限；合成级配曲线应尽量接近连续的或合理的间断级配，但不应有过多的交错。若经数次调整仍不能达到要求，则应掺加单粒级集料或更换集料。

【例题】 现有碎石、砂和矿粉三种集料，试计算混合料的配合比。

(1) 原始资料

现有碎石(A)、砂(B)和矿粉(C)三种集料，筛分结果按分计筛余百分率列于表 5-27。要求的级配范围按通过百分率也列于表 5-27。

原有集料的分计筛余百分率和混合料要求级配范围通过百分率　　　表 5-27

筛孔尺寸 d_i(mm)	碎石分计筛余百分率 $a_{A(i)}$(%)	石屑分计筛余百分率 $a_{B(i)}$(%)	矿粉分计筛余百分率 $(a)_{C(i)}$(%)	要求级配范围通过百分率(%)
16.0	—	—	—	100
13.2	5.2	—	—	90~100
9.5	41.7	—	—	68~88
4.75	49.5	1.6	—	38~68
2.36	2.6	24.0	—	24~40
1.18	1.0	22.5	—	15~38
0.6	—	16.0	—	10~28
0.3	—	12.4	—	7~20
0.15	—	11.5	—	5~15
0.075	—	10.8	13.2	4~8
<0.075	—	1.2	86.8	—

(2) 计算要求

按试算法确定碎石、砂和矿粉在混合料中所占的比例。按例题给出的要求,校核矿质混合料计算结果,确定其是否符合级配范围。

(3) 计算步骤

①计算各筛孔分计筛余百分率。

先将表 5-27 中矿质混合料要求的级配范围通过百分率换算为累计筛余百分率,然后再换算成各筛号的分计筛余百分率,计算结果列于表 5-28。

原有集料的分计筛余百分率和混合料要求级配范围通过百分率　　　　表 5-28

筛孔尺寸 d_i(mm)	碎石分计筛余百分率 $a_{A(i)}$(%)	石屑分计筛余百分率 $a_{B(i)}$(%)	矿粉分计筛余百分率 $a_{C(i)}$(%)	要求级配范围通过百分率(%)	按累计筛余百分率级级配范围(%)	按累计筛余百分率级级配范围 $a_{M(i)}$(%)	按分计筛余百分率级级配范围中值 $a_{M(i)}$(%)
16.0	—	—	—	100	0	0	0
13.2	5.2	—	—	90~100	0~10	5.0	5.0
9.5	41.7	—	—	68~88	12~32	22.0	17.0
4.75	49.5	1.6	—	38~68	32~62	47.0	25.0
2.36	2.6	24.0	—	24~40	60~76	68.0	21.0
1.18	1.0	22.5	—	15~38	62~85	73.5	5.5
0.6	—	16.0	—	10~28	72~90	81.0	7.5
0.3	—	12.4	—	7~20	80~93	86.5	5.5
0.15	—	11.5	—	5~15	85~95	90.0	3.5
0.075	—	10.8	13.2	4~8	92~96	94.0	4.0
<0.075	—	1.2	86.8	—	—	100	6.0
合计	Σ=100	Σ=100	Σ=100				Σ=100

②计算碎石(A)在矿质混合料中的用量。

由表 5-28 可知,占优势的碎石粒径为 4.75mm,故计算碎石的配合组成时,假设混合料中 4.75mm 的粒径全部由碎石组成,则 $a_{B(4.75)}$ 和 $a_{C(4.75)}$ 均等于零。由式(5-7)可得:

$$a_{A(4.75)} \cdot X = a_{M(4.75)}$$

所以碎石的用量为:

$$X = \frac{a_{M(4.75)}}{a_{A(4.75)}} \times 100\%$$

由表 5-28 可以得到 $a_{M(4.75)}=25.0\%$,$a_{A(4.75)}=49.5\%$,得:

$$X = \frac{25.0}{49.5} \times 100\% = 50.5\%$$

③计算矿粉(C)在矿质混合料中的用量。

同理,计算矿粉在混合料中的配合比时,按占优势的矿粉粒径 <0.075mm 计算,即 $a_{A(<0.075)}$ 和 $a_{B(<0.075)}$ 均为零,则由式(5-7)得:

$$a_{C(<0.075)} \cdot Z = a_{M(<0.075)}$$

则矿粉的用量为:

$$Z = \frac{a_{M(<0.075)}}{a_{C(<0.075)}} \times 100\%$$

由表 5-28 可以得到 $a_{M(<0.075)} = 6.0\%$，$a_{C(<0.075)} = 86.8\%$，得：

$$Z = \frac{6.0}{86.8} \times 100\% = 6.9\%$$

④计算矿粉(B)在矿质混合料中的用量。

由式(5-12)得：

$$Y = 100\% - X - Z$$

已经求得 $X = 50.5\%$，$Z = 6.9\%$，代入上式得石屑的用量为：

$$Y = 100\% - 50.5\% - 6.9\% = 42.6\%$$

根据以上计算得到矿质混合料的组成配合比为：

碎石： $X = 50.5\%$

石屑： $Y = 42.6\%$

矿粉： $Z = 6.9\%$

⑤校核(略)。

2. 图解法设计步骤

(1) 准备工作

对所使用的各集料进行筛分，并计算出各自的质量通过百分率。明确设计级配要求的级配范围，并计算出该要求级配范围的中值。

(2) 绘制框图

先绘制一矩形框图，从左下向右上引对角线 OO' 作为合成级配的中值，如图 5-4 所示。纵坐标表示质量通过百分率，按常数标尺在纵坐标上标出质量通过百分率刻度；横坐标则表示筛孔尺寸，横坐标按 $x = d_i^{0.45}$ 计算，依此类推，找出全部筛孔在横坐标上具体的位置。

(3) 确定各集料用量

将参与级配合成的各集料的质量通过百分率绘制在框图中，用折线的形式连成级配曲线。假设以四种集料进行级配合成为例，如图 5-4 所示。根据框图中相邻两条级配曲线的关系，确定各集料在混合料中的掺配比例。

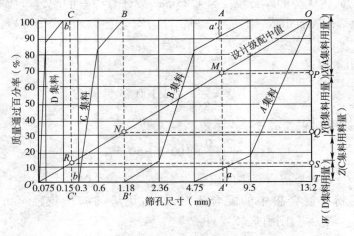

图 5-4 图解法框图

①重叠关系。相邻两条曲线相互重叠：图 5-4 中 A 集料的级配曲线下部与 B 集料的级配曲线上部搭接。针对这种相邻关系，在两条级配曲线之间引垂线 AA'，要求该垂线与 A 集料的级配曲线和 B 集料的级配曲线所截取的截距相等，即 $a = a'$，此时垂线 AA' 与对角线 OO' 相交

于点 M,再过点 M 引水平线与纵坐标交于点 P,OP 线段的几何长度和 OT 线段的几何长度比值就是 A 集料的用量(%)。

②相接关系。相邻两条曲线首尾相接:图 5-4 中 B 集料的末端与 C 集料的首端正好相接。针对这种相邻关系,此时只需从 C 集料的首端向 C 集料的末端引垂线 BB',该垂线与对角线 OO' 相交于点 N,过点 N 引水平线与纵坐标交于点 Q,则 PQ 线段的几何长度和 OT 线段的几何长度比值就是 B 集料的用量(%)。

③分离关系。相邻两条曲线分离:图 5-4 中 C 集料的级配曲线与 D 集料的级配曲线在水平方向彼此分离。此时引垂线 CC' 平分这段水平距离,要求 $b = b'$。垂线 CC' 与对角线 OO' 交于点 R,过点 R 引水平线与纵坐标交于点 S,则 QS 线段的几何长度和 OT 线段的几何长度比值就是 C 集料的用量(%)。剩余的 ST 线段的几何长度和 OT 线段的几何长度比值就是 D 集料的用量(%)。

框图中相邻集料级配曲线的关系只能是这三种情况之一,但实际操作过程中以重叠关系最为常见。

(4)合成级配的计算与校核

与试算法相同,根据图解过程求得的各集料的用量比例,计算出合成级配的结果。当合成级配超出级配范围时,说明图解法得到的比例不是很合适,需要进行各集料的用量调整,直到满足设计级配要求为止。如经数次调整仍不能达到要求,则应掺加单粒级集料或调换其他集料,改变原材料颗粒组成后再继续进行级配设计。

【例题】 试用图解法设计某高速公路用密级配沥青混凝土 AC-13 的矿料配合比。

(1)原始资料

现有碎石、石屑、砂和矿粉四种矿料,筛析试验得各粒径质量通过百分率列于表 5-29。

原有矿质集料级配表　　　　　　表 5-29

材料名称	筛孔尺寸(方孔筛)(mm)								
	16	13.2	9.5	4.75	2.36	1.18	0.6	0.3	0.15	0.075
	质量通过百分率(%)								
碎石	100	93	17	0	0	0	0	0	0	0
石屑	100	100	100	84	14	8	4	0	0	0
砂	100	100	100	100	92	82	42	21	11	4
矿粉	100	100	100	100	100	100	100	100	96	87

设计级配范围按密级配沥青混凝土 AC-13 要求,其级配范围和中值列于表 5-30。

矿质混合料要求级配范围　　　　　　表 5-30

级配类型 AC-13	筛孔尺寸(方孔筛)(mm)								
	16	13.2	9.5	4.75	2.36	1.18	0.6	0.3	0.15	0.075
	质量通过百分率(%)								
级配范围	100	95~100	70~88	48~68	36~53	24~41	18~30	12~22	8~16	4~8
级配中值	100	98	79	58	45	33	24	17	12	6

(2)计算要求

按规范的级配范围和中值(表 5-30),绘出各粒径在横坐标上的位置。将各原有矿质集料筛析结果(表 5-29)在图上绘出级配曲线。按图解法求出各种集料的用量。

按图解法求得的各种矿质集料用量计算合成级配,并校核合成级配是否符合技术规程的要求,如不符合应调整级配重新计算。

(3) 计算步骤

绘制级配曲线图(图 5-5),在纵坐标上按算术坐标绘出质量通过百分率。横坐标按 $x = d_i^{0.45}$ 计算,先量取矩形长为 S,最大筛孔 $x = d_i^{0.45}$ 的横坐标即为 S 所对应的点,那么其他筛孔位置就以最大筛孔位置作为基数,按比例确定。

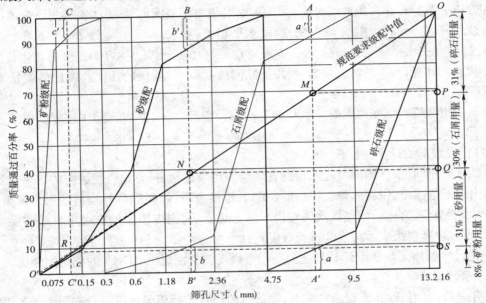

图 5-5　各组成材料和要求混合料级配

将碎石、石屑、砂和矿粉的级配曲线绘于图 5-5。

在碎石和石屑级配曲线相重叠部分引垂线 AA',使垂线截取二级配曲线的纵坐标值相等(即 $a = a'$)。自垂线 AA' 与对角线交点 M 引一水平线,与纵坐标交于点 P,OP 的长度所占纵坐标的总长即为碎石用量 $X = 31\%$。

同理,求出石屑用量 $Y = 30\%$,砂用量 $Z = 31\%$,则矿粉用量 $W = 8\%$。

根据图解法求得各集料用量,列表进行校核计算,见表 3-21。

从表 5-31 可以看出,按碎石:石屑:砂:矿粉 $= 31\%:30\%:31\%:8\%$ 计算结果,合成级配中筛孔尺寸为 2.36mm 和小于 0.075mm 的通过率偏高。

由于图解法的各种材料用量比例是根据部分筛孔确定的,所以不能控制所有筛孔。通常需要调整修正,才能达到满意的结果。

通过分析现采用减少石屑用量、增加砂用量和减少矿粉用量的方法来调整配合比。经调整后的配合比为碎石用量 $X = 31\%$,石屑用量 $Y = 26\%$,砂用量 $Z = 37\%$,矿粉用量 $W = 6\%$。按此配合比计算如表 5-31 中数值。

经过组成配合比的调整,最终确定矿料配合比为碎石:石屑:砂:矿粉 $= 34\%:30\%:30\%:6\%$。再将表 5-31 计算所得合成级配绘于矿质混合料级配范围图中。

四、沥青混合料配合比设计

沥青混合料配合比设计包括三个阶段:目标配合比设计、生产配合比设计和生产配合比验证,后两个设计阶段是在目标配合比的基础上进行的,需借助于施工单位的拌和设备、摊铺和碾压设备完成。本部分主要介绍沥青混合料的目标配合比设计过程。

1. 目标配合比设计

目标配合比设计可分为矿质混合料组成设计和确定最佳沥青用量两部分。

(1)矿质混合料组成设计

矿质混合料组成设计的目的是选用一个具有足够密实度和较大摩阻力的矿质混合料。

①确定沥青混合料类型和矿质混合料的级配范围。

根据道路等级、路面类型,所处结构层按照表5-32选择沥青混合料类型,并按照表5-33确定相应的矿质混合料级配范围。

矿质混合料要求级配范围和中值表　　　　　　　　　　　　　　　　表5-31

材料组成		筛孔尺寸(mm)								
		16	13.2	9.5	4.75	2.36	1.18	0.6	0.3	0.15	0.075
		质量通过百分率(%)									
原材料级配	碎石100%	100	93	17	0	0	0	0	0	0	0
	石屑100%	100	100	100	84	14	8	4	0	0	0
	砂100%	100	100	100	100	92	82	42	21	11	4
	矿粉100%	100	100	100	100	100	100	100	100	96	87
各矿质材料在混合料中的级配	碎石31%(31%)	31.0(31.0)	28.8(28.8)	5.3(5.3)	0(0)	0(0)	0(0)	0(0)	0(0)	0(0)	0(0)
	石屑30%(26%)	30.0(41.0)	30.0(41.0)	30.0(41.0)	25.2(21.8)	4.2(3.6)	2.4(2.1)	1.2(1.1)	0(0)	0(0)	0(0)
	砂31%(37%)	31.0(37.0)	31.0(37.0)	31.0(37.0)	31.0(37.0)	28.5(34.0)	25.4(30.3)	13.0(15.5)	6.5(7.8)	3.4(4.1)	1.2(1.5)
	矿粉8%(6%)	8.0(6.0)	8.0(6.0)	8.0(6.0)	8.0(6.0)	8.0(6.0)	8.0(6.0)	8.0(6.0)	8.0(6.0)	7.9(5.8)	7.0(5.2)
合成级配		100(100)	97.8(97.8)	74.3(74.3)	58.8(64.2)	40.7(43.6)	35.8(38.4)	22.2(22.6)	14.5(13.8)	11.3(9.9)	8.2(6.7)
级配范围		100	95~100	70~88	48~68	36~53	24~41	18~30	12~22	8~16	4~8

注:括号内的数字为级配调整后各项相应数值。

沥青混合料类型　　　　　　　　　　　　　　　　表5-32

结构层次	高速公路、一级公路城市快速路、主干道		其他等级公路		一般城市道路及其他道路工程	
	三层式沥青混凝土路面	二层式沥青混凝土路面	沥青混凝土路面	沥青碎石路面	沥青混凝土路面	沥青碎石路面
上面层	AC-13 AC-16	AC-13 AC-16	AC-13 AC-16	AC-13	AC-5 AC-10 AC-13	AM-5 AM-10
中面层	AC-20 AC-25	—				
下面层	AC-25 AC-30	AC-20 AC-30	AC-20 AC-25 AC-30	AM-25 AM-30	AC-20 AC-25	AM-25 AM-30 AM-40

沥青混合料矿料级配及沥青范围表　　　　表5-33

级配类型	通过下列筛孔(方孔筛)(mm)的质量百分率(%)											
	31.5	26.5	19	16	13.2	9.5	4.75	2.36	1.18	0.6	0.3	0.15	0.075
AC-25	100	90~100	75~90	65~83	57~76	45~65	24~52	16~42	12~33	8~24	5~17	4~13	3~7
AC-20	—	100	90~100	78~92	62~80	50~72	26~56	16~44	12~33	8~24	5~17	4~13	3~7
AC-16	—	—	100	90~100	76~92	60~80	34~62	20~48	13~36	9~26	7~18	5~14	4~8
AC-13	—	—	—	100	90~100	68~85	38~68	24~50	15~38	10~28	7~20	5~16	4~8
AC-10	—	—	—	—	100	90~100	45~75	30~58	20~44	13~32	9~23	6~15	4~8
AC-5	—	—	—	—	—	100	90~100	55~75	35~55	20~40	12~18	7~18	5~10
AM-20	—	—	90~100	60~85	50~75	40~65	15~40	5~22	2~16	1~12	0~10	0~8	0~5
AM-16	—	—	—	100	90~100	60~85	20~68	18~40	6~25	3~18	1~14	0~10	0~8	0~5
AM-13	—	—	—	—	100	90~100	50~80	20~45	8~28	4~20	2~16	0~10	0~8	0~6
AM-10	—	—	—	—	—	100	90~100	35~65	10~35	5~22	2~16	0~12	0~9	0~6
SMA-20	—	100	90~100	72~92	62~82	40~55	18~30	13~22	12~20	10~16	9~14	8~13	8~12
SMA-16	—	—	100	90~100	65~85	45~65	20~32	15~24	14~22	12~20	10~16	9~15	8~12
SMA-13	—	—	—	100	90~100	50~75	20~34	15~26	14~24	12~20	10~16	9~15	8~12
SMA-10	—	—	—	—	100	90~100	28~60	20~32	14~26	12~22	10~18	9~16	8~13

②矿质混合料配合比计算。

组成材料的原始数据测定:根据现场取样,对粗集料、细集料和矿粉进行筛分试验,确定各集料的级配组成,同时测出各组成材料的密度。

确定组成材料的用量比例:根据各组成材料的筛分试验资料,采用试算法或图解法(对于高速公路和一级公路沥青路面矿料配合比设计宜借助电子计算机的电子表格用试配法进行,其他等级公路也可以参照进行),计算出符合要求级配范围的各组成材料的用量比例。

调整配合比:计算的合成级配应根据下列要求作必要的配合比调整。

通常情况下,合成级配曲线宜尽量接近设计级配中值,尤其是 0.075mm、2.36mm 和 4.75mm 三个粒径,尽量接近设计级配范围中限。

对于高速公路、一级公路、城市快速路等交通量大、车辆载重大的道路,宜偏向级配范围的下限(粗);对于一般道路、中小交通量和人行道路等,宜偏向级配范围的上限(细)。

合成级配曲线不得有过多的锯齿形交错,且在 0.3~0.6mm 范围内不出现"驼峰"。当反复调整仍不能满意时,宜更换原材料重新设计。

(2)确定最佳沥青用量

我国现行行业标准《公路沥青路面施工技术规范》(JTG F40—2004)规定的方法是采用马歇尔试验法确定沥青的最佳用量。具体步骤如下:

①制备试样。

按确定的矿质混合料配合比,计算各种矿质材料的用量。

根据经验,估算适宜的沥青用量(或油石比)。以估计的沥青用量为中值或以推荐的沥青用量范围的中间值为中值,按 0.5% 或 0.3% 的间隔变化,取 5 个不同的沥青用量,拌制沥青混合料并按规定制备马歇尔试件。

②测定物理指标。

按规定的试验方法测定马歇尔试件的毛体积密度等，并计算空隙率、沥青饱和度、矿料间隙率等。

③测定力学指标。

用马歇尔稳定度仪测定沥青混合料的力学指标，如马歇尔稳定度、流值。

④确定最佳沥青用量。

绘制沥青用量与物理—力学指标关系图。以沥青用量为横坐标，以马歇尔稳定度、空隙率、毛体积密度、沥青饱和度和流值为纵坐标，将试验结果绘制成沥青用量与各项指标的关系曲线如图 5-6 所示。

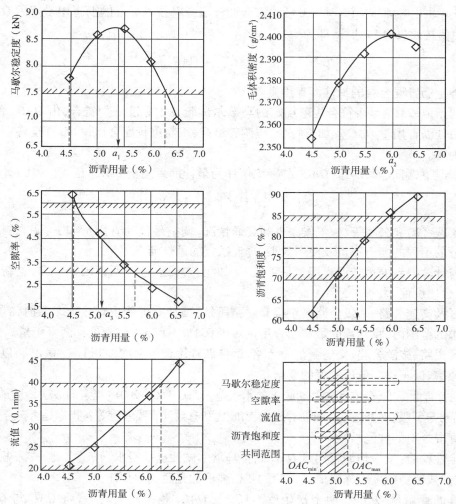

图 5-6　沥青用量与马歇尔试验结果关系图

确定沥青混合料的最佳沥青用量 OAC_1 的步骤如下：

根据图 5-6 取与稳定度最大值、密度最大值相对应的沥青用量 a_1 和 a_2，以及与空隙率范围的中值、沥青饱和度范围的中值对应的沥青用量 a_3 和 a_4，由式（5-13）计算四者的平均值作为最佳沥青用量初始值 OAC_1。

$$OAC_1 = \frac{1}{4}(a_1 + a_2 + a_3 + a_4) \tag{5-13}$$

如果在所选择的沥青用量范围未能涵盖沥青饱和度的要求范围,按式(5-14)取三者的平均值作为 OAC_1。

$$OAC_1 = \frac{1}{3}(a_1 + a_2 + a_3) \tag{5-14}$$

对所选择试验的沥青用量范围,密度或稳定度没有出现峰值,可直接以空隙率中值所对应的沥青用量作为 OAC_1,(即 $OAC_1 = a_3$),但 OAC_1 必须介于 $OAC_{\min} \sim OAC_{\max}$ 的范围内,否则应重新进行配合比设计。

确定沥青混合料的最佳沥青用量初始值 OAC_2:

按图5-4求出各项指标(不含 VMA)均符合沥青混合料技术标准的沥青用量范围 $OAC_{\min} \sim OAC_{\max}$ 的中值按式(5-15)计算,即为 OAC_2。

$$OAC_2 = \frac{1}{2}(OAC_{\min} + OAC_{\max}) \tag{5-15}$$

综合确定沥青混合料的最佳沥青用量 OAC:

检查初始值 OAC_1 是否符合规范规定的马歇尔试验技术标准。如符合,由 OAC_1 和 OAC_2 综合确定最佳沥青用量 OAC。如不符合,应调整级配,重新进行配合比设计,直至各项指标均符合要求为止。

通常情况下,可取 OAC_1 及 OAC_2 的平均值作为最佳沥青用量 OAC,按式(5-16)计算。

$$OAC = \frac{1}{2}(OAC_1 + OAC_2) \tag{5-16}$$

根据实践经验和公路等级、气候条件和交通情况,调整最佳沥青用量如下:调查当地各项条件相接近的工程的沥青用量及使用效果,论证适宜的最佳沥青用量。

检查与计算得到的最佳沥青用量是否接近,如相差甚远,应查明原因,必要时重新调整级配,进行配合比设计。

对热区及高速公路、一级公路的重载交通路段等,预计有可能出现较大车辙时,宜在空隙率符合要求的范围内,将计算的最佳沥青用量减少 $0.1\% \sim 0.5\%$ 作为设计沥青用量。

对寒区道路、旅游公路、交通量少的公路,最佳沥青用量可以增加 $0.1\% \sim 0.3\%$,以适当减小设计空隙率,但不得降低压实度的要求。

按照现行行业标准《公路沥青路面施工技术规范》(JTG F40—2004)规定的方法检验最佳沥青用量时沥青被集料吸收的比例、有效沥青用量、粉胶比和有效沥青膜厚度等各指标是否符合要求。

⑤沥青混合料的性能检验。

水稳定性检验:按最佳沥青用量 OAC 制备马歇尔试件进行浸水马歇尔试验或冻融劈裂试验,检验试件残留稳定度或冻融劈裂试验的残留强度比是否满足要求。

当最佳沥青用量 OAC 与两个初始值 OAC_1 及 OAC_2 相差甚大时,宜将 OAC 与 OAC_1 或 OAC_2 分别制备试件进行浸水马歇尔试验或冻融劈裂试验,根据结果适当调整 OAC。

《公路沥青路面施工技术规范》(JTG F40—2004)规定,对用于高速公路和一级公路的热拌沥青混合料,必须在规定的条件下进行浸水马歇尔试验或冻融劈裂试验来检验沥青混合料的水稳性。水稳性应符合表5-34中的要求。达不到要求时,应按规范要求采取抗剥落措施或调整最佳沥青用量后再次试验。

抗车辙能力检验:按最佳沥青用量制备车辙试验试件,在60℃的条件下进行车辙试验,检验其动稳定度是否合格。

沥青混合料水稳定性检验技术要求 表5-34

气候条件与技术指标	相应于下列气候分区的技术要求(%)			
	>1000	500~1000	250~500	<250
年降雨量(mm)及气候分区	潮湿区	湿润区	半干区	干旱区
浸水马歇尔试验残留稳定度(≥)(%)				
普通沥青混合料	80		75	
改性沥青混合料	85		80	
冻融劈裂试验的残留强度比(≥)(%)				
普通沥青混合料	75		70	
改性沥青混合料	80		75	

当最佳沥青用量与两个初始值相差甚大时,宜将或分别制备试件进行车辙试验,根据结果适当调整,如不符合要求,应重新进行配合比设计。

《公路沥青路面施工技术规范》(JTG F40—2004)规定,对于高速公路、一级公路最大粒径等于或小于19mm的热拌沥青混合料,必须在配合比的基础上,在规定的条件下进行车辙试验,其动稳定度应符合表5-35的要求。如不符合要求,应更新材料或重新进行配合比设计。其他公路也可参照此要求执行。

沥青混合料车辙试验动稳定度技术要求 表5-35

气候条件与技术指标	相应于下列气候分区所要求的动稳定度(次/mm)								
七月平均最高气温(℃)及气候分区	>30				20~30				<20
	夏炎热区				夏热区				夏凉区
	1-1	1-2	1-3	1-4	2-1	2-2	2-3	2-4	3-2
普通沥青混合料(≥)	800		1000		600		800		600
改性沥青混合料(≥)	2400		2800		2000		2400		1800
SMA	非改性(≥)	1500							
	改性(≥)	3000							
OGFC		1500(一般交通路段)、3000(重交通路段)							

低温抗裂形检验:对公称最大粒径等于或小于19mm的沥青混合料,应按照规定方法进行低温弯曲试验,检验其破坏应变是否符合表5-36要求。

沥青混合料低温弯曲试验破坏应变技术要求 表5-36

气候条件与技术指标	相应于下列气候分区所要求的破坏应变(μm)							
年极端最低温度(℃)及气候分区	<-37.0		(-37.0)~(-21.5)			(-21.5)~(-9.0)		>-9.0
	冬严寒区		冬寒区			冬冷区		冬暖区
	1-1	2-1	1-2	2-2	3-2	1-3	2-3	1-4	2-4
普通沥青混合料	≥2600		≥2300			≥2000		
改性沥青混合料	≥3000		≥2800			≥2500		

渗水系数检验:利用轮碾机成型的车辙试验试件进行渗水试验,检验渗水系数是否符合要求。

经反复调整及综合以上试验结果,并参考以往工程实践经验,综合确定矿料级配和最佳沥青用量。

2. 生产配合比设计

在目标配合比确定之后,应利用实际施工的拌和机进行试拌以确定施工配合比。在试验前,应首先根据级配类型选择筛号,各级粒径筛孔通过量应符合设计范围要求。试验时,与目标配合比设计一样进行矿料级配计算,得出矿料用量比例,接着按此比例进行马歇尔试验。规范规定由此确定的最佳沥青用量与目标配合比设计的结果的差值,不宜超过 ±0.2%。

3. 生产配合比验证

此阶段即试拌试铺阶段。施工单位进行试拌试铺时,应报告监理部门和工程指挥部,会同设计、监理、施工人员一起进行鉴别。用拌和机按照生产配合比结果进行试拌,首先在场人员对混合料级配及沥青用量发表意见,如有不同意见,应适当调整再进行观察,力求意见一致。然后用此混合料在试验段上试铺,进一步观察摊铺、碾压过程和成型混合料的表面状况,判断混合料的级配和油石比。如不满意应适当调整,重新试拌试铺,直至满意为止;另一方面,实验室密切配合现场指挥在拌和厂或摊铺机房采集沥青混合料试样,进行马歇尔试验,检验是否符合标准要求。同时,还应进行车辙试验及浸水马歇尔试验以及高温稳定性及水稳定性验证。在试铺试验时,实验室还应在现场取样进行抽提试验,再次检验实际级配和油石比是否合适。同时,按照规范规定的试验段铺设要求,进行各种试验。当全部满足要求时,便可进入正常生产阶段。

【例题】 试设计某一级公路沥青混凝土路面用沥青混合料的配合比组成。

1. 原始资料

(1)道路等级:一级公路。
(2)路面类型:沥青混凝土。
(3)结构层位:三层式沥青混凝土的上面层(细粒式沥青混凝土)。
(4)气候条件:最低月平均气温 -8℃,最高月平均气温 31℃。
(5)材料性能。

①沥青材料:可供应 A 级 50 号、70 号和 90 号沥青,经检验技术性能均符合要求。
②矿质材料:石灰岩轧制碎石,饱水抗压强度 120MPa,洛杉矶磨耗率 12%、黏附性 V 级(水煮法),表观密度 2700kg/m³;洁净砂,属中砂,含泥量及泥块量均小于 1%,表观密度 2650kg/m³;石灰岩磨细矿粉,粒度范围符合技术要求,无团粒结块,密度 2580kg/m³。

2. 设计要求

(1)根据道路等级、路面类型和结构层位确定沥青混凝土的矿质混合料的级配范围。根据现有各种矿质材料的筛分结果,用图解法确定各种矿质材料的配合比。
(2)根据选定的矿质混合料相应的沥青用量范围,通过马歇尔试验,确定最佳沥青用量。
(3)根据高速公路用沥青混合料要求,对矿质混合料的级配进行调整,沥青用量按水稳定性检验和抗车辙能力校核。

3. 设计步骤

(1)矿质混合料组成设计

①确定沥青混合料类型。

由于道路等级为一级公路,路面类型为沥青混凝土,路面结构为三层式沥青混凝土上面层,按表 5-32 选用细粒式 AC-13 沥青混凝土混合料。

②确定矿质混合料级配与范围。

按表 5-33 将 AC-13 沥青混凝土的矿质混合料级配范围列于表 5-37 中。

矿质混合料要求级配范围 表 5-37

级配类型 AC-13	筛孔尺寸(方孔筛)(mm)									
	16	13.2	9.5	4.75	2.36	1.18	0.6	0.3	0.15	0.075
	质量通过百分率(%)									
级配范围	100	95~100	70~88	48~68	36~53	24~41	18~30	12~22	8~16	4~8
级配中值	100	98	79	58	45	33	24	17	12	6

③矿质混合料配合比计算。

组成材料筛分试验:根据现场取样,各组成材料的筛分结果列于表 5-38 中。

组成材料筛分试验结果 表 5-38

材料名称	筛孔尺寸(方孔筛)(mm)									
	16	13.2	9.5	4.75	2.36	1.18	0.6	0.3	0.15	0.075
	质量通过百分率(%)									
碎石	100	93	17	0	0	0	0	0	0	0
石屑	100	100	100	84	14	8	4	0	0	0
砂	100	100	100	100	92	82	42	21	11	4
矿粉	100	100	100	100	100	100	100	100	96	87

组成材料配合比计算:用图解法计算组成材料配合比,如图 5-5 所示。由图解法确定各种材料用量为,碎石:石屑:砂:矿粉 = 31%:30%:31%:8%。各种材料组成配合比计算见表 5-39。将计算得到的合成级配绘于矿质混合料级配范围(图 5-7)中。

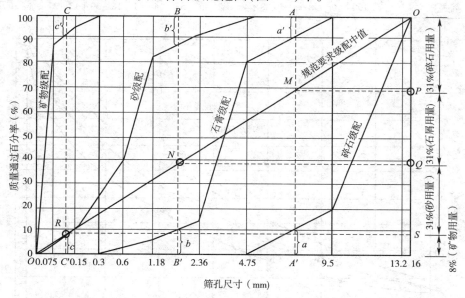

图 5-7 矿质混合料配合比计算图

调整配合比:从图 5-7 可以看出合成级配中筛孔尺寸为 1.18mm 的通过量偏高而筛孔尺寸为 2.36mm 的通过量偏低,筛孔尺寸为 0.075mm 的通过量超出范围,整个曲线呈锯齿状,需要调整修正。

经过组成配合比的调整,各材料的用量为碎石:石屑:砂:矿粉 = 31%:26%:37%:6%。此计算结果如表 5-39 中括号内数字。并将合成级配绘于图 5-8 中,由图中可看出,调整后的合成级配曲线为一光滑平顺接近级配范围中值的曲线。

矿质混合料组成设计计算 表 5-39

材料组成		筛孔尺寸(mm)								
		16	13.2	9.5	4.75	2.36	1.18	0.6	0.3	0.15	0.075
		质量通过百分率(%)									
原材料级配	碎石 100%	100	93	17	0	0	0	0	0	0	0
	石屑 100%	100	100	100	84	14	8	4	0	0	0
	砂 100%	100	100	100	100	92	82	42	21	11	4
	矿粉 100%	100	100	100	100	100	100	100	100	96	87
各矿质材料在混合料中的级配	碎石 31% (31%)	31.0 (31.0)	28.8 (28.8)	5.3 (5.3)	0 (0)	0 (0)	0 (0)	0 (0)	0 (0)	0 (0)	0 (0)
	石屑 30% (26%)	30.0 (41.0)	30.0 (41.0)	30.0 (41.0)	25.2 (21.8)	4.2 (3.6)	2.4 (2.1)	1.2 (1.1)	0 (0)	0 (0)	0 (0)
	砂 31% (37%)	31.0 (37.0)	31.0 (37.0)	31.0 (37.0)	31.0 (37.0)	28.5 (34.0)	25.4 (30.3)	13.0 (15.5)	6.5 (7.8)	3.4 (4.1)	1.2 (1.5)
	矿粉 8% (6%)	8.0 (6.0)	8.0 (6.0)	8.0 (6.0)	8.0 (6.0)	8.0 (6.0)	8.0 (6.0)	8.0 (6.0)	8.0 (6.0)	7.9 (5.8)	7.0 (5.2)
合成级配		100 (100)	97.8 (97.8)	74.3 (74.3)	58.8 (64.2)	40.7 (43.6)	35.8 (38.4)	22.2 (22.6)	14.5 (13.8)	11.3 (9.9)	8.2 (6.7)
级配范围		100	95~100	70~88	48~68	36~53	24~41	18~30	12~22	8~16	4~8

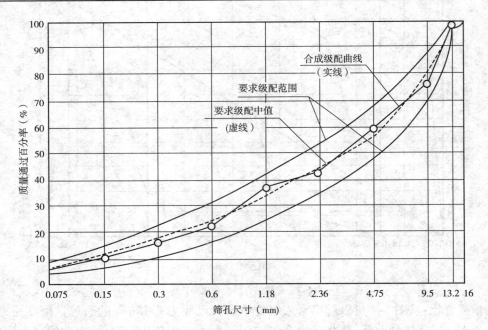

图 5-8 矿质混合料级配范围和合成级配图

(2)确定最佳沥青用量(最佳油石比)

①试件成型。

根据当地气候条件属于 1-4 夏炎热冬冷区,采用 70 号沥青。

以预估的油石比 4.7% 为中值,采用 0.3% 间隔变化,与前计算的矿质混合料配合比制备 5 组试件,按规定每面击实 75 次的方法成型。

②马歇尔试验。

a. 物理指标测定:按规定方法成型的试件,经 24h 后测定其毛体积密度、空隙率、矿料间隙率、沥青饱和度等物理指标。

b. 力学指标测定:测定物理指标后的试件,在 60℃下测定其马歇尔稳定度和流值。马歇尔试验结果列于表 5-40 中,并将规范要求的一级公路用细粒式沥青混凝土的各项。

马歇尔试验物理—力学指标测定结果汇总表　　　　表 5-40

油石比(%)	技术性质					
	毛体积密度(g/cm³)	沥青饱和度(%)	矿料间隙率(%)	空隙率(%)	稳定度(kN)	流值(0.1mm)
4.1	2.456	63.0	13.8	5.1	10.3	16.9
4.4	2.458	67.9	14.0	4.5	11.4	19.5
4.7	2.452	70.1	14.4	4.3	10.8	22.0
5.0	2.450	72.8	14.7	4.0	10.5	22.2
5.3	2.448	75.5	15.1	3.7	10.0	23.2
技术标准	—	65~75	≥15	4~6	≥8	15~40

③马歇尔试验结果分析。

绘制油石比与物理—力学指标关系图:根据表 5-38 马歇尔试验结果汇总表,绘制沥青用量与毛体积密度、空隙率、饱和度、矿料间隙率、稳定度、流值的关系图,如图 5-9 所示。

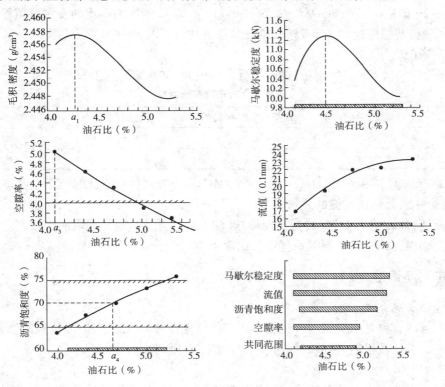

图 5-9　油石比与马歇尔试验物理—力学指标关系图

确定油石比初始值 OAC_1，如图 5-9 所示，相应于毛体积密度最大值对应的油石比 $a_1 = 4.3\%$，相应于稳定度最大值对应的油石比 $a_2 = 4.45\%$，相应于空隙率范围的中值对应的油石比 $a_3 = 4.1\%$，相应于沥青饱和度范围的中值对应的油石比 $a_4 = 4.68\%$。

$$OAC_1 = (a_1 + a_2 + a_3 + a_4)/4 = (4.3\% + 4.45\% + 4.1\% + 4.68\%)/4 = 4.38\%$$

确定油石比初始值 OAC_2，如图 5-9 所示，各指标符合沥青混合料技术指标的油石比范围如下：

$$OAC_{min} = 4.2\%, OAC_{max} = 4.94\%$$
$$OAC_2 = (OAC_{min} + OAC_{max})/2 = (4.2\% + 4.94\%)/2 = 4.57\%$$

通常情况下取 OAC_1 及 OAC_2 的中值作为计算的最佳油石比 OAC 为：

$$OAC = (OAC_1 + OAC_2)/2 = (4.38\% + 4.57\%)/2 = 4.48\%$$

综合确定最佳油石比按上述方法确定的最佳油石比 $OAC = 4.48\% \approx 4.5\%$，检查各项指标均能符合要求，根据实践经验和公路等级、气候条件、交通情况，预估的油石比为 4.7%。

④水稳定性检验。

以油石比 4.5% 和 4.7% 制备试件，按规定的试验方法进行浸水马歇尔试验和冻融劈裂试验，试验结果列于表 5-41。

沥青混合料水稳定实验结果 表 5-41

油石比(%)	浸水残留稳定度(%)	冻融劈裂强度比(%)
4.5	83.2	86.3
4.7	85.1	89.0

从表 5-39 试验结果可知，$OAC = 4.5\%$ 和 $OAC = 4.7\%$ 两种油石比的浸水残留稳定度均大于 80%，冻融劈裂强度比均大于 75%，符合水稳定性的要求。

⑤抗车辙能力校核。

以油石比 4.5% 和 4.7% 制备试件，进行车辙试验，试验结果列于表 5-42。

沥青混合料车辙实验结果 表 5-42

油石比(%)	试验温度 T(℃)	试验轮压 P(MPa)	试验条件	动稳定度 DS(次/mm)
4.5	60℃	0.7	不浸水	3125
4.7	60℃	0.7	不浸水	3093

由表 5-36 试验结果可知，$OAC = 4.5\%$ 和 $OAC = 4.7\%$ 两种油石比的动稳定度均大于 1000 次/mm，符合一级公路抗车辙的要求。

综上所述，油石比为 4.7% 时耐久性较佳，油石比为 4.5% 时抗车辙能力较高。根据以往工程实践经验综合确定该路面的最佳油石比取 4.7%。

五、其他沥青混合料

1. 冷拌沥青混合料

冷拌沥青混合料是指矿料与乳化沥青或液体沥青在常温状态下拌和、铺筑的沥青混合料。这种混合料一般比较松散，存放时间达 3 个月以上，可随时取料施工。

（1）组成材料

冷拌沥青混合料中对矿料的要求与热拌沥青混合料大致相同。冷拌沥青混合料中的沥青可采用液体石油沥青、乳化沥青等。

(2)技术性质

①混合料压实前的性质。

冷拌沥青混合料在道路铺筑前,常温条件下应保持疏松,易于施工,不易结团。冷拌沥青混合料不能在道路修筑时达到完全固结压实的程度,而在开放交通后,在车辆的作用下逐渐使路面固结起来,达到要求的密实度。

②铺筑压实后的性质。

抗压强度:以标准试件($h=50mm,d=50mm$)在温度20℃的极限抗压强度表示。水稳定性:以标准试件在常温下,经真空抽气1h后的饱水率表示。饱水率应为3%~6%。

(3)应用

冷拌沥青混合料适用于三级及三级以下的公路的沥青面层、二级公路的罩面层,以及各级公路沥青路面的基层、连接层或整平层。冷拌沥青混合料也可用于路面的坑槽冷补。

2. 沥青玛蹄脂碎石混合料

沥青玛蹄脂碎石混合料(SMA)是一种新型沥青混合料结构。SMA是由沥青结合料与少量的纤维稳定剂、细集料以及较多的填料(矿粉)组成的沥青玛蹄脂填充于间断级配的粗集料骨架间隙中,组成一体的沥青混合料。

(1)SMA的技术性质

①优良的温度稳定性:在SMA的组成中,粗集料占70%以上,混合料中粗集料相互之间的接触面较多,其空隙主要由高黏度玛蹄脂填补。由于粗集料颗粒之间相互良好的嵌挤作用,传递荷载能力高,可以很快地把荷载传到下层,能承担较大轴载和高压轮胎;同时,骨架结构增加了混合料的抗剪切能力,在高温条件下,即使沥青玛蹄脂的黏度下降,对路面结构的抵抗能力影响也会减小。因此,SMA具有较强的抗车辙能力及良好的高温稳定性。

在低温条件下,沥青混合料的抗裂性主要由结合料延伸性能决定。由于SMA的集料之间填充了相当数量的沥青玛蹄脂,沥青膜较厚,温度下降时,混合料收缩变形使集料被拉开,此时,沥青玛蹄脂起到较好的黏结作用,使得混合料能够抵抗低温变形。

②良好的耐久性:粗集料骨架空隙被玛蹄脂密实填充,集料颗粒黏结在一起,沥青在集料表面形成较厚的沥青膜。较厚的沥青膜能减少氧化、水分渗透、沥青剥落和集料破碎,从而使面层有较长的使用寿命。

③优良的表面特性:SMA的粗集料要求采用坚硬、粗糙、耐磨的优质石料,在级配上采用间断级配,抗滑性好;有良好的横向排水性能,雨天行车不会产生较大的水雾和溅水,能增加雨天行车的可见度;SMA路面行车时噪声低,提高了道路的行驶质量。

④投资效益高:由于SMA结构能全面提高沥青混合料的使用性能,这便使得SMA路面维修养护费用降低,使用寿命延长。尽管SMA初期费用比一般沥青混凝土高20%~25%,使用期延长约2年才能补偿其初期投资。但是,由于SMA使用寿命的延长,增加了投资效益,道路使用期间维修和养护工作减少,降低了维护费用,提高了社会效益。

(2)SMA的组成材料要求

①沥青:SMA要求沥青具有较高黏度,与集料有良好的黏结性。一般采用针入度90以下的道路石油沥青。对于高速公路、重交通路段、夏季特别炎热或冬季特别寒冷地区的道路,最好采用改性沥青配制SMA。

②集料与填料:SMA中的粗集料应是高质量的轧制碎石,为不吸水的硬质集料,表面粗糙,以便更好地发挥其骨架间的锁结摩擦作用及增强沥青与集料的黏结作用。应严格控制集

料中的针片状颗粒含量,集料的颗粒形状应接近立方体,富有棱角,纹理粗糙。粗集料与沥青的黏附性不能符合规范要求时,必须采用有效的抗剥落措施。

细集料最好选用坚硬的机制砂。细集料质量除了满足普通热拌沥青混合料对细集料的要求外,棱角最好大于45%。当采用普通石屑作为细集料时,宜采用石灰岩石屑,且不得含有泥土类杂质。当与天然砂混用时,天然砂的含量不宜超过机制砂或石屑的比例。

填料必须采用石灰岩等碱性岩石的矿粉。矿粉的质量应满足热拌沥青混合料对矿粉的要求。粉煤灰不得作为SMA的填料使用。

③纤维稳定剂:SMA中的纤维稳定材料有木质素纤维、矿质纤维、腈纶纤维、涤纶纤维、玻璃纤维等聚合物化学纤维。纤维在SMA中的作用:一是稳定沥青,二是增强并提高沥青混合料的抗拉强度和抗滑能力。

(3)SMA的应用

SMA广泛地用于高速公路、城市快速路、干线道路的抗滑表层、公路重交通路段、重载及超载车多的路段、城市道路的公交汽车专用道、城市道路交叉口等。

3.再生沥青混合料

再生沥青路面就是利用已破坏的旧沥青路面材料,通过添加再生剂、新沥青和新集料,合理设计配合比,重新铺筑的沥青路面。再生沥青混合料有表面处治型再生混合料、再生沥青碎石以及再生沥青混凝土三种形式;按集料最大粒径的尺寸,可以分成粗粒式、中粒式和细粒式三种;按施工温度分成热拌再生混合料和冷拌再生混合料两种。

(1)组成材料

再生沥青混合料由再生沥青和集料组成。再生沥青由旧沥青、再生剂以及新沥青材料组成,集料包括旧集料和新集料。

(2)技术要求

①必须具有足够的强度和热稳定性。

②应具有良好的低温抗裂性,低温下表现为较低的收缩系数,较高的抗弯强度和较低的弯拉模量。

③应具有足够的抗滑性和防渗性。

④具有良好的耐久性。

⑤尽可能地使用旧路面材料,以最大限度地节约沥青和砂石材料。

单元五　道路水泥混凝土

一、道路水泥混凝土路面的原材料

道路水泥混凝土应满足混凝土路面摊铺机工作性、抗弯拉强度、耐久性与经济性要求的水泥混凝土材料。道路水泥混凝土组成材料包括水泥、粗集料、细集料、水等。这些原材料技术性质我们在前文中已经介绍,这里只是针对于原材料的选择及技术标准进行简单介绍。

1.水泥

(1)水泥品种

水泥是直接影响混凝土施工性质、强度和耐久性、早期干缩和抗磨性的重要材料。

①特重、重交通等级的水泥混凝土宜采用旋窑道路硅酸盐水泥,也可采用旋窑硅酸盐水泥

或普通硅酸盐水泥。中、轻交通的路面可采用矿渣硅酸盐水泥。

②低温施工,有快凝要求的路段可采用尺型水泥,一般情况宜采用普通硅酸盐水泥。

③水泥用量不得小于 300kg/m³(非冰冻地区)或 320kg/m³(冰冻地区)。

(2)强度等级

应正确选择水泥的强度,使水泥的强度等级与所配制的混凝土的强度等级相匹配,见表 5-43。

各交通等级路面水泥各龄期的抗弯拉强度和抗压强度　　表 5-43

交通等级	特重		重		中、轻	
龄期(d)	3	28	3	28	3	28
抗压强度(≥)(MPa)	25.5	57.5	22.0	52.5	16.0	42.5
抗弯拉强度(≥)(MPa)	4.5	7.5	4.0	7.0	3.5	6.5

2. 粉煤灰

(1)在路面混凝土中可以采用技术符合规定的电收尘Ⅰ、Ⅱ级干排或磨细低钙粉煤灰。

(2)不得采用湿排或潮湿粉煤灰,严禁使用已经结块的湿排粉煤灰。混凝土用粉煤灰质量标准见表 5-44。

混凝土用粉煤灰质量标准　　表 5-44

粉煤灰等级	细度($a_{0.45mm}$)(%)	烧失量(%)	蓄水量比(%)	含水率(%)	SO_3 含量(%)
Ⅰ	≤12	≤5	≤95	≤1.0	≤3
Ⅱ	≤20	≤8	≤105	≤1.0	≤3
Ⅲ	≤45	≤15	≤115	≤1.5	≤3

3. 粗集料

(1)质量要求:坚硬、耐久、洁净的碎石和卵石,是混凝土的主要组成材料,也是影响混凝土强度的重要因素之一。

粗集料在混凝土中起骨架作用,必须具有足够的强度和坚固性。不同强度等级混凝土选用不同技术等级的集料;其有害杂质:含泥量、泥块、硫化物、硫酸盐、有机质等必须控制。重要结构物应进行碱活性检验。

(2)级配与最大粒径

①为了提高路面混凝土抗弯拉强度,防止混凝土拌合物离析,减少摊铺机的机械磨损,提高混凝土的抗冻性及耐磨性,粗集料的最大粒径不宜过大。

②碎石公称最大粒径不宜大于 31.5mm;卵石公称最大粒径不宜大于 19mm;碎卵石公称最大粒径不宜大于 26.5mm。

③粒径小于 0.075mm 的石粉含量不宜大于 1%,控制针片状颗粒含量。要保证粗集料能形成骨架密实结构,保证抗弯拉强度、干缩变形等。

水泥路面用粗集料级配要求见表 5-45。

4. 细集料

(1)混凝土细集料应采用级配良好、质地坚硬、颗粒洁净的天然砂、机制砂或混合砂。

(2)特重和重交通混凝土路面使用河砂,砂的细度模数不宜小于 2.5,砂的硅质含量不应低于 25%。

(3)机制砂不得使用软质岩石破碎;淡化海砂只能用于二级以下素混凝土面层和基层。

粗集料级配范围 表5-45

级配类型	粒径	筛孔尺寸(方孔筛)(mm)						
		2.36	4.75	9.5	16	19	26.5	31.5	37.5
		累计筛余百分率(%)						
连续级配	4.75~16	95~100	85~100	40~60	0~10	—	—	—	—
	4.75~19	95~100	85~100	60~75	30~45	0~5	0	—	—
	4.75~26.5	95~100	90~100	70~90	50~70	25~40	0~5	0	—
	4.75~31.5	95~100	90~100	75~90	60~75	40~60	20~35	0~5	0
单级配	4.75~9.5	95~100	80~100	0~15	0	—	—	—	—
	9.5~16	—	95~100	80~100	0~15	0	—	—	—
	9.5~19	—	95~100	85~100	40~60	0~15	0	—	—
	16~26.5	—	—	95~100	80~100	55~70	25~40	0~10	—
	16~31.5	—	—	95~100	90~100	85~100	55~70	25~40	0~10	0

5. 拌和用水

(1)可用饮用水、清洁的天然水、地下水、海水及经适当处理后的工业废水。

(2)水中有害杂质,如油脂、糖类等会影响水泥正常凝结和硬化。

(3)海水不得用于拌制钢筋混凝土和预应力混凝土。当水质有疑问时应检验符合指标后方可使用,路面水泥混凝土用水的质量要求见表5-46。

路面水泥混凝土用水的质量要求 表5-46

指标	pH	硫酸盐含量(按SO_4^{2-}计)(mg/mm³)	含盐量(mg/mm³)
要求	≥4	<0.0027	≤0.005

6. 外加剂

(1)外加剂应达到规定的要求。

(2)高效减水剂减水率应达到15%,引气减水剂减水率应达到12%。路面、桥面应选用减水率大、坍落度损失小、可调控凝结时间的复合减水剂,必须进行水泥适应性检验。

(3)冰冻地区的混凝土中必须掺加引气剂。

二、道路水泥混凝土的配合比设计

水泥混凝土路面用混凝土配合比设计方法,按《公路水泥混凝土路面施工技术规范(附条文说明)》(JTG F30—2003)的规定,以抗弯拉强度(也称抗折强度)为主要强度指标,抗压强度作为参考指标。所以在这里是针对抗折强度指标进行配合比设计的介绍。

路面用水泥混凝土配合比设计应满足四项基本要求:抗弯拉强度、工作性、耐久性和经济性。

1. 混凝土配合比设计步

(1)初步配合比的计算

①确定混凝土的配制抗弯拉强度。

各交通等级路面的28d设计混凝土抗弯拉强度标准值f_r应符合《公路水泥混凝土路面设计规范》(JTG D40—2011)的规定。按式(5-17)计算配制28d抗弯拉强度的均值。

$$f_c = \frac{f_r}{1 - 1.04C_v} + ts \tag{5-17}$$

式中:f_c——混凝土配制28d抗弯拉强度的均值,MPa;

f_r——设计混凝土抗弯拉强度标准值,MPa;
C_v——混凝土抗弯拉强度的变异系数,按表5-47取用;
s——混凝土抗弯拉强度试验样本的标准差,MPa;
t——保证率系数,样本数n和判别概率p按表5-48取用。

各级公路混凝土路面抗弯拉强度变异系数　　　　　　　　　　表5-47

公路等级	高速公路	一级公路	二级公路	三、四级公路	
混凝土弯拉强度变异水平等级	低	低	中	中	中	高
弯拉强度变异系数C_v允许变化范围	0.05~0.10	0.05~0.10	0.10~0.15	0.10~0.15	0.10~0.15	0.15~0.20

保证率系数　　　　　　　　　　表5-48

公路等级	判别概率 P	样 本 数 n				
		3	6	9	15	20
高速公路	0.05	1.36	0.79	0.61	0.45	0.39
一级公路	0.10	0.95	0.59	0.46	0.35	0.30
二级公路	0.15	0.72	0.46	0.37	0.28	0.24
三、四级公路	0.20	0.56	0.37	0.29	0.22	0.19

②计算水灰比。

混凝土拌合物的水灰比,根据粗集料类型、混凝土的配制抗弯拉强度和水泥的实际抗弯拉强度,碎石或碎卵石混凝土按式(5-18)计算,卵石混凝土按式(5-19)计算。

$$\frac{W}{C} = \frac{1.5684}{f_c + 1.0097 - 0.3595 f_s} \tag{5-18}$$

$$\frac{W}{C} = \frac{1.2618}{f_c + 1.5492 - 0.4709 f_s} \tag{5-19}$$

式中:f_c——设计混凝土抗弯拉强度标准值,MPa;
f_s——水泥的实际抗弯拉强度,MPa。

掺用粉煤灰时,应计入超量取代法中代替水泥的那一部分粉煤灰用量(代替砂的超量部分不计入),用水胶比$\frac{W}{W+F}$,代替水灰比$\frac{W}{C}$。水灰比不得超过表5-49规定的最大值。在满足抗弯拉强度计算值和耐久性两者要求的水灰(胶)比中取小值。

混凝土满足耐久性要求的最大水灰比(胶)比和最小水泥用量　　　　　　　　　　表5-49

公路技术等级		高速公路、一级公路	二级公路	三、四级公路
最大水灰(胶)比		0.44	0.46	0.48
抗冰冻要求最大水灰(胶)比		0.42	0.44	0.46
抗盐冻要求最大水灰(胶)比		0.40	0.42	0.44
最小单位水泥用量(kg/m³)	42.5级	300	300	290
	32.5级	310	310	305
抗冰(盐)冻最小单位水泥用量(kg/m³)	42.5级	320	320	315
	32.5级	330	330	325
掺粉煤灰时最小单位水泥用量(kg/m³)	42.5级	260	260	255
	32.5级	280	270	265
抗冰(盐)冻掺粉煤灰最小单位水泥用量(42.5级)(kg/m³)		280	270	265

③计算单位用水量。

混凝土拌合物每 1m³ 的用水量,根据坍落度,对碎石混凝土按经验公式(5-20)计算单位用水量,卵石混凝土按经验公式(5-21)计算单位用水量(砂石料以自然风干状态计)。

碎石混凝土:

$$W_0 = 104.97 + 0.309S_L + 11.27\frac{C}{W} + 0.61S_p \tag{5-20}$$

卵石混凝土:

$$W_0 = 86.89 + 0.370S_L + 11.24\frac{C}{W} + 1.00S_p \tag{5-21}$$

式中:W_0——不掺外加剂与掺合料混凝土的单位用水量,kg/m³;
S_L——坍落度,mm;
S_p——砂率,参考表 5-50 选取,%;
$\frac{C}{W}$——灰水比。

砂的细度模数与最优砂率关系　　　　表5-50

砂细度模数		2.2~2.5	2.5~2.8	2.8~3.1	3.1~3.4	3.4~3.7
砂率 S_p(%)	碎石	30~34	32~36	34~38	36~40	38~42
	卵石	28~32	30~34	32~36	34~38	36~40

注:碎卵石可在碎石和卵石混凝土之间内插取值。

④计算单位水泥用量。

单位水泥用量按式(5-22)计算,并取计算值与表 5-54 规定值两者中的大值,并同时满足最大单位水泥用量不宜大于 400kg/m³,最大单位胶材总用量不宜大于 420kg/m³ 的规定。

$$C_o = W_o \frac{C}{W} \tag{5-22}$$

式中:C_o——单位水泥用量,kg/m³。

⑤计算砂石用量。

砂石用量可按密度法或体积法计算。按密度法计算时,混凝土单位质量可取 2400~2450kg/m³;按体积法计算时,应计入设计含气量。采用超量取代法掺用粉煤灰时,超量部分应代替砂,并折减用砂量。经计算得到的配合比,应验算单位粗集料填充体积率,且不宜小于 70%。

(2)配合比调整

①试拌调整。

按初步配合比配制混凝土拌合物。测定混凝土拌合物的稠度,同时观察拌合物的黏聚性和保水性。当不符合要求时,应进行调整。调整的基本原则是:在水灰比不变的条件下增减水泥浆用量或砂率,相应减增粗细集料的用量,直到符合要求为止。此时,工作性满足要求的配合比称为基准配合比。当试拌调整工作完成后,应测出混凝土拌合物的实际表观密度。

②强度校核。

工作性满足要求的基准配合比,混凝土的强度不一定符合要求,所以应对混凝土强度进行检验。混凝土强度进行检验时至少采用 3 个不同的配合比。其中,一个是基准配合比,另两个配合比的水灰比则分别增加及减少 0.03 或 0.02,用水量应与基准配合比相同,砂率可分别增加及减少 1%。三组试件经标准养护 28d 测其抗弯拉强度,选定既满足设计要求,又节约水泥的配合比为实验室配合比。

③施工配合比的换算。

根据现场砂石的含水率将试验室配合比换算为施工配合比。

2. 混凝土配合比设计实例(以抗弯拉强度为指标)

【例题】 某高速公路拟采用水泥混凝土路面,试设计路面用混凝土的配合比。

(1)原始资料

①混凝土抗弯拉强度等级为 5.0MPa,施工要求混凝土抗弯拉强度样本的标准差为 0.4MPa,样本数 $n=9$,混凝土拌合物的坍落度为 30~50mm,路面所在地无冻害。

②组成材料:可供应强度等级为 42.5 的普通硅酸盐水泥,密度为 $3.1g/cm^3$,实测 28d 胶砂抗弯拉强度为 8.7MPa;砂为中砂,细度模数为 2.64,表观密度为 $2.63g/cm^3$;碎石最大粒径为 31.5mm,表观密度为 $2.70g/cm^3$;水为饮用水。

(2)设计步骤

①确定混凝土的试配强度。

$$f_c = \frac{f_r}{1-1.04C_V} + ts = \frac{5}{1-1.04\times0.075} + 0.61\times0.4 = 5.67(\text{MPa})$$

②计算水灰比。

$$\frac{W}{C} = \frac{1.5684}{f_c + 1.0097 - 0.3595f_s} = 0.44$$

查得 $\left(\frac{W}{C}\right)_{max} = 0.44$,取 $\frac{W}{C} = 0.44$。

③计算用水量

查得 $S_p = 32\% \sim 36\%$,取 34%,混凝土拌合物每 $1m^3$ 的用水量为:

$$W_o = 104.97 + 0.309S_L + 11.27\frac{C}{W} + 0.61S_p = 164(\text{kg/m}^3)$$

④计算水泥用量

单位水泥用量为:

$$C_o = W_o\frac{C}{W} = 373(\text{kg/m}^3)$$

查得 $C_{min} = 300\text{kg/m}^3$,取 373kg/m^3。

⑤计算砂石用量

路面混凝土含气量为 3.5%,则砂石用量为:

$$\frac{373}{3.1} + \frac{S_o}{2.63} + \frac{G_o}{2.70} + \frac{164}{1.0} + 10\times3.5 = 1000$$

$$\frac{S_o}{S_o + G_o} = 0.34$$

解得:

$$S_0 = 620 \text{kg/m}^3, G_0 = 1203 \text{kg/m}^3$$

验算单位粗集料填充体积率 = 1203/1700 = 70.8%，且不宜小于 70%，符合要求，则路面混凝土的初步配合比为 373:164:620:1203，即 1:1.66:3.23；W/C = 0.44。

路面混凝土的基准配合比、实验室配合比和施工配合比的设计内容与抗压强度为指标的普通混凝土相同。

复习思考题

1. 沥青混合料的结构可分为哪几种类型？各有什么特点？
2. 按我国现行沥青混合料配合比设计方法，沥青最佳用量如何确定？
3. 试述道路水泥混凝土配合比设计步骤。
4. 试设计某一级公路沥青路面面层用细粒式沥青混凝土混合料配合组成。

【原始资料】

(1) 道路等级：一级公路。
(2) 路面类型：沥青混凝土。
(3) 结构层位：三层式沥青混凝土的上面层。
(4) 气候条件：最高月平均气温为 32℃，最低月平均气温 -5℃，年降水量为 1500mm。
(5) 材料性能：

①沥青材料。可供应 50 号和 70 号的道路石油沥青，经检验各项指标符合要求。
②碎石和石屑。Ⅰ级石灰岩轧制碎石，饱水抗压强度为 150MPa，洛杉矶磨耗率为 10%，黏附性（水煮法）5 级，表观密度为 2.720g/m³。
③细集料。洁净河沙，属于中砂，含泥量小于 1%，表观密度为 2.680g/m³。
④矿粉。石灰石粉，粒度范围符合要求，无团粒结块，表观密度为 2.580g/m³。

粗细集料和矿粉的级配组成，经筛分试验结果列于表 5-51。

组成材料筛分结果　　　　　表 5-51

材料名称	筛孔尺寸（方孔筛）(mm)									
	16.0	13.2	9.5	4.75	2.36	1.18	0.6	0.3	0.15	0.075
	质量通过百分率（%）									
碎石	100	96.4	20.2	2.0	0	0	0	0	0	0
石屑	100	100	100	80.3	45.3	18.2	3.0	0	0	0
砂	100	100	100	100	90.5	80.2	70.5	36.2	18.3	2.0
矿粉	100	100	100	100	100	100	100	100	100	85.2

【设计要求】

(1) 根据道路等级、路面类型和结构层次，确定沥青混凝土的类型和矿质混合料的级配范围。根据现有各种矿质材料的筛析结果，用图解法或试配法确定各种矿质材料的配合比。

(2) 根据规范推荐的相应沥青混凝土类型的沥青用量范围，通过马歇尔试验的物理—力学指标，确定最佳沥青用量。

(3) 根据一级公路路面用沥青混合料要求，对矿质混合料的级配进行调整，并对最佳沥青用量按水稳性检验和抗车辙能力校核。

马歇尔试验结果汇总于表 5-52，供学生分析评定参考。

马歇尔试验物理—力学指标测定结果表　　　　　　　　表 5-52

油石比(%)	技术性质					
	毛体积密度(g/cm³)	沥青饱和度(%)	矿料间隙率(%)	空隙率(%)	稳定度(kN)	流值(0.1mm)
4.5	2.366	68.5	17.6	6.2	8.2	20.0
5.0	2.381	75.5	17.3	5.1	9.5	24.0
5.5	2.398	84.4	16.7	4.0	9.6	28.0
6.0	2.382	88.6	17.1	3.2	8.4	31.0
6.5	2.378	88.1	17.7	2.6	7.1	36.0

5. 试设计某重交通二级公路面层混凝土(无抗冻性要求)的配合比组成。

【设计资料】

(1)路面混凝土的设计弯拉强度标准值 f_{cm} 为 5.5MPa,施工单位混凝土弯拉强度标准差 s 为 0.5(样本 $n=6$),现场材料小型机具摊铺,拌合物坍落度要求为 10~30mm。

(2)组成材料:水泥为 Ⅱ 型硅酸盐水泥,强度等级为 52.5 级,实测水泥抗折强度为 7.86MPa,密度 $\rho_c=3150kg/m^3$;碎石用 Ⅰ 级石灰轧制,最大粒径为 40mm,表观密度为 $\rho_g=2780$,振实密度 $\rho_{gh}=1736$;砂为清洁河砂,细度模数为 2.7,表观密度 $\rho_s=2700$;水为饮用水,符合混凝土和用水要求。

【设计资料】

计算该路面混凝土的初步配合比。

参 考 文 献

[1] 中华人民共和国行业标准.JTG E40—2007 公路土工试验规程[S].北京:人民交通出版社,2007.
[2] 中华人民共和国行业标准.JTG E50—2006 公路工程土工合成材料试验规程[S].北京:人民交通出版社,2006.
[3] 中华人民共和国行业标准.JTG E41—2005 公路工程岩石试验规程[S].北京:人民交通出版社,2005.
[4] 中华人民共和国行业标准.JTJ/T 70—2009 建筑砂浆基本性能试验方法标准(附条文说明)[S].北京:中国建筑工业出版社,2009.
[5] 中华人民共和国行业标准.JTJ/T 98—2010 砌筑砂浆配合比设计规程[S].北京:中国建筑工业出版社,2011.
[6] 中华人民共和国行业标准.JTG E30—2005 公路工程水泥及水泥混凝土试验规程[S].北京:人民交通出版社,2005.
[7] 中华人民共和国行业标准.JTG E42—2005 公路工程集料试验规程[S].北京:人民交通出版社,2005.
[8] 中华人民共和国行业标准.JGJ 55—2011 普通混凝土配合比设计规程[S].北京:中国建筑工业出版社,2011.
[9] 中华人民共和国行业标准.JTG/T F50—2011 公路桥涵施工技术规范[S].北京:人民交通出版社,2011.
[10] 中华人民共和国行业标准.JGJ E51—2009 公路工程无机结合料稳定材料试验规程(附条文说明)[S].北京:人民交通出版社,2009.
[11] 中华人民共和国行业标准.JTG F40—2004 公路沥青路面施工技术规范[S].北京:人民交通出版社,2004.
[12] 中华人民共和国行业标准.JTG E20—2011 公路工程沥青及沥青混合料试验规程[S].北京:人民交通出版社,2011.
[13] 中华人民共和国行业标准.JTG F30—2003 公路水泥混凝土路面施工技术规范[S].北京:人民交通出版社,2003.
[14] 康忠寿.道路建筑材料[M].大连:大连理工大学出版社,2011.
[15] 袁捷.道路建筑材料[M].成都:西南交通大学出版社,2007.